Seht, da ist der Mensch. Und Gott?

Edition Weltkirche

Herausgegeben in Kooperation mit
missio Aachen

Band 1

Thomas Arnold / Michael Meyer (Hg.)

Seht, da ist der Mensch. Und Gott?

Herausforderungen missionarischer Spiritualität

Matthias Grünewald Verlag

VERLAGSGRUPPE PATMOS

PATMOS
ESCHBACH
GRÜNEWALD
THORBECKE
SCHWABEN
VER SACRUM

Die Verlagsgruppe
mit Sinn für das Leben

Für die Verlagsgruppe Patmos ist Nachhaltigkeit ein wichtiger Maßstab ihres Handelns. Wir achten daher auf den Einsatz umweltschonender Ressourcen und Materialien.

Bibliografische Information der Deutschen Nationalbibliothek
Die Deutsche Nationalbibliothek verzeichnet diese Publikation in der Deutschen Nationalbibliografie; detaillierte bibliografische Daten sind im Internet über http://dnb.d-nb.de abrufbar.

Verlagsgruppe Patmos in der Schwabenverlag AG, Ostfildern
www.gruenewaldverlag.de

Umschlaggestaltung: Finken & Bumiller, Stuttgart
Druck: CPI – buchbücher.de, Birkach
Hergestellt in Deutschland
ISBN 978-3-7867-3134-4

Inhalt

Seht, da der Weltbürger Mensch! Globale Perspektiven

Aus den Workshops

Vorwort

„Seht, der Mensch!"– mit diesem Wort der Johannespassion (Joh 19,5) verweist Pilatus auf Jesus. „Seht, da ist der Mensch!" – so das Motto des 100. Katholikentages in Leipzig im Mai 2016. „Seht, da ist der Mensch. Und Gott?" – so das Thema einer dreitägigen Tagung zu den Herausforderungen einer missionarischen Spiritualität, die wenige Monate nach dem Katholikentag im März 2017 im Gästehaus der Leipziger Dominikaner stattfand. Zu der Tagung haben die Katholische Akademie des Bistums Dresden-Meißen und das Internationale Katholische Missionswerk missio (Aachen) eingeladen. Die Vorträge der Tagung und die Berichte aus den Workshops finden mit dieser Publikation ihren Weg in die breitere Öffentlichkeit.

Der Osten Deutschlands gilt als die säkularste Region der Welt. Manche behaupten gar, dass in jener Region vergessen wurde, dass man Gott vergessen habe. Im Brennpunkt säkularer Gesellschaft setzten sich die Teilnehmenden der Tagung damit auseinander, wie das Verhältnis von Mission und Spiritualität angesichts von Globalisierung und Pluralisierung neu zu bestimmen sei: Welches spirituelle Fundament prägt die Mission? In welchem Maß motiviert die persönliche Spiritualität zu einem offenen Bekenntnis in einer Gesellschaft, die scheinbar nichts vom Christentum hören will? Wie viel Mut braucht es, aus dem eigenen Glauben eine Hingabe für andere zu entwickeln? Lässt sich von den „Rändern der Welt" etwas für Deutschland lernen?

In den Aufsätzen bietet die vorliegende Publikation Antwortmöglichkeiten, manchmal auch nur gemeinsame Suchbewegungen, auf die gestellten Fragen. Die erste Akzentsetzung „Seht, da ist der Mensch in säkularen Welten" nimmt die Situation „vor Ort", vor der eigenen Haustür, in den Blick. Die Diskussionsbeiträge widmen sich den Herausforderungen einer missionarischen Pastoral im Kontext der deutschen Ortskirche. Der zweite Teil ist mit „Seht, da ist der Mensch für andere" überschrieben. Der Blick richtet sich auf die Verantwortung des Menschen in seinem Suchen, in seinem Fragen und in seinem Handeln. Das „Ecce homo" lässt vielfach menschliche Leidensantlitze erkennen, die die Frage nach einem barmherzigen Handeln wachrufen. Anschaulich nimmt das Bild des „Barmherzigen Jesus" des Künstlers Michael Triegel das Thema der „Compassion" auf. Beeindruckt vom Besuch im Atelier des Leipzigers während der Tagung fand die visuelle Auseinandersetzung von Michael Triegel mit Spiritualität, Mission und Barmherzigkeit auch in dem Sammelwerk ihren Ort. Schließlich spricht die dritte Akzentsetzung den weltweiten Horizont an. „Seht, da ist der Weltbürger Mensch! Globale Perspektiven" weitet die Perspektive, um die spirituellen Quellen einer „missionarischen Kirche im

Aufbruch" (Papst Franziskus) näher zu beleuchten. Es geht jedoch nicht nur um die geographische Dimension. Denn, so das Fazit der Tagung: Die Weite der Mission geschieht nur dann glaubhaft, wenn sie in der Tiefe des spirituellen Lebens wurzelt. Mit Camilo Maccise, langjährigem Ordensoberen der Karmeliten, lassen sich die Herausforderungen einer missionarischen Spiritualität benennen. Er schreibt: „Die missionarische Spiritualität hat im Lauf der Zeit verstanden, dass man dem Geist treu sein muss, der nicht nur im Inneren zum Menschen, sondern auch durch die Zeichen der Zeit spricht. Ein kritischer Blick auf die Wirklichkeit und ihre Beurteilung im Licht des Wortes Gottes lassen uns den Anspruch des Geistes erfahren, der in Kühnheit neue Wege für die Verkündigung und den Einsatz für das Evangelium erproben lässt."[1]

Dieser Tagungsband möchte eine Ermutigung sein, sich in „Kühnheit neuen Wegen für die Verkündigung" (C. Maccise) zu stellen. Die drei in dieser Publikation dokumentierten Workshops bieten eine Anregung, das Anliegen der Tagung konkret werden zu lassen. Für die Erstellung des Manuskriptes danken wir herzlich Judith Lurweg (Tübingen), Larissa Heusch und Martina Dittmer-Flachskampf in Aachen (missio) sowie Prof. Dr. Gerhard Poppe und Maria Minkner in Dresden (Katholische Akademie) für die Arbeit des Korrektorats.

Dresden/Völklingen, am 01. Oktober 2018

Fest der Hl. Therese von Lisieux, Patronin der Mission

Thomas Arnold

Michael Meyer

[1] Camilo Maccise, Kirche im Winter. Eine prophetische Stimme aus Mexiko, Würzburg 2017, 401.

Michael Triegel, Deus absconditus, 2013 (Mischtechnik auf Leinwand, 160 x 260 cm, Foto: Martin Url, Frankfurt/Main)

Seht, da der Mensch in säkularen Welten

„... geht gut ohne Gott!"

Mission und Spiritualität in einer säkularen Welt. Eine Verhältnisbestimmung

Hubertus Schönemann

Diese Tagung führt uns in den neuen Ländern zusammen; mit Lettland und Tschechien sind sie eines der säkularsten Gebiete des Erdballs. Die deutsche Wiedervereinigung veränderte das religiöse „Klima" und die religiöse Landkarte im Deutschland der 90er Jahre. Nach Ende der religionsfeindlichen Politik des SED-Regimes müsste doch der christliche Glaube wieder Fuß fassen können, so glaubte man. Ordensgemeinschaften kamen, versuchten zu „missionieren", und gingen unverrichteter Dinge wieder. Noch heute changiert das Gefühl vieler westdeutscher Besucher zwischen Fassungslosigkeit und Gefühlen wie bei einem Zoobesuch: „So viele Konfessionslose! Kann man hier überhaupt als Glaubender leben?" Man versucht sich an Formulierungen für das Phänomen, spricht von den „Naturbelassenen", den „Heidenkindern", so mancher Ostdeutsche meint sogar von sich selbst: „Ich bin nichts!" Da stockt mir manchmal der Atem...

Mit den Entwicklungen seit den 90ern beginnt das, was viele „Postmoderne" oder „späte Moderne" nennen und was bis heute (2017) zu großen Veränderungen bezüglich der Religion geführt hat. Dazu gehören steigende Zahlen von konfessions- und religionslosen Mitmenschen, die im Westen eher Kirchenkritiker, im Osten eher Indifferente oder „religiös Unberührte" (Michal Kaplánek) sind. Dennoch gibt es im Osten Deutschlands gelebte Religion. Eine Mitarbeiterin der Stadtverwaltung einer ostdeutschen Stadt bemerkte bei einer Fortbildung zum Thema Islam: „Warum müssen wir uns jetzt mit dem Islam beschäftigen? Das Thema Religion ist doch durch!" Ist es eben nicht! Die DDR-Ideologie von Religion als Relikt einer vergangenen Geschichte und als einem sich von selbst durch Säkularisierung erledigenden Problem, weil sie angeblich nicht in die neue Zeit passe, ist zwar desavouiert, aber im Hintergrund immer noch sehr prägend. Dieser Blick auf Religion ist jedoch durch ein differenziertes Verständnis von Säkularität als Perspektive einer anti-religiösen Fortschrittsidee eines verengten naturwissenschaftlichen Weltbildes entlarvt worden. Zusätzlich zur vermehrten Religionslosigkeit pluralisieren und verändern sich Religion(en), Spiritualität(en) und Weltanschauungen. Vermehrte gesellschaftliche Diskurse über „Privilegien" für Religion allgemein und für die christlichen Kirchen im Besonderen markieren die Herausforderung, das herkömmliche Staatskirchenrecht in Deutschland zu einem Religionsverfassungsrecht weiterzuentwickeln.

Mein Beitrag zur missionarischen Spiritualität erfolgt in dieser Gemengelage aus der Perspektive der Arbeitsstelle für missionarische Pastoral (KAMP), die bewusst in den neuen Ländern errichtet wurde. Der Kontext der Nicht-Selbstverständlichkeit christlichen Glaubens im Osten Deutschlands bietet für unsere Arbeit einen hermeneutischen und heuristischen Horizont. Daher verstehen wir das „Missionarische" als Paradigma kirchlicher und pastoraler Veränderung in Gestalt und Praxis und tragen zur Entwicklung einer Spiritualität bei, die dem entspricht.

Religion, Spiritualität, Glaube. Ein Versuch der Annäherung

Religion

Es muss bei einer Annäherung bleiben, die Begrifflichkeiten klar voneinander abzugrenzen. Die Religionswissenschaft vermeidet es, Religion in ihrem Wesen zu definieren und bleibt zumeist bei der Beschreibung von Phänomenen stehen. Auch die Religionssoziologie[1] steht in der Problematik, einen Begriff von Religion zu formulieren. Einerseits hat sich ein *substanzieller Religionsbegriff* eingebürgert, den Charles Glock[2] in den folgenden sechs Dimensionen entfaltet: Intellekt (Interesse an religiösen Themen), Ideologie bzw. Glaube (an Gott oder etwas Göttliches), öffentliche Praxis (z. B. Gottesdienstbesuch, Riten), private Praxis (z. B. Gebet oder Meditation), Erfahrung (Du- bzw. Einheits-Erfahrung) und Konsequenzen (Alltagsrelevanz der Religion z. B. soziale Taten). Alle diese Dimensionen kommen in einer theistischen und in einer pantheistischen Semantik vor. Diese Kerndimensionen liegen beispielsweise dem Religionsmonitor der Bertelsmann-Stiftung zugrunde.[3] Insbesondere in der Systemtheorie Niklas Luhmanns[4] wurde jedoch ein *funktionaler Religionsbegriff* entwickelt. Ihm geht es einerseits um Kontingenzbewältigung, also um die Beantwortung von Fragen wie: Wie bekomme ich mein Leben in den Griff? Wie kann ich mit Schicksalsschlägen und Begrenzungen, Leid, Tod, mit meiner eigenen Endlichkeit umgehen? Andererseits geht es um Transzendierung, um den

[1] Detlef Pollack, Was ist Religion? Probleme der Definition, in: Zeitschrift für Religionswissenschaft 3 (1995) 2, S. 163–190.

[2] Charles Young Glock, Über die Dimensionen der Religiosität, in: Joachim Matthes (Hrsg.), Kirche und Gesellschaft. Einführung in die Religionssoziologie II, Reinbek 1969, S. 150–168.

[3] Bertelsmann Stiftung (Hrsg.), Religionsmonitor 2008, Gütersloh 2007, S. 21.

[4] Niklas Luhmann, Die Religion der Gesellschaft, Frankfurt a.M. 2000.

Glauben an etwas Höheres, das mir leben hilft, es geht darum, Begrenzungen zu überschreiten, mich als Teil eines größeren Zusammenhanges zu empfinden, Trost und Hoffnung von einer anderen Welt her zu bekommen. Eine solche Sichtweise auf Religion steht dahinter, wenn Religion von Konfessionslosen als eine Schwäche gesehen wird. Konfessionslosigkeit fungiert so als ein ostdeutscher Identitätsmarker, nachdem man sich in so vielen Bereichen als von der alten Bundesrepublik „eingekauft“ und „übernommen“ fühlt. „So etwas wie Religion brauche ich nicht, um mein Leben in den Griff zu bekommen. Ich selbst bin stark genug.“ Hans-Joachim Höhn votiert dafür, dass „die Logik der Brauchbarkeit und Nützlichkeit aufgegeben wird“[5]; wenn Gott zum Inbegriff des Nützlichen wird, dann drängt sich tatsächlich der Feuerbach'sche Projektionsverdacht auf. Neuerdings wird Religion in ihrer Funktion als Resonanzversprechen von dem Jenaer Soziologen Hartmut Rosa entfaltet.[6] Man könnte sagen: substantiell ist eher ein Blick von innen, funktional eher ein Blick von außen auf Religion; eine säkulare Kultur nimmt eher diese äußere Perspektive auf das „Phänomen“ Religion ein. Franz-Xaver Kaufmann[7] hat den funktionalen Religionsbegriff in sechs Dimensionen weitergeführt:

- Identitätsstiftung (Wer ich bin)
- Handlungsführung (Was ich tun soll)
- Sozialintegration (Gemeinschaft)
- Kontingenzbewältigung (Wie ich mein Leben deute)
- Kosmisierung (Ich als Teil der Welt)
- Weltdistanz (Askese)

Die Erfurter Pastoraltheologin Maria Widl[8] hat diese religiösen Dimensionen als Grundbestimmung des Menschseins gedeutet: Dies tun alle Menschen auf irgendeine Weise. In einem solchen Sinne ist jeder Mensch von Natur aus religiös. Es gibt solche, die das gläubig gestalten, andere tun dies „religionsanalog“. Widl versteht Bereiche in der säkularen Kultur (Fußball, Musik etc.), die in der Religionssoziologie oft als „Religionsäquivalente“ oder „Ersatzreligion“ bezeichnet werden, als „Religionsanaloga“: Es sind „Bereiche unserer säkularen Kultur, die die Grundbestimmung des

[5] Hans-Joachim Höhn, Die Kunst der Bestreitung. In postsäkularen Kontexten von Gott reden, in: Miriam Rose/Michael Wermke (Hrsg.), Religiöse Rede in postsäkularen Gesellschaften, Leipzig 2016, S. 89–112, hier: S. 99.

[6] Hartmut Rosa, Resonanz. Eine Soziologie der Weltbeziehung, Frankfurt a.M. 2016.

[7] Vgl. Franz-Xaver Kaufmann, Religion und Modernität. Sozialwissenschaftliche Perspektiven, Tübingen 1989, S. 87.

[8] Maria Widl, Pastoraltheologie für säkulare Zeitgenossen, in: Joachim Söder/Hubertus Schönemann (Hrsg.), Wohin ist Gott? Gott erfahren im säkularen Zeitalter, Freiburg i.Br. u. a. 2013, S. 137–149.

Menschseins auf der christlichen Religion in einem funktionalen Verständnis analoge Weise tatsächlich zu erfüllten vermögen."[9] Es gibt also im Osten Deutschlands kein „missionarisches" Vakuum, das darauf wartet, christlich-religiös gefüllt zu werden. Die Kirche hat nach Widl die Aufgabe, die Religionsanaloga im christlichen Geist zu erschließen, und sich selbst evangelisierend darauf einzulassen.

Spiritualität

Spiritualität kann einerseits in einem engeren religiösen Sinne, synonym mit Religiosität oder Frömmigkeit, verstanden werden; meist werden damit bestimmte (Gebets-)Praktiken verbunden. Andererseits bezeichnet Spiritualität ein Weltverhältnis, v. a. in seiner Beziehung zur Ausgestaltung des individuellen Lebens. Dieser von der Psychologie gefüllte weite Sprachgebrauch lässt Spiritualität zwar zum Allerweltsbegriff avancieren, mit dem alles und nichts gemeint sein kann, macht die Thematik aber außerkirchlich anschlussfähig. Die Grenzen zum Enhancement oder zur Selbstoptimierung wären je zu bestimmen. Der französische Philosoph André Comte-Sponville hält Spiritualität für „eine viel zu wichtige Angelegenheit, um sie den Fundamentalisten zu überlassen, [...], Atheisten haben nicht weniger Geist als andere. Warum also sollten sie sich weniger für das spirituelle Leben interessieren?"[10]

Glaube

Eine dritte Dimension stellt der Glaube dar. „Ich bin nicht religiös, ich bin Christ", hat einmal einer gesagt. Das Christliche ist offenbar nicht ganz einzuholen mit den Vorstellungen von Religion oder Religiosität, hat manchmal sogar religionskritisches Potenzial (vgl. Dietrich Bonhoeffer in seiner Aufnahme der Theologie von Karl Barth). Dem Glauben geht es um ein Gerufen-Sein, um eine Beziehung zu Jesus Christus als dem Bild des unsichtbaren Gottes, um ein Eingesenktsein in sein Schicksal von Leben, Tod und Durchgang zu neuem Leben (Taufe). Dies ist eine Beziehung, in der ich persönlich gemeint bin, mich als Person angesprochen fühle. Dem Glauben eignet, dass er trotz seiner existenziellen Dimension (Vertrauen in Gott, sich festmachen in Gott: *fides qua*) auch eine inhaltliche Bestimmung

---

[9] Ebd., S. 143.

[10] André Comte-Sponville, Woran glaubt ein Atheist?, Zürich 2008, S. 11.

hat (*fides quae*). Diese Sphäre von Relation lebt davon, dass sie lebendig, präsent und wirksam ist, sie verändert mein eigenes Leben und meine Beziehung zu mir selbst, zu meinen Mitmenschen, zum globalen Haus, in dem die Menschheit gemeinsam lebt, von Grund auf. Nur in diesem Sinne des Glaubens kann von Bekehrung (*conversio*) gesprochen werden. Der Glaube meint eine Berufung zur Nachfolge Jesu und Antwort durch das Leben. Christoph Theobald hat dies einmal in einem beachtenswerten Beitrag als „Das Christliche als Lebensstil" bezeichnet.[11] Das kann personal-biografisch durchbuchstabiert werden, ohne es gleich kirchlich oder verkirchlicht zu verstehen. Die Frage nach Gemeinschaft und institutioneller Kodierung kommt dann noch einmal hinzu.

Zur Spiritualität Konfessionsloser

Die vorgängigen Überlegungen führen im Blick auf Konfessionslose zu der Feststellung: Man kann auch ohne Gott ganz gut leben, braucht ihn (und die Kirche) auch nicht als Garant für Moral, staatliches Zusammenleben, Bildung und Wohlergehen. Konfessionslosigkeit heißt daher nicht, dass die Menschen unmoralischer sind, weil sie keine religiöse Orientierung haben. Die Schriftstellerin und Philosophin Rita Kuczynski hat in einem kleinen Bändchen mit dem Titel „Was glaubst du eigentlich?"[12] Konfessionslose nach ihrer Weltsicht und ihren Werten befragt. Auf die Frage nach dem Sinn des Lebens antwortet Sigrun, medizinische Fachangestellte, 50 Jahre: „Ich werde nicht die Urfragen der Menschheit beantworten könne, woher kommen wir, wohin gehen wir. Ich sehe das ganz profan: Ich lebe jetzt durch die Verkettung glücklicher Umstände – mein Vater musste meine Mutter finden, sie schwanger werden, ich nicht im Teich ertrinken und so fort. Universell gesehen hat das Leben also sicher keinen Sinn. Für mich persönlich ja!"[13] Hanno, Informatiker, 52 Jahre, meint: „Es hat nur den Sinn, den ich ihm gebe. Im Wesentlichen geht es um Wirksamkeit und Genießen der kurzen Zeitspanne, die wir haben."[14] Es ist also kein universaler Sinn, sondern ein kleiner persönlicher Sinn, den die Befragten selbst dem eigenen Leben geben und der die Würde des eigenen Lebens ausmacht. Man kann

---

[11] Christoph Theobald, Das Christliche als Lebensstil. Die Suche nach einer zukunftsfähigen Gestalt von Kirche aus einer französischen Perspektive, in: Christoph Böttigheimer (Hrsg.), Zweites Vatikanisches Konzil. Programmatik – Rezeption – Vision, Freiburg i.Br. u.a. 2014, S. 203–219.

[12] Rita Kuczynski, Was glaubst du eigentlich? Weltsicht ohne Religion, Berlin 2013.

[13] Ebd., S. 50.

[14] Ebd., S. 49.

dies als Hedonismus abtun, sollte aber den tiefen Ernst wahrnehmen, der hinter solchen Aussagen verborgen ist.

Nach ihren Werten befragt, fiel auf, dass die persönlich wichtigen Werte der Nichtreligiösen von den persönlichen Werten der Religiösen nur in Nuancen zu unterscheiden waren: Ehrlichkeit, Zuverlässigkeit, Rücksichtnahme. In politischem Kontext wurden Gerechtigkeit, Freiheit, Solidarität, intellektuelle Redlichkeit, kritisches Denken genannt, Bescheidenheit gegenüber dem eigenen Wissen, also keinen Anspruch auf die Ewigkeit der eigenen Wahrheit zu erheben. Nadine, eine Werbetexterin, 38 Jahre, formuliert: „Ich möchte andere so behandeln, wie ich selbst behandelt werden möchte. Das gelingt mir nicht immer, aber ich versuche es."[15] Angesichts der Tatsache, dass hier die Goldene Regel (Mt 7,12) als Teil einer bürgerlich-moralischen Werteübereinkunft erscheint, stellt sich auch die Frage nach dem religiösen oder gar christlichen Mehrwert. Die Nächstenliebe allein kann es demnach wohl nicht sein. Allenfalls stellt die Feindesliebe der Bergpredigt ein christliches Proprium dar: die andere Wange hinhalten, zwei Meilen statt einer zu laufen (vgl. Mt 5,38–48).

Auf die Frage „Was ist Ihnen heilig?" erfolgte bei den Befragten zunächst die Ablehnung gegenüber dem religiösen Begriff. Sie wollten die Frage eher auf „Was ist Ihnen wichtig?" abändern. Aber dann sagt Roné, Historiker, 47 Jahre, doch: „Als meine Tochter geboren wurde, war ich sehr ergriffen. Das war ein elementarer Moment, den könnte man heilig nennen. Solch einen Zustand kannte ich zuvor nur beim Hören von Musik. Musik hat solche Momente von Ergriffensein. Sie nimmt mich irgendwie mit in einen transzendenten Raum. Da bin ich dann dem Alltäglichen entrissen."[16]

Auswirkungen für Mission und Spiritualität in einer säkularen Kultur

Zum Verständnis des „Säkularen"

Was meint die Rede von einer säkularen Kultur? Säkularisierung ist nicht einfach insgesamt ein linearer Verlust von Religion (Gottlosigkeit). Säkularität ist vielmehr davon gekennzeichnet, dass mehrere Prozesse auf verschiedenen Ebenen ablaufen; der individuelle und gesellschaftliche Relevanzverlust von Religion ist aber als solcher einer der Teilprozesse, der mit dem Monopolverlust von Kirche auf Religion (vgl. außerkirchliche Reli-

[15] Ebd., S. 68.
[16] Ebd., S. 86.

giosität), aber auch mit dem Monopolverlust von Kirche insgesamt verbunden ist. Die Ausdifferenzierung der Gesellschaft zeigt sich weiterhin in einem Prozess der fortwährenden Trennung von Staat und Religion, Gesellschaft und Kirche, bzw. einer Emanzipation des Einzelnen sowie der Gesellschaft und des Staates von kirchlich-institutionellen Vorgaben und Beeinflussungen. Nach dem grundgesetzlichen Artikel 4 (Religionsfreiheit) und den entsprechenden Bestimmungen aus der Weimarer Reichsverfassung ist der Staat selbst religiös-weltanschaulich neutral, stellt seinen Bürgerinnen und Bürgern religiöse und weltanschauliche Vorstellungen und Betätigungen frei und schützt so die positive Religionsausübung (ist also nicht laizistisch oder religionsfeindlich), aber ebenso auch das negative Bekenntnis. Auf diesem Hintergrund ist es überhaupt erst möglich, Glaube als etwas Zivilreligiöses wahrzunehmen und zu gestalten. Allzu große Normalität und Selbstverständlichkeit des kirchlich Religiösen und zu enge Verbindungen von Kirche und politischer Macht können eine Versuchung darstellen, Stellung, Einfluss und Macht von Religion und Kirche im gesellschaftlichen Gefüge monopolistisch zu verstehen und auszuüben. Das heißt nicht, dass die Religionsausübung rein ins Privatleben des Einzelnen verbannt werden muss. Religionsfreiheit heißt nicht, als Nicht-Glaubender durch öffentliche Äußerungen von Religion nicht „belästigt“ werden zu müssen. Die grundgesetzliche Lage in Deutschland und eine mögliche Weiterentwicklung des „Staatskirchenrechts“ zu einem „Religionsverfassungsrecht“ tragen der pluralen und heterogenen Meinungsvielfalt und religiös-weltanschaulichen Komplexität in der freiheitlich-pluralen Gesellschaft Rechnung, indem sie Vielfalt und deren positive Bearbeitung ermöglichen. Für die religiöse Situation, auch und gerade im Osten Deutschlands, heißt dies: Offenbar lässt sich Glaube nicht besiegen oder ausrotten, man kann aber auch ohne ihn ganz gut leben.

Mission als Chance einer kontextuellen Theologie in Deutschland

Dies führt mich weiter zu der Frage, welche Kontexte eine Theologie des „Missionarischen“ im Deutschland der Gegenwart mitformen. Zunächst sind kontextuelle Theologien in den Ländern des Südens entwickelt worden: Postkolonialistisch gereifte Befreiungstheologien (insbesondere in Lateinamerika, Afrika) wenden sich gegen eine übergeordnete verbindliche Weltsicht, gegen eine Monopolstellung europäischer Theologie (z. B. Rom als zentrales theologisches und geistiges Ausbildungszentrum für die Weltkirche). Sie weisen zu Recht darauf hin: Auch die europäische Theologie ist kontextuell, partikular, nicht universell. Dieser postkoloniale Akzent wird durch die personal-gesellschaftliche Entwicklung in der Postmoderne verstärkt (vermutlich hängt es miteinander zusammen): So wird eine Kritik an totalitären Paradigmen und an der Verabsolutierung von Partikularitäten formuliert. Man verwehrt sich gegen jeglichen Imperialismus und Dogmatismus (interessant, wie sich das derzeit angesichts der oft gegenwärtigen Populismen in Deutschland und Europa wieder verändert hat…!). Die Frage der missionarischen Spiritualität ist demnach die nach einer kontextuellen Theologie, die der geistig-gesellschaftlichen Entwicklung in bestimmten geografisch und gesellschaftlich bestimmbaren Bereichen entspricht. Dies hat in der Unterschiedlichkeit der Kirchenerfahrungen in verschiedenen Regionen Deutschlands Auswirkungen auf das Verhältnis des Glaubenden zu seiner Glaubensgemeinschaft/Kirche, aber auch zur „säkularen“ Welt. Im Osten wie im Westen Deutschlands sind diesbezüglich signifikante Gemeinsamkeiten wie Unterschiede festzustellen. So ist es einerseits der lange Schatten des 19. Jahrhunderts, der manche kirchlichen Akteure immer noch in einer tridentinischen Zentral- und Schultheologie, in Steuerungs- und flächendeckenden Erfassungsfantasien verharren lässt. Christoph Theobald hält es für wichtig, „die Abstraktheit allgemeiner Prinzipien hinter sich zu lassen, auf autoritäre Strategien zu verzichten und sich tagtäglich auf unvorhergesehene ‚Ereignisse' einzulassen, um Kirche aus solchen ‚singulären' Glaubensbegegnungen entstehen zu lassen.“[17]

Anderseits zeigen sich im Verhältnis zur Kirche in der alten Bundesrepublik und in den neuen Ländern auch signifikante Unterschiede: Es ist die so andere Kirchenerfahrung, es sind die so unterschiedlichen, auf Gesellschaft und Ressourcen bezogenen Rahmenbedingungen (Finanzen, Personal, gesellschaftliche Kontakte, Einflussmöglichkeiten, Existenz von gesellschaftsorientierten Verbänden etc.), die oft zu einer Herablassung des Westens gegenüber dem Osten führen. Nicht nur nach der deutschen Wiedervereinigung, sondern noch heute begegnen Vorurteile, wird der jeweils andere belächelt, nicht ernst genommen, und zwar gegenseitig: hier die (einfluss-)reiche, starke (Volks-)Kirche West, dort die bekennende, profilierte, nicht „aufgeweichte“ (Diaspora-)Kirche Ost. Angesichts sehr unterschiedlicher Kontexte werden jeweils innerkirchliche Deutungshegemonien beansprucht. Diese Analyse zeigt deutlich, dass eine missionarische Spiritualität angesichts der jeweiligen Kontexte zu einer Veränderung des gesamten Systems von Glaube und Kirche in Deutschland führen muss. Der US-amerikanische Jesuit Roger Haight: „Christianity in the twenty-first

[17] Christoph Theobald, a.a.O., 213.

century must confront new problems and issues that will generate genuinely new understanding and behaviour patterns in and by the church.“[18]

Die Nichtselbstverständlichkeit des Glaubens als Paradigma für ein neues Verständnis von christlicher Mission

In den kontextuellen Theologien Asiens verstehen Christen ihre Sendung als Minderheit im Kontext altehrwürdiger Religionen; dies führt zu gegenseitiger Gastfreundschaft und volksfrömmigkeitlich-indigenen Mischformen. In Ostdeutschland finden sich Christen als extreme Minderheit im Kontext einer konfessionslosen Mehrheit wieder. Religionslosigkeit gilt als Normalität. Eine Begegnung mit einem Anders-Gläubigen oder Nicht-Gläubigen setzt voraus, dass ich mich für die Ansichten des Anderen öffne; ich lerne zu akzeptieren, dass es anders geht, als ich es selbst für mich verstehe, ich selbst werde in Frage gestellt. Mein Glaube, den ich als nicht-selbstverständlich gespiegelt bekomme, wird begründungspflichtig. Wer sich jedoch nur in einem homogenen kirchlichen Binnenraum unter Gleichgesinnten aufhält, erfährt einfach nur Bestätigung, unhinterfragt, vielleicht bedeutungslos, weil selbstverständlich und durch eine Mehrheit kulturell kodiert. „Das ist bei uns halt so!“ Im Internet können solche Prozesse der Abschottung von Gleichgesinnten beobachtet und mit der Bezeichnung *cocooning* versehen werden. In einer solchen Situation gewinnt das Denkmodell der Diaspora positive theologische und pastorale Bedeutung.

Ulrich Körtner unterscheidet drei Diasporabegriffe: deskriptiv-soziologisch die „zahlenmäßig erfassbare Situation hinsichtlich der Mitgliederzahlen“ (synonym mit Minderheit), deskriptiv als „Selbstverständnis einer Kirche angesichts der Minderheitensituation“, schließlich ein „theologischer Interpretationsbegriff, der die Minderheitensituation […] deutet“.[19] Dies hängt mit einem bestimmten theologischen Geschichtsbild und einer bestimmten Ekklesiologie zusammen. Zumeist wird der Diasporabegriff auf all diesen Ebenen so verwendet, dass es eigentlich nicht statthaft und wünschenswert ist, als Kirche Minderheit zu sein. Eigentlich müsste es anders sein. Zerstreuung (griech. dia-spero, ausstreuen) wird als negatives, vermeidungswürdiges Schicksal gedeutet. Und oft haben Bestrebungen zur Unterstützung der Christen (oder Katholiken?) in der Diaspora ein volks-

[18] Roger Haight, Jesus Symbol of God, New York 1999, XII.

[19] Ulrich H.J. Körtner, Aufgabe und Gestalt von öffentlicher Theologie, in: Miriam Rose/Michael Wermke (Hrsg.), Religiöse Rede in postsäkularen Gesellschaften (StRB 7), Leipzig 2016, S. 183–201, hier: S. 198.

kirchliches Bild von Kirche zum Anlass, das es zu restituieren gilt. In den östlichen Bistümern kann man die Erfahrung machen, dass bestimmte Personengruppen sehr stark in katholischen Kreisen leben und sich auch in weiten Teilen ihres Freizeitbereiches dort bewegen. Es besteht die Gefahr einer Kirchengestalt in der Diaspora, in der sich die „Gleichgesinnten" gegenüber der Außenwelt abschotten und eine homogen gestaltete Eigenwelt bilden. Oft ist dies mit einem übersteigerten Erwählungs- oder Überlegenheitsgefühl verbunden. Ein Blick in die Geschichte zeigt: Das so genannte Katholische Milieu entstand im Deutschen Reich des 19. Jahrhunderts als Reaktion auf den preußisch-protestantischen Bismarck-Staat. Die Gemeindetheologie der 70er Jahre mit ihrer spezifischen Ästhetik und Geselligkeitskultur führte dies nach dem Zweiten Weltkrieg als eine Möglichkeit weiter, sich mit Gleichgesinnten eine familiale, vereinsanaloge Gemeinschaftskultur aufzubauen. Man kann beide Formen als einen gewissen Versuch deuten, sich modernisierenden Tendenzen zu entziehen. In der DDR kam hinzu, dass ein starker gemeindlicher Zusammenschluss notwendig war, um angesichts einer eher glaubensfeindlichen Politik und Gesellschaft überleben und gewisse alternative Freiheitsräume zur staatlichen Inanspruchnahme schaffen zu können. Dies prägte weithin ein bekennendes Profil, erweist sich heute in einer offenen pluralen Gesellschaft jedoch möglicherweise als hinderlich für eine missionarische Orientierung. Diese soziale Gestalt von Kirche (als „Pfarrgemeinde") geht derzeit unzweifelhaft zu Ende oder befindet sich zumindest – euphemistisch gesprochen – in einem tiefgreifenden Transformationsprozess. Es ist also im Westen wie im Osten Deutschlands möglich, in positiv verstandener Weise kirchliche Minderheit als Diaspora im Sinne einer samenhaften Ausstreuung (vgl. das Bild des Sämanns in Mk 4) in einer Gesellschaft zu leben; man kann sich dem in beiden Teilen Deutschlands auch entziehen und auf die eigene „Mitgliedschaft" oder kulturelle Selbstverständlichkeit zurückgreifen. Theologisch gesprochen geht es darum, Sammlung nicht um ihrer selbst zu betreiben, sondern sie unter dem Primat und mit dem Ziel der Sendung neu zu gestalten.

Hinzu kommt, dass diese Überlegungen sich in eine Zeit hinein vermitteln müssen, in der Christen und Kirche herausgefordert sind, die Relevanz und die Praxis des Christlichen heute überhaupt in positiver Auseinandersetzung mit den sozio-kulturellen Rahmenbedingungen neu zu buchstabieren, für sich selbst und für andere. Auch dies ist ein Teil der missionarischen Herausforderung. Das betrifft Art und Inhalt der Verkündigung in einer Zeit, in der ein herkömmliches, einseitig theistisches Gottesverständnis, das moralisch und dogmatisch überfrachtet daherkommt, offenbar nicht mehr plausibel ist. Die Theologie (und die Verkündigung des Gottesvolkes) müssen neu lernen, die Gottesfrage angesichts des Relevanzverlustes ihres Gegenstandes („Gott" ist in die Krise gekommen[20], Theologie als Kunst der Bestreitung[21]) in neuer Weise zu stellen und diese Frage offen zu halten.

Auswirkungen auf das Verständnis von missionarischer Spiritualität

Das „klassische" missionarische Paradigma ist immer noch sehr lebendig. Es zeigt sich an Vorstellungen von personaler Erfassung und territorial-flächendeckender kirchlicher Normalität, an Konzepten wie Mitgliederrekrutierung, Rückeroberung, katechetischer Belehrung, Rückgewinnung Abtrünniger und lau Gewordener. Das Defizienzmodell, das diesen Konzepten zu Grunde liegt, hat im ökumenischen Prozess lange als Basis für die Rückgewinnung der getrennten Häretiker gedient, was eine bestimmte Qualität und Quantität des Glaubens im Sinne der Zustimmung zu Glaubenswahrheiten und der Beteiligung am christlich-kirchlichen Leben beinhaltete. Im ökumenischen Kontext hat sich die Mentalität bei den meisten Beteiligten gewandelt. Für das „Missionarische" oder ein bestimmtes Verständnis von einer neuen Evangelisierung sind die herkömmlichen Semantiken leider immer noch weit verbreitet. Es spricht vieles dafür, dass sie in manchen Bereichen des innerkirchlichen und pastoralen Diskurses wieder stärker hoffähig werden. Es besteht die Gefahr dessen, was Christoph Theobald eine „drohende gegenkulturelle Redoktrinalisierung"[22] genannt hat. Neben der Tatsache, dass diese Rolle rückwärts nicht in die zeit- und geistesgeschichtliche Situation der Gegenwart mit ihrer Vielfalt und Ambiguität hineinzupassen scheint, sehe ich Probleme darin, von wem und mit welchen Kriterien der Grad der Glaubenszustimmung und der kirchlichen Beteiligung gemessen und beurteilt wird.

Die psychologisch motivierte These ist nicht einfach von der Hand zu weisen, dass gerade die schwindende Relevanz und Prägekraft des Christlichen im Inneren missionarisch nach Außen gewendet wird. Ein solcher Eskapismus lenkte möglicherweise davon ab, dass manche aktuellen Weisen des Christseins nicht mehr lebensweltlich vermittelbar sind und mehr oder

[20] Hans-Joachim Höhn, Postsäkular. Gesellschaft im Umbruch – Religion im Wandel, Paderborn u.a. 2007; Ders., Der fremde Gott. Glaube in postsäkularer Kultur, Würzburg 2008; Ders., Die Kunst der Bestreitung. In postsäkularen Kontexten von Gott reden, in: Miriam Rose/Michael Wermke (Hrsg.), Religiöse Rede in postsäkularen Gesellschaften, Leipzig 2016, S. 89–112.

[21] Ders., Gott. Offenbarung. Heilswege. Fundamentaltheologie, Würzburg 2011.

[22] Christoph Theobald, a.a.O., S. 212.

weniger hohl zurückbleiben. Dem entspräche dann der Eskapismus in die kleine familiale Vereinswelt gemeindlicher Kernmilieus. Müsste dann Mission nicht zunächst und zuerst als eigene innere Umkehr zu angemessenen offenen und einladenden Formen der Nachfolge heute verstanden und realisiert werden, für einzelne Christen und für christliche Gemeinschaften? Es wird in den verschiedenen Regionen Deutschlands je neu zu bestimmen sein, wie sich das Verhältnis von persönlichem Berührtsein, je eigener verantworteter christlicher Glaubenspraxis, Art und Weise kirchlich-gemeindlicher Partizipation im Kontext kultureller Rahmenbedingungen gestalten lässt. Für Teile Bayerns wird man sicher die so selbstverständliche Verbindung von Volksfrömmigkeit und Folklore, von Konvention, Sitte und Kultur mit katholischer Identität genau analysieren und möglicherweise manche Verbindungen auch hinterfragen können. Denn auch im Westen Deutschlands herrscht das Paradigma der kirchlichen Normalität vielerorts längst nicht mehr.

Für den Osten Deutschlands jedoch ist es weder realistisch noch theologisch valide, von den Konfessionslosen als den „75 % Noch-nicht-Getauften im Osten Deutschlands“ zu sprechen. Vielmehr geht es darum, gerade in einem solchen Kontext das Kirche-Sein um des Evangeliums willen neu zu akzentuieren. Beispiele, dass dies zu einem guten Dialog mit Nicht-Glaubenden führen kann, kann man hier zuhauf erleben: Im Rahmen eines Supervisionsprozesses bei einer konfessionslosen Supervisorin ist bei aller Distanz auch das freundliche Interesse an Fragen des Glaubens und der kirchlichen Organisation zu entdecken. Vieles „kirchliche“ muss ich zwar erklärt werden, aber dann ihr Angebot: „Wenn Sie einmal tatsächlich einen Gesprächskreis von Glaubenden und Nicht-Glaubenden ins Leben rufen, dann mache ich dabei mit!“ Und weiter die Erfahrung, dass sich im Kontext des kirchlichen Engagements für Geflüchtete Menschen beteiligen, die keiner Kirche angehören, sich aber selbstverständlich und unprätentiös im Rahmen einer Kirchengemeinde oder der Caritas für Geflüchtete einsetzen. Sie wollen aber weder in die Gottesdienstgemeinschaft noch in die Ortsgemeinde hinein-integriert, also „missioniert“ werden. Zeigt das nicht, dass kirchliches Engagement – gerade wenn es auf Rekrutierungsmaßnahmen verzichtet – Chancen auf Begegnung und gemeinsames Handeln aus Verantwortung für andere hat? Bei meinen Besuchen und Gesprächen beim Verein Jugendweihe Thüringen e.V. habe ich beispielsweise wahrgenommen, dass die Verantwortlichen dort das Ziel verfolgen, die sich zur Jugendweihe und den Vorbereitungsweg anmeldenden Jugendlichen zu guten Menschen und Bürgern heranreifen zu lassen, dass sie Verantwortung übernehmen und sich persönlich und gesellschaftlich einbringen. Besuche beim Roten Kreuz und anderen sozialen Einrichtungen tragen zur Identitätsfindung bei und fragen nach dem eigenen Weg und den Werten, nach denen die jungen Menschen ihr Leben gestalten. Ich will diesen Gedanken nicht überstrapazieren, aber ich halte dies für eine positive Herausforderung angesichts dessen, dass die Kirche sich als universales Heilssakrament für die Welt (GS 45), als Zeichen und Werkzeug für die Gemeinschaft mit Gott und die Gemeinschaft der Menschheitsfamilie (*gens humana*) versteht (vgl. LG 1). Wie müsste sich eine traditionelle Firmvorbereitung, bei der es oft hauptsächlich darum geht, die Jugendlichen in eine klassische Gestalt von (Gemeinde-)Kirche hinein zu sozialisieren (Die Frage heißt nämlich hinterher: „Wo sind sie denn jetzt nach der Firmung?") verändern, um junge Menschen zum Verstehen und Gestalten ihrer eigenen Berufung als Teil des Gottesvolkes als Sakrament des Heils für viele zu begleiten. Könnte das Verhältnis von Firmung und Jugendweihe im Osten Deutschlands, das (von Seiten der kirchlichen Verantwortlichen) in einem Entweder- Oder gesehen wird, sich nicht zu Formen der Kooperation entwickeln, um die christliche Berufung in Auseinandersetzung mit einem humanistischen Verständnis sich herausbilden zu lassen? Und was wäre dagegen einzuwenden, wenn ein katholischer Jugendlicher die Firmung feiert und dennoch im Klassenverband die Jugendweihe als gemeinschaftlichem und im Osten gesellschaftlich akzeptierten „Ritual des Erwachsenwerdens" vollzieht?

Es geht der missionarischen Spiritualität also nicht darum, die lasch Gewordenen einfach wieder „zur Fahne zu holen" und das Herkömmliche wiederherzustellen. Es verschiebt sich vielmehr das Koordinatensystem von der quantitativen auf die qualitative Seite: Was bedeutet es, in der Nachfolge Jesu ein Leben aus der Gnade und Zuwendung Gottes zu mir und zu anderen zu führen? Welche persönliche Lebensrelevanz hat dies für mich und in welcher Gemeinschaftsform kann ich dies leben und stärken? So verändert sich letztlich auch das Verständnis von Kirchenzugehörigkeit zu einer „flüssigen" Kirche[23], in der die Grenzen zwischen drinnen und draußen nicht mehr ganz trennscharf zu ziehen sind. Ausgehend von Widls These der Religionsanaloga müsste zwischen Glaubenden und Nicht-Glaubenden viel mehr Begegnung und Austausch über folgende Fragen stattfinden: Was hilft Dir zum Leben? Wie gehst Du mit Begrenzungen und Schicksalsschlägen um? Wie verstehst du Dein Leben und seinen Sinn angesichts der Tatsache, dass Du irgendwann einmal nicht mehr da sein wirst?

Eine solche Kommunikation wäre ein Weg von einer einseitigen, Subjekt-Objekt-basierten (also asymmetrisch-hierarchischen) und defizitori-

---

[23] Vgl. das Themenheft „Liquid church" der Pastoraltheologischen Informationen Bd. 34 Nr. 2 (2014), abrufbar unter: https://www.uni-muenster.de/Ejournals/index.php/pthi/issue/view/94 (13.04.2017).

entierten zu einer gegenseitigen und wechselseitigen Glaubensvalidation.[24] Validierung meint hier eine Glaubensbegründung, nicht nur im Sinne einer grundsätzlichen und ein für alle Mal eingeholten Evidenz, sondern als einen laufend aktualisierenden Prozess der eigenen und gegenseitigen Vergewisserung, Plausibilisierung und Bestärkung in den biografischen und gesellschaftlichen Veränderungsdynamiken. Aber wenn das nicht einmal im eigenen kirchlichen Bereich realisierbar ist, (die Orte und Prozesse der Erwachsenenkatechese und katechetische Milieus, wo der biblische Glaube unabhängig von Sakramentenvorbereitungen von Kindern und Jugendlichen geteilt wird, sind immer noch Desiderate), dann ist es umso schwerer in der Orientierung zum Anderen, dem „Fremden".

Mission als Begegnung mit dem Anderen, dem Fremden

Die vorausgehenden Ausführungen haben deutlich gemacht, dass es einer missionarischen Spiritualität nicht primär um die Verbreitung des Christentums in seiner (bisherigen) kirchlichen Gestalt gehen kann. Der hier favorisierte missionarische Zugang beruht vielmehr auf dem Prozess des Entdeckens von Spuren des Reiches Gottes (Basileia), das Gott selbst in Gang setzt, und das gehoben und bezeugt werden will. Dies setzt voraus, dass dies nicht als ein einseitiger Vorgang des Gebens auf einer dominanten und des Nehmens auf einer ärmlich-bedürftigen Seite zu gestalten ist, sondern reziprok und wechselseitig, als Begegnung und Dialog. Im Idealfall führt das zu einem Gewähren und Annehmen von Gastfreundschaft und zu einem gemeinsamen Engagement von Menschen unterschiedlicher Religionen und Weltanschauungen für das gemeinsame Haus (oikoumenä) und das soziale Umfeld, in dem sie miteinander leben. Die Tafel- und die Hospizbewegung sind beredtes Zeugnis dafür. In solcher Gastfreundschaft und gemeinsamem Engagement geht es für Christen um die gemeinsame Suche nach neuen Gestalten der Kontextualisierung des Evangeliums. Ein Pfarrer erzählte von „Schwierigkeiten" in den Familien der Erstkommunionkinder in seiner Pfarrei. Er spielte auf die Tatsache an, dass nicht alle Eltern getauft sind. Müsste man im Sinne der missionarischen Spiritualität nicht über die formalen Zugehörigkeiten hinaus eher dahin schauen, wie man entdecken kann, dass und wie das Evangelium durch gelebte Liebe, Verantwortung, Vertrauen und Versöhnung dort in den Familien schon zum Leuchten kommt und gelebt wird? Ginge es nicht darum, diese Dimension als Erfahrung der Gnade Gottes zu deuten und die Familien zu ermutigen, auf

[24] Vgl. Danièle Hervieu-Léger, Pilger und Konvertiten. Religion in Bewegung, Würzburg 2004.

diesem Weg zu wachsen und zu reifen? Die Ordentliche Bischofssynode über die Familie sah auch zunächst die Familie als das Objekt der evangelisierenden Betätigung der Kirche (Das Evangelium ‚für' die Familie). Im Laufe des Prozesses wurde die Familie immer mehr selbst zum Subjekt der Evangelisierung (Das Evangelium ‚der' Familie), deren Mitglieder berufen sind, das zu leben, was sie vom Evangelium verstanden haben.

Das bedeutet für das „Missionarische" nicht einen zwanghaften Aktivismus oder eine vordergründige Strategie, sondern die nachhaltige Aneignung einer „Mentalität der aufmerksamen Gelassenheit", sich unvoreingenommen und lernend hineinzubegeben in die Lebenszusammenhänge der säkularen Kultur(en), um dort den Gott zu finden und dann zu bezeugen, der auf den Straßen und Plätzen der Städte wohnt (vgl. EG 71). Sendung der Kirche ist es, Stellvertretung und Zeichen für die unverdienbare und universal angebotene Liebe Gottes zu sein. Der emeritierte Tübinger Pastoraltheologe Ottmar Fuchs hat den Gedanken vertieft, dass die Kirche in solchem Sinne sakramental ist, weil sie Grundsakrament der Zuwendung Gottes in Jesus Christus ist, aber nicht exklusiv nur für ihre „Mitglieder", sondern für alle, die auf unterschiedliche Weise an ihr partizipieren. „Milliarden von Menschen bedürfen eben nicht der Sakramente, können gut ohne sie leben, und doch erfahren sie Gottes Gnade in ihrem Leben, und doch feiert die Kirche stellvertretend für sie die Sakramente."[25] So unterscheidet Ottmar Fuchs eine kompakte von einer dispersen Ekklesiologie. Diese richtet sich als Kirche in Fürsein und Hingabe auf einen größeren Kreis aus, jene erinnert das kommunikative Gedächtnis der Tradition in symbolischen Vergegenwärtigungen.[26] Eine disperse Kirche bietet und gestaltet für einen offenen Kreis von Menschen Rituale, in denen das Unvergängliche, das Unbezahlbare, das Grund-lose aufscheinen kann und mein Leben berührt. Ich denke an Versöhnungsrituale, an Gottesdienste für Eltern verstorbener Kinder, an Feiern nach dem Tod eines lieben Menschen, an Gottesdienste im Prep-Kurs der Medizinerausbildung, in denen die angehenden Ärztinnen und Ärzte gemeinsam mit den Angehörigen der Verstorbenen, die ihre Körper zur Verfügung gestellt haben, gedenken. Ich denke an Rituale von Liebenden wie das Anbringen von Liebesschlössern, ich denke an öffentliche Feiern angesichts von Katastrophen.

Die biblischen Bilder der Bergpredigt vom Salz der Erde und vom Licht der Welt (Mt 5, 13–16) geben Anregungen für eine missionarische Spiri-

[25] Ottmar Fuchs, Sakramente – immer gratis, nie umsonst, Würzburg 2015, S. 25.

[26] Vgl. Ders., Sakramententheologische Kriterien der Kasualpastoral, in: Johannes Först/Joachim Kügler (Hrsg.), Die unbekannte Mehrheit. Mit Taufe, Trauung und Bestattung durchs Leben?, Berlin 2010, S. 151–208, hier: S. 185.

tualität. Wenn die ganze Mahlzeit aus Salz besteht, dann wird jeder Hungrige sich schnell abwenden. Das Salz kann auch schal und fade werden, dann verfolgt es seinen Zweck nicht mehr, das Essen schmackhaft zu machen. Es geht also darum, die Welt mit dem Geschmack, mit der Ästhetik des Evangeliums zu durchsäuern. Und das Licht muss man erst einmal entzünden, man darf aber auch kein Hindernis darüberstülpen, sondern sollte es auf einen erhöhten Leuchter stellen. Das Licht leuchtet allen, die im Haus sind: Es muss nicht alles selbst leuchten, aber alles muss im Lichtkegel der Leuchtquelle er-leuchtet sein.

Zum Schluss charakterisiert Ottmar Fuchs die Veränderungsdynamik einer missionarischen Orientierung als ein Entdecken und Wertschätzen dessen, was von Gott her schon da ist: „Die kirchliche Pastoral wird sich auf die Suche nach Ressourcen machen dürfen, wo möglicherweise vieles von dem schon in anderen Gewändern und fremden Ausdrucksformen vorhanden sein kann, was der Pastoral vom Evangelium her am Herzen liegt. Dann verändert sich die Kommunikation und wird zum gegenseitig anerkennenden Austausch. Dann schiebt man nicht arrogant oder achtlos jene Gnade beiseite, die in den realexistierenden Kulturen der Menschen bereits gegeben ist. Dann kommt das Evangelium auf die Menschen nicht als Gesetz, Moralisierung, Integrationsansinnen und ähnliches zu, sondern als tiefgehende Anerkennung aus dem gläubigen Bewußtsein der Gläubigen und Hauptamtlichen heraus, selbst von der Gnade Gottes getragen zu sein. Die Vergesetzlichung des Evangeliums weicht dann dem gegenseitigen Bewußtsein seiner Ermöglichung, seines Geschenktseins.“[27]

[27] Ders., Gott hat einen Zug ins Detail. „Inkulturation“ des Evangeliums hierzulande, in: Ders. u. a., Das Neue wächst. Radikale Veränderungen in der Kirche, München 1995, S. 55–95, hier: S. 76 f. (Anm. 4).

So da sein, wie ER da ist.

Eine missionarische Pastoral inmitten von Sehnsucht und Furcht

Elisabeth Neuhaus

„Es sollen alle Menschen, auch die 80 Prozent Nichtchristen in Sachsen und Ostthüringen, einmal von Gott gehört haben und der Botschaft des Evangeliums begegnet sein", das ist ein Herzensanliegen des pastoralen Prozesses im Bistum Dresden-Meißen – zumindest aus der Sicht des damaligen Bischofs Dr. Heiner Koch, der diesen Prozess angestoßen hat.

Die Diversität der Lebenssituationen vor Ort ist ein Grund dafür, dass pastorale Konzepte nicht zentral von der Bistumsleitung für das gesamte Bistum entworfen werden können, sondern unter Berücksichtigung diözesaner Vorgaben in den verschiedenen Regionen entwickelt werden müssen. Die wesentlichen Grundlagen für die Verantwortung der Gläubigen für das Gesicht der Kirche vor Ort liegen in einem von Taufe und Firmung ausgehenden eucharistisch gegründeten, charismenorientierten, ermöglichenden und partizipativen pastoralen Ansatz, wie er in dem Wort der deutschen Bischöfe „Gemeinsam Kirche sein" vom 1. August 2015 erläutert wird.

Aus dieser Perspektive lautet eine entscheidende Frage des Erkundungsprozesses: Wozu sind wir hier vor Ort Kirche?

Daraus ergeben sich weitere Fragestellungen: Was ist unser Auftrag, unsere Berufung? Wie stärken wir unseren Glauben – persönlich und gemeinschaftlich? Wie werden wir bezüglich unseres Glaubens sprachfähig? Wie leben wir unser Christsein so, dass andere durch uns mit Christus in Berührung kommen? Kurz gesagt: Berufung klären – Sammlung stärken – Sendung leben. Damit geht die Perspektive einher, Verantwortung in dieser Kirche und als Kirche in Gesellschaft zu übernehmen.

Soweit die Sehnsuchtsperspektive der pastoralen Vorgaben auf der Leitungsebene. Sie wollen die Gläubigen ermutigen, ihre Perspektive über den reproduktiven Selbsterhalt hinaus zu weiten und aus der eigenen Freude am Evangelium heraus in allen möglichen Lebenslagen Christus zu bezeugen[1]. Die Sorge besteht darin, dass das Christuszeugnis eine Resonanz des Gegenüber nicht (mehr) erwartet, es gar fürchtet, und die Grenzen der kirchlichen Räume nicht mehr verlässt, die Kirche somit ein Konstitutivum

[1] So spricht zum Beispiel Dr. Hadwig Müller von einer „zeugenden Pastoral", zuletzt unter anderem in der Märzausgabe 2017 des Newsletters der HA Seelsorge des Bischöflichen Generalvikariates Münster, S. 11 f.

ihres Selbstvollzuges, nämlich missionarisch zu sein, nicht mehr lebt – und damit nicht wenigen Menschen die Möglichkeit nimmt, dem Evangelium zu begegnen. Im Bild gesprochen: Es wird befürchtet, dass das Salz im Streuer und der Sauerteig in der Schüssel bleiben und damit ihre Lebenskraft verlieren, sowohl nach außen als auch nach innen. Das Salz gehört aber in die Suppe und der Sauerteig ins Mehl. Ohne Berührung, ohne den Mut zum Eintauchen in diese Welt, exemplarisch gegeben in der Kenosis des Gottessohnes und in jeder fruchtbaren menschlichen Beziehung, entsteht kein neues Leben. Das ist in der Liebe so und das ist im Glauben so. Deshalb lautet das Motto des pastoralen Erkundungsprozesses: „So da sein, wie ER da ist. Uns und alle Menschen mit Christus in Berührung bringen." Nun gibt es mehrere Möglichkeiten, auf die oben benannten Fragestellungen zu reagieren, die hier nur sehr skizzenhaft angedeutet werden:

a. Eine Möglichkeit ist, die bewährten Formen und Strukturen so lange wie möglich aufrechtzuerhalten, denn sie haben sich schließlich über lange Zeit als tragfähig erwiesen. Um diese Form der Kirche in die Zukunft zu führen, braucht es junge Menschen, die sich davon angesprochen fühlen und bereit sind, in einem Teil ihrer Freizeit und manche im Rahmen eines kirchlichen Dienstes Verantwortung für die Fortführung des Bewährten auf bisherige Weise zu übernehmen.

Sehnsuchtsperspektive ist Aufrechterhaltung des Bewährten und Versorgung der Gläubigen in Pfarreien mit Gottesdiensten und Gemeindeangeboten. Befürchtet werden der Verlust von Beheimatung, der Abbruch von bewährten Formen der Glaubensweitergabe an die eigenen Kinder sowie der Niedergang von Gemeinschaft durch den Verlust des durch die Feier der Gottesdienste und seine Präsenz vor Ort gemeinschaftsstiftenden Priesters und durch einen signifikanten Rückgang von aktiven Gemeindemitgliedern.

b. Wenn die unter a. beschriebene Gestaltung aus Mangel (an Gläubigen, an Personal, an Geld, an Immobilien) in absehbarer Zeit bedroht ist, wird eine Anpassung der Struktur an die schwindenden Ressourcen erarbeitet. Veränderungen beziehen sich meist auf das Aufgeben von Versorgung (Gottesdienste und Gottesdienstzeiten, ehrenamtliche Dienste, Immobilien, Pfarrer) sowie Vergrößerung von Territorien und Zuständigkeiten. Neue Wege zielen in der Regel auf die Veränderung der Verteilungsstruktur ab.

Weniger Sehnsucht als pragmatische Zielanpassung ist, mit weniger Mitteln möglichst lange möglichst viel des Bewährten aufrechtzuerhalten und die verbleibenden Ressourcen gerecht zu verteilen. Die Befürchtungen ähneln denen unter a.

c. Anlässlich mittelfristig zu erwartender Veränderungen der Ressourcen findet ein Prozess der Umorientierung statt, der die Realitäten der Vielfalt kirchlichen Lebens in den Blick nimmt, die Lebenswelten der Menschen wahrnimmt, auf diesem Hintergrund den Auftrag aller kirchlicher Akteure vor Ort im Hier und Heute ergründet und daraufhin kirchliches Handeln ausrichtet.

Zukunftsorientiertes Ziel ist, in der gegenseitigen Verantwortung füreinander alle kirchlichen Orte und Akteure in ihrem jeweiligen Kirchesein zu stärken sowie einander um Gottes Willen und aus Leidenschaft für die Menschen zur Verkündigung der Frohen Botschaft in die Lebenswelten hinein zu befähigen und zu ermutigen. Befürchtet wird, dass eine zu kurz gedachte Zielanpassung der Komplexität und Dynamik den Veränderungen im Leben der Menschen nicht gerecht wird und eine begrenzte Fixierung nach innen das Leben der Gemeinden mittel- und langfristig absterben lässt.

d. Bezüglich des Auftrages von Kirche heute entsteht eine geistliche Vision, von der eine Kraft ausgeht, die kreative und mutige Potenziale freisetzt. Auf der Grundlage der Unterscheidung der Geister wird Hinderliches freundlich verabschiedet, Bewährtes mit neuer Entschiedenheit weitergeführt, neue Begabungen, Formate und Strukturen treten ans Licht und Ressourcen werden großzügig bedarfsgerecht nach innen und außen geteilt.

Die Sehnsuchtsperspektive ist eine geistlich motivierte Kirche, die sich nach innen stärken lässt und stärkt, um nach außen zu gehen und möglichst allen voller Freude und Hoffnung von Gott zu erzählen. Befürchtungen beziehen sich eher auf den starken Sog von Strukturreflexen und einen Mangel an Vertrauen in das bevollmächtigende Wirken Gottes. Die Angst vor dem Niedergang wandelt sich in Zuversicht in einen zukunftsvollen Übergang und folgt damit einer verheißungsorientierten Blickrichtung (Kultur der Zuversicht).

Neben diesen vier Varianten finden sich in der Realität noch viele weitere. In der Regel ist jedoch ein Schwerpunkt auszumachen. Dabei ist zu beachten, dass die genannten Haltungen in der Regel die aktiven oder interessierten Katholiken beschreiben. Und auch wenn man die protestantischen Christen dazunimmt: Insgesamt trifft in der ost- und mitteldeutschen Diaspora eine kleine christliche Minderheit auf eine achtzigprozentige konfessionslose Mehrheit. Diese hat Thomas Schlegel in seinem Beitrag „Mission im Osten Deutschlands" von 2013 so beschrieben:

„Konfessionslosigkeit ist zunächst einmal ‚das Nichtbestehen einer *formellen Zugehörigkeit zu einer religiösen Gemeinschaft.*' Auch wenn es damit um ein sehr äußerliches Kriterium geht, ist mit ‚ostdeutscher Konfessionslosigkeit' eine inhaltliche Qualifizierung intendiert: Es geht um den Typus der ‚religiösen Indifferenz'. In Ostdeutschland waren mit jahrzehntelanger rigider SED-Kirchenpolitik, obrigkeitlich geprägtem Protestantismus und einer breiten Arbeiterschaft die Koordinaten für dessen Ausprägung offenbar besonders günstig. Überraschenderweise offenbarte sich der breite

Atheismus als nachhaltig wenderesistent, die Säkularisierung vielleicht als ‚erfolgreichstes Projekt' der DDR-Regierung. Jedenfalls ist Deutschland an dieser Stelle noch immer zweigeteilt: Es existiert – trotz zurückgehender Mitgliedschaftszahlen – ‚in Westdeutschland immer noch ein auch im europäischen Rahmen relativ *hoher Anteil* an Konfessionsmitgliedern. [...] Umgekehrt ist die Zahl der Konfessionslosen in Ostdeutschland die höchste in ganz Europa. Somit besteht eine erhebliche *Diskrepanz der Mitgliedschaft in einer christlichen Konfession zwischen Ost- und Westdeutschland.*'

‚Diese unterschiedlichen quantitativen Verhältnisse wirken zurück auf das Lebensgefühl von Kirchenmitgliedern bzw. Konfessionslosen in den jeweiligen Sphären. Es macht einen Unterschied, ob man sich in Übereinstimmung mit oder im Gegensatz zu der stillschweigenden ‚Normalität' im Umfeld weiß.' Die ‚Schwerkraft der Normalität' hat einen nicht zu unterschätzenden Einfluss auf das Handeln und Denken der Einzelnen. Mehrheiten determinieren allzu schnell die Korrektheit von Ansicht oder Tat. So ist der Kirchenaustritt im Westen noch immer Abweichung von der Norm, im Osten dagegen ist es die Taufe, für die man sich bewusst entscheiden muss. Man gehört hier normalerweise nicht dazu. [...]

Die statistische Verteilung schlägt auf die grundsätzliche Bewertung von Religion durch: ‚In den alten Bundesländern ist man kirchenkritisch, signalisiert aber Offenheit für religiöse Themen und versteht sich durchaus als ‚Christ ohne Kirche'. Ostdeutsche Konfessionslose andererseits formulieren religionskritische Distanz zu Glauben und Religion überhaupt und leiten daraus Vorbehalte gegenüber der Kirche ab.' Hier findet sich Kirchenkritik, dort Religionskritik. Auch daraus kann man schließen, dass die ostdeutsche Gesellschaft als Ganze sich so weit von den Kirchen entfernt hat, dass konfessionelle Unterschiede oder gar religiöse Differenzen in den Hintergrund treten. Da passiert es nicht selten, dass Menschen ihre Ablehnung der Kirche mit dem islamistischen Terrorismus begründen: Nicht die Kirche, sondern die Religion an sich ist verdächtig und fremd. Es hat sich eine ‚atheisierende Kultur' [Zulehner; Anm. EN] herausgebildet. Wer hier nicht zur Kirche gehört, glaubt in der Regel auch nicht an Gott oder ist anderweitig religiös.

Die Distanz zu Kirche und Religion hat auf lange Sicht nicht nur den Atheismus gefestigt, sondern vor allem zu einer mangelnden Relevanz des ganzen Themas (religiöse Indifferenz) geführt. ‚Vielen Zeitgenossen ist ... ihr Nichtglauben nur ein Achselzucken wert, und noch zahlreicher sind die, die gar nicht wissen, dass sie Ungläubige sind, denn wenn die Gottesfrage aus dem Blickfeld verschwindet, ist auch der Atheismus kein Thema mehr.' Das ganze weltanschauliche Koordinatensystem wird ignoriert oder abgelehnt, denn ‚Areligiöse sind für sich selbst ebenso wenig ‚Areligiöse' wie andere für sich ‚Nicht-Reiter', solange diese Negation nicht durch irgendetwas provoziert wird."[2]

Gert Pickel deutet es so, „dass Areligiosität einen wichtigen *positiven* Bezugspunkt für die ostdeutsche Identitätsbildung ausmacht. Denn mit den Transformationsprozessen der Wiedervereinigung sind den Ostdeutschen fast alle positiven Marker für die Konstitution einer regionalen Identität entzogen worden. Wohl aber bleibt der Verweis auf die (vermeintliche) Irrationalität von Religion und Religiosität, die als einer der wenigen Punkte übrig bleibt, an denen sich Ostdeutsche gegenüber den Westdeutschen im Vorteil sehen. In der ostdeutschen Einschätzung hat man ‚so etwas Irrationales wie Religion' nicht nötig und sieht sich als aufgeklärt, rational und modern, die Westdeutschen in ihrem Bezug zu Religion hingegen als unmodern und irrational."[3] Dazu kommt eine verbreitete tief sitzende Skepsis gegenüber Vereinen, Verbänden, Parteien und sonstigen Institutionen.

„Zu prognostizieren ist laut Pickel, dass sich die Unterschiede im politischen und religiösen Bereich noch eine ganze Weile erhalten werden; die ‚Kultur der Areligiosität' wird zunächst ein Spezifikum der ostdeutschen Bundesländer bleiben, an das sich Westdeutschland allerdings langfristig annähern wird."[4] Soweit der Versuch einer skizzenhaften Beschreibung der ostdeutschen Mehrheitsgesellschaft.

Wenn ich diese nun in Verbindung bringe mit der oben genannten katholischen Minderheit und ihrer Mehrheitsmentalität, frage ich mich, wie hier Evangelisierung geschehen kann und was missionarischer Selbstvollzug von Kirche in einem Umfeld bedeutet, das selbstverständlich areligiös lebt, dabei grundlegende Werte des Christentums als humanistisches Allgemeingut teilt, jedoch vom Evangelium nichts weiß. Denn, so Eberhard Tiefensee, kirchenferne Ostdeutsche werden sich „in der Regel zuletzt an die katholische Kirche wenden, wenn sie Räume suchen, in denen sie ihre Erfahrungen wach halten, austauschen, reflektieren und nötigenfalls in eine veränderte Lebenspraxis transformieren können".[5] Wie kann also – eben doch anders als in der Urkirche – in einer nachchristlichen, transzendenzvergessenen Gesellschaft der Gotteshorizont als lebensrelevante Möglichkeit angeboten, erschlossen, in Berührung gebracht werden? Vor einigen

[2] Thomas Schlegel, Mission im Osten Deutschlands und das Problem des Anknüpfungspunktes, in: Matthias Clausen/Michael Herbst/Ders. (Hrsg.), Alles auf Anfang. Missionarische Impulse für Kirche in nachkirchlicher Zeit, Neukirchen-Vluyn, 2013 S. 116–134, hier: S. 124–127.

[3] Tobias Kläden, Weiterhin eine „Mauer in den Köpfen"? Differenzen in den Einstellungen zwischen Ost- und Westdeutschen, in: euangel (2012) 2, S. 10, http://www.euangel.de/fileadmin/Downloads/Archiv/euangel_2-12.pdf (07.03.2017).

[4] Ebd.

[5] Eberhard Tiefensee, Was heißt es, einen ‚Aufbruch' zu wagen?, in: euangel (2012) 2, S. 29, http://www.euangel.de/fileadmin/Downloads/Archiv/euangel_2-12.pdf (07.03.2017).

Annäherungsversuchen sei Karl Barth zitiert: „Ich sehe merkwürdigerweise gerade über dem uns hier vorgelegten Material so etwas wie einen tiefen Trauerschatten, der davon herzurühren scheint, daß wohl noch allzu viele der Meinung sind, als müßten wir Christenmenschen und Kirchenleute das ausrichten, was doch nur Gott selbst vollbringen kann und was er ganz allein vollbringen will: das nämlich, daß Menschen (...) durch das Evangelium wirklich zum Glauben kommen".[6] Einige Annäherungen:

Umkehr, Selbstevangelisierung, Aneignung, Sprachfähigkeit, Zeugenschaft

Kirche muss mehr und vor allem qualitativ andere und vielfältige Erfahrungsräume öffnen, in denen relevante Gotteserkenntnis und -erfahrung miteinander geteilt und einander mitgeteilt wird. Dazu ist neben der gottesdienstlichen Versammlung, insbesondere der Eucharistiefeier, eine lebendige Vertrautheit mit der Schrift unumgänglich.

Wenn, wie Papst Benedikt XVI. in seinem Brief an die Bischöfe vom 10.3. 2009 schreibt, „die Menschen zu Gott, dem in der Bibel sprechenden Gott zu führen, [...] die oberste und grundlegende Priorität der Kirche [ist]"[7], dann kann dies nicht geschehen, ohne sich selbst im Hören auf die Schrift und aufeinander mit diesem in der Bibel sprechenden Gott in eine kontinuierliche Beziehungsgeschichte zu begeben. Dies ist für den Prozess einer tragfähigen Prägung im Sinne eines „Da sein, wie Er da ist" unerlässlich. Kirche versteht sich so als Ort der „Vernetzung von Überzeugten".[8] Dafür braucht es verschiedenste Formen, nicht nur die des „‚vereinskirchlichen' Modells der christlichen Geselligkeit"[9]. Entwicklungsziel persönlicher und gemeindlicher Existenz ist es, sich den Auftrag Jesu anzueignen und in seiner Nachfolge Zeugen seiner Existenz und seiner Botschaft zu werden.

---

[6] Zitiert nach: Matthias Clausen/Thomas Schlegel, Vorwort, in: Dies./Michael Herbst (Hrsg.), Alles auf Anfang, a.a.O., S. 1–6, hier: S. 1.

[7] Brief Seiner Heiligkeit Papst Benedikt XVI. an die Bischöfe der katholischen Kirche in Sachen Aufhebung der Exkommunikation der vier von Erzbischof Lefebvre geweihten Bischöfe, https://w2.vatican.va/content/benedict-xvi/de/letters/2009/documents/hf_ben-xvi_let_20090310_remissione-scomunica.pdf (07.03.2017).

[8] Michael Herbst, Gemeindeaufbau auf dem Weg ins Jahr 2017, in: Ders./Matthias Clausen/Thomas Schlegel (Hrsg.), Alles auf Anfang, a.a.O., S. 7–41, hier: S. 18.

[9] Ebd., S. 25.

Diakonie

Wichtige Orte missionarischer Präsenz werden auch künftig Orte der Diakonie sein, des selbstlosen Dienstes für das Wohl von Mensch und Schöpfung. „Ohne solche Orte, an denen ‚das Sakrament des Bruders und der Schwester vor den Kirchentüren gespendet wird' (wie Hans Urs von Balthasar einmal gesagt hat), kann Kirche nicht auskommen. Das können Schulen, Kindergärten, Bildungseinrichtungen sein, das können kleinere Initiativen Einzelner und Gruppen auf der Basis bürgerschaftlichen Engagements sein, aber eben auch überkommene oder neue Orte der Leib- und Seelsorge, in denen Kirche den Dienst der Fußwaschung […] leistet."[10] Christen in der Nachfolge Jesu werden sich immer an seiner Pro-Existenz ausrichten, die sich durch alle Brüche hindurch soteriologisch zeigt und in diesem Sinne leidenschaftlich für das umfassende Heil eines jeden Menschen eintritt.

Am Adressaten ausgerichtete absichtsvolle Kommunikation

Ausgangspunkte sind neben dem eigenen Wunsch, einen Zugang zu Christus zu eröffnen, echtes Interesse an dem Leben und am Weltbild des anderen sowie wache Aufmerksamkeit für mögliche Anknüpfungspunkte in seinem Leben und seiner Weltdeutung. Nick Pollard nennt diese Option „positive Dekonstruktion". Das meint ein „ehrliches Interesse an den Überzeugungen des Anderen, verbunden mit neugierigen und testenden Nachfragen nach deren innerer Logik" – in der inneren Offenheit, „auf diese Weise schließlich auch Neugier auf die eigenen Überzeugungen und das Evangelium zu wecken".[11]

„Eine hilfreiche Analogie ist die Beschreibung wissenschaftlicher Paradigmenwechsel durch Thomas Kuhn: Gemeint ist nicht einfach die Ablösung einer alten Theorie durch eine neue. Sondern gemeint ist, dass ein altes Denkmuster durch das neue überhaupt erst erkennbar wird, angesichts einer Alternative seine Selbstverständlichkeit verliert und schließlich hinterfragt wird."[12] Diese Dynamik der Erkenntnis und des Paradigmenwechsels bis hin zur Disruption eingefahrener Denkmuster betrifft jedoch

---

[10] Einweihung der Katholischen Arbeitsstelle für Missionarische Pastoral der Deutschen Bischofskonferenz in Erfurt. Vortrag von Bischof Dr. Joachim Wanke, http://www.dbk.de/presse/details/?presseid=1039&cHash=4a7a0b945ee8405a9256973b1bff2f19 (07.03.2017).

[11] Matthias Clausen, Evangelistisch predigen vor Post-Atheisten, in: Ders./Michael Herbst/Thomas Schlegel (Hrsg.), Alles auf Anfang, a.a.O., S. 69–85, hier: S. 83.

[12] Ebd., Anm. 38.

potenziell beide Gesprächspartner. Das erfordert die Bereitschaft, dass mir gerade im Anderen, im Fremden, im Post-Atheisten das Antlitz und die Botschaft Jesu herausfordernd und irritierend neu entgegenkommt. Fruchtbare missionarische Kommunikation wird also immer alle beteiligten Gesprächspartner verändern.
Die Forderung nach einem auch intellektuellen Zugang formulierte ebenfalls Bischof Wanke anlässlich der Einweihung der Katholischen Arbeitsstelle für Missionarische Pastoral der Deutschen Bischofskonferenz in Erfurt 2010: „Wir brauchen eine Vertiefung und ‚Verheutigung' unserer Gottesverkündigung. Das ist zunächst eine intellektuelle Herausforderung, in der sich angesichts heutiger Welt- und Lebenserfahrungen der Menschen Theologie und Bildungsarbeit unserer Kirche bewähren müssen, aber auch eine Herausforderung für die öffentliche Verkündigung, für die Katechese und den Religionsunterricht. Es gilt, angesichts gegenwärtiger Infragestellungen des Glaubens verantwortet ‚Gott denken' zu können, sonst droht die Gefahr, dass wir uns ins Sektenhafte verabschieden."[13]

Erzählen

Bei aller Skepsis gegenüber Religion befinden wir uns in der Begegnung mit von christlichem Gedankengut unbefleckten Menschen an einer Art „Nullpunkt", der es ermöglicht, ganz neu und unbefangen das Evangelium zu erzählen. Unser Gegenüber hört es zum ersten Mal.

Zuvor aber noch einige Überlegungen auf der Metaebene: Matthias Clausen stellt die Frage, „inwieweit sich die Konversion zum Glauben mit dem Erlernen einer neuen Sprache vergleichen lässt." Er führt aus: „Konversion als das Erlernen einer neuen Sprache bedeutet nun nicht etwa das Eintauchen in einen neuen Code, der nach außen hin völlig unverständlich wäre (‚Kirchensprache' oder ‚Christianesisch'), sondern die Verwendung von u. U. vertrauten Worten in einem völlig neuen Kontext."[14] Eine Form, die den Gebrauch von Worten in der Lebenspraxis innersprachlich abbilden kann, ist die Erzählung, „verstanden als Abschreiten eines *plots*, eines Ablaufs, mit Akteuren und Handlungsfortschritt. Erzählung kann *vorführen*, wie sich der Gebrauch eines Wortes ändert, wenn es in einen neuen Zusammenhang gestellt wird. Erzählung kann damit grundsätzlich auch solchen Menschen Zugang zum Weltbild des Glaubens eröffnen, die einen

[13] Joachim Wanke, a.a.O.
[14] Matthias Clausen, Evangelistisch predigen, a.a.O., S. 83.

solchen Zugang zuvor noch gar nicht hatten. Alles, was sie brauchen, ist ein erstes Verstehen von Zeit, Handlung und Akteuren der Erzählung."[15]

Wenn wir also die Sehnsucht haben, alle mit Christus in Berührung zu bringen, dann kann ein Weg sein, so viel wie möglich von ihm zu erzählen. „Wer Jesus ist und was er bedeutet, wird an dem deutlich, was er tut und in der Interaktion mit anderen sagt."[16] Dieses Erzählen kann je nach Situation ein probates Mittel gerade in der Begegnung mit Post-Atheisten sein, weil Erzählungen oft einen Resonanzraum für ihre eigene Botschaft schaffen. Im Vertrauen darauf, dass im Erzählen der Frohen Botschaft der Heilige Geist wirksam ist, dürfen wir darauf hoffen, dass sich im Zuhören und in den Zuhörenden auch Zugänge zu neuen Erfahrungen auftun.[17]

Entäußerung

Eine Mission soll hinausgehen ohne die Menschen primär in die eigene Gemeinschaft hineinzuziehen, sondern mit ihnen versuchen, „draußen" neu Kirche zu werden.[18] Diese Haltung findet sich zum Beispiel in Projekten von freshX[19] und dem Miteinander von traditionellen und alternativen Gemeindeformen (mixed economy). Bei all dem geht es darum, in aller Freiheit auf Gott zu verweisen, sein Beziehungsangebot in aller Demut zu unterbreiten und zu bezeugen, dass eine Bindung an ihn echte Freiheit schenkt: „Es gibt Bindungen, die frei setzen. Und zu ihnen gehört der christliche Gottesglaube. Solche Bindungen sind aber nicht andemonstrierbar. Sie müssen erprobt werden, um ihre innere Evidenz zu erweisen. Das ist ähnlich wie bei Bindungen an Werte: Wenn man von ihnen nicht ergriffen wird, sind Belehrungsversuche mit der Zielrichtung ihrer Verinnerlichung meist aussichtslos. Was man aber tun kann ist: Man kann solche Bindungen bezeugen, man kann von ihnen erzählen, man kann sie empfehlen (‚vorschlagen' – proposer, wie der bekannte Brief der französischen Bischöfe ‚Proposer la foi' formuliert). Und genau das – bezeugen, erzählen, vorschlagen – sind die Felder, innerhalb derer sich eine missionarische Pastoral ereignen kann."[20]

Missionarische Dynamik lebt von der inspirierten Sehnsucht nach Weitergabe, nach Wachstum, nach Fruchtbarkeit. Welche Sehnsuchtslinien

[15] Ebd., S. 84.
[16] Ebd., S. 85.
[17] Vgl. ebd.
[18] Vgl. Michael Herbst, Gemeindeaufbau, a.a.O., S. 34.
[19] Vgl. dazu http://freshexpressions.de/ueber-fresh-x/was-ist-eine-fresh-x/ (07.03.2017).
[20] Joachim Wanke, a.a.O.

lassen sich nun im Blick auf Gott, die Menschen und die Kirche finden? Da ist die Sehnsucht Gottes nach dem Heil eines jeden Menschen durch dessen freies Ja auf sein rettendes Beziehungsangebot. Dies ereignet sich in einer konkreten gemeinsamen Geschichte im Sinne einer persönlichen und gemeinschaftlichen Beziehungsgeschichte. Es begegnet uns die Sehnsucht der Menschen nach gelingendem Leben in der Spannung zwischen Sicherheit und Freiheit, Beheimatung und Aufbruch, Individualität und Bindung, Routine und Kreativität und vielem anderen mehr.

Viele Verlautbarungen thematisieren die Sehnsucht der Kirche, Menschen die Heilsbotschaft Gottes anzubieten, so dass Heil sich unverfügbar und doch verlässlich in Begegnung ereignet und in Gemeinschaft realisiert. Wir spüren die Sehnsucht der Gemeinden, den kostbaren Schatz der von gemeinschaftlicher und insbesondere eucharistischer Versammlung getragenen Beheimatung in Kontakt zu bringen mit den „Anderen". Hierbei stehen sie in der Spannung, ihre Identitätsbestimmung aus dem Blick auf sich selbst, auf Gott und aus der Selbstentdeckung im Antlitz des Anderen, des Fremden, zu generieren. Hier findet sich häufig eben auch jene allgemein menschlich angelegte Sehnsuchtsambiguität zwischen Exklusivität und Öffnung, Beheimatung und Hinausgehen, Sammlung und Sendung. Sehnsucht hat wesentlich mit Leidenschaft zu tun, einer Leidenschaft, die nicht nur an den Grenzen leidet, sondern sich ausstreckt nach einer Verheißung des Guten – für mich und für alle Menschen.

Vielleicht kann das ein Kriterium sein, zu erkennen wo wir gerade stehen: Wenn wir uns fragen, was unser Herz – ob leidend, furchtsam oder erwartungsfroh – in Bewegung bringt: die spürbaren Veränderungen der Sozialgestalt unserer 15 Prozent Aktivgemeinden oder der Umstand, dass 80 Prozent unserer Mitmenschen von Christus nichts wissen?

„Eine neue Sprache – befreiend und erlösend" (Dietrich Bonhoeffer)

Geistliche Sprachfähigkeit in säkularer Umgebung

Peter Zimmerling

Ich möchte das mir gestellte Thema aus der Perspektive Ostdeutschlands behandeln, wo ich seit mehr als einem Jahrzehnt Praktische Theologie mit dem Schwerpunkt Seelsorge an der Theologischen Fakultät der Universität Leipzig unterrichte.[1] Unmittelbar nach Kriegsende waren noch 91 % der ostdeutschen Bevölkerung Mitglied in einer der beiden großen christlichen Kirchen. Vierzig Jahre später galt das nur noch für etwa 25 %.[2] Dieser negative Trend setzte sich, entgegen anderer Erwartungen, in abgeschwächter Form nach 1990 fort.[3] Im Osten Deutschlands stellt sich daher die Frage nach geistlicher Sprachfähigkeit mit besonderer Dringlichkeit. Aller Voraussicht nach ist hier eine Situation vorweggenommen, die auch die westlichen Bundesländer zunehmend prägen wird.

Wenn im Folgenden über geistliche Sprachfähigkeit nachgedacht werden soll, kann es nur um die Frage gehen, wie der Inhalt des Evangeliums in größtmöglicher Klarheit bis zum Trommelfell eines Menschen gelangt, mit Martin Luther gesprochen: Wie ein Mensch Zugang zur claritas externa, zur äußeren Klarheit des Evangeliums erhält.[4] Der Weg vom Trommelfell zum Herzen bleibt dem Geist Gottes vorbehalten. Oder noch einmal mit Luther gesprochen: Dass ein Mensch Zugang zur claritas interna, zur inneren Klarheit des Evangeliums erhält, ist und bleibt Wirkung der Gnade Gottes. Das wahrt die Freiheit der Adressaten der Botschaft des Evangeliums, be-

---

[1] Teile der folgenden Überlegungen habe ich erstmals vorgetragen in: Peter Zimmerling, Geistliche Sprachfähigkeit als Voraussetzung von Mission, in: Tim Unger (Hrsg.), Zum Glauben reizen. Mission und Glaubensvermittlung in der postsäkularen Gesellschaft, Hannover 2011, S. 171–189; Peter Zimmerling, An der Grenze des kirchlichen Christentums: Die Religion der Konfessionslosen in Ostdeutschland – Konfessionslosigkeit als Konfession?, in: Friedrich Schweitzer (Hrsg.), Kommunikation über Grenzen. Kongressband des XIII. Europäischen Kongresses für Theologie 21.–25. September 2008 in Wien (Veröffentlichungen der Wissenschaftlichen Gesellschaft für Theologie 33), Gütersloh 2009, S. 747–760.

[2] Vgl. dazu im Einzelnen Detlef Pollack, Der Wandel der religiös-kirchlichen Lage in Ostdeutschland nach 1989. Ein Überblick, in: Ders./Gert Pickel (Hrsg.), Religiöser und kirchlicher Wandel in Ostdeutschland 1989–1999, Opladen 2000, S. 18–47; vgl. darin auch: Gert Pickel, Konfessionslose in Ost- und Westdeutschland – ähnlich oder anders?, S. 206–235.

[3] Derzeit sind 21 % der Ostdeutschen Mitglied der evangelischen Kirche, 4 % gehören der katholischen Kirche an. Das zeigt die aktuelle Übersicht der EKD-Statistik.

[4] Martin Luther, Weimarer Ausgabe (WA) 18, S. 606,1–09, 14 (De servo arbitrio).

schützt sie vor Manipulationsversuchen durch die Verkündigenden und entlastet umgekehrt die Verkündigenden und bewahrt sie vor Überforderung.

Meine Ausführungen gliedern sich in vier Teile. Zunächst geht es um eine Situationsbeschreibung, die sich auf das Phänomen der Konfessionslosigkeit im Osten Deutschlands konzentriert. In einem zweiten Teil findet eine Spurensuche nach Beispielen gelingender Sprachfähigkeit in der Geschichte statt. Im dritten Teil beschreibe ich exemplarisch Situationen, wie sich Menschen heute geistlich ansprechen lassen. Der vierte und abschließende Teil zieht in Form von Thesen Folgerungen aus dem Erarbeiteten.

Zum Phänomen der Konfessionslosigkeit

Die folgenden drei Gespräche verdeutlichen brennpunktartig die Herausforderungen geistlicher Sprachfähigkeit in einer säkularen Umgebung. Das erste Gespräch fand in einem Friseursalon statt, als ich etwa ein halbes Jahr in Leipzig lebte. Die Friseurin hatte schnell herausgefunden, dass ich Theologe war und an der Universität unterrichtete. Ganz spontan äußerte sie daraufhin: „Ich bin ganz natürlich." Auf meine Nachfrage, was sie damit meine, stellte sie fest, dass sie nichts glauben würde, „so wie die alten Germanen". Mein Hinweis, dass auch die Germanen Götter gehabt hätten, schien sie nicht zu beeindrucken. Nach diesem Gesprächsgang wurde es still, und die muntere Friseuse zog sich in sich selbst zurück. Ich fragte, ob ich sie durch meine Äußerung verletzt habe. Sie wehrte ab und sagte: „In schwierigen Situationen bete ich." Auf meine Frage, wo das Problem liege, antwortete sie, dass sie das mit schlechtem Gewissen täte, weil sie doch an Gott nicht glaube und deswegen eigentlich nicht zu ihm beten dürfe. Was sollte ich auf diesen Einwand antworten? Mir fiel Folgendes ein: Ich hätte ihren Friseursalon zunächst nur probehalber aufgesucht, um festzustellen, ob ihre Kolleginnen ihr Handwerk verstünden. Da diese ihre Sache gut gemacht hätten, wäre ich bei ihr geblieben. Vielleicht könnte sie versuchen, ihr Gebet auch als Gebet „auf Probe" zu verstehen. Ich könnte mir vorstellen, dass Gott sich auf ein solches Vorgehen einlassen würde. Diese Überlegung schien ihr einzuleuchten.

Das zweite Beispiel: Es handelte sich wiederum um ein Gespräch im Friseursalon, diesmal mit einer anderen Friseurin. Es fand in der Adventszeit statt. Auch sie zeigte sich sehr aufgeschlossen und gesprächsinteressiert. Nachdem sie mit Unverständnis auf meine berufliche Tätigkeit, dass ich Theologe war, reagiert hatte, und ich auf ihre Nachfrage erklärt hatte, was das ist, fragte sie spontan: „Können sie mir wohl sagen, was orthodox ist?"

Zunächst staunte ich über diese Frage. Im weiteren Gesprächsverlauf stellte sich heraus, dass ihre Schwester zum orthodoxen Glauben konvertiert war, weil sie einen rumänischen Mann heiraten wollte. Ihre Familie war daraufhin in helle Aufregung geraten. Im Ton von trauriger Verzweiflung meinte die Friseuse: „Meine Schwester stammt doch wie ich aus einer anständigen atheistischen Familie." Interessant war auch der Fortgang des Gespräches. Nach einer Weile meinte sie, dass sie mit ihrer kleinen Tochter an Weihnachten in die Kirche gehen wollte. Sie hätte nämlich gehört, dass da etwas mit Tieren stattfände. Es wäre doch wichtig, ihrem Kind den Weg ins Leben nicht zu verbauen.

Schließlich das dritte Beispiel: Diesmal handelte es sich um ein Gespräch mit der Anlageberaterin einer Bank. Sie fragte mich gleich zu Anfang, wie ich dazu gekommen wäre, von Mannheim nach Leipzig zu wechseln. Für Betriebswirtschaftler stellt die Universität Mannheim neben Köln eine Art Harvard von Deutschland dar. Auf meine Antwort, dass ich Theologie an der Universität unterrichte, fragte sie, was das sei. Ich antwortete: „Ich bilde zukünftige Pfarrer und Pfarrerinnen aus." Daraufhin sie ganz spontan: „Ach, ich wusste gar nicht, dass Pfarrer ein wissenschaftliches Studium haben." Aufgrund ihrer atheistischen Erziehung war es für die Betriebswirtschaftlerin offensichtlich unvorstellbar, dass Theologie und Wissenschaft zusammengehören könnten.

Die drei Gespräche zeigen im Hinblick auf das Thema geistlicher Sprachfähigkeit angesichts von Konfessionslosigkeit ein Doppeltes: Konfessionslose in Ostdeutschland – und damit 75 % der Bevölkerung – lassen einerseits eine mindestens dreifach begründete Form von Immunisierung gegenüber dem Evangelium erkennen. Die atheistische Weltanschauung ist für sie das Natürliche bzw. Normale. Der Atheismus ist überdies das ethisch Anständige. Schließlich repräsentiert er die wissenschaftliche Weltanschauung. Andererseits zeigen die drei Beispiele, dass es gleichzeitig mindestens drei Einbruchstellen bzw. Risse innerhalb der scheinbar wasserdichten atheistischen Weltanschauung gibt. Das „ich bete" des ersten Gesprächs illustriert die Existenz eines religiösen Existentials – selbst bei Konfessionslosen. Dieses kann verschüttet, ausgetrieben, aber offensichtlich auch bei atheistischer Weltanschauung nicht ganz zum Verschwinden gebracht werden. Hierin liegt die particula veri neuerer funktionaler religionssoziologischer Theorien. Der Mensch bleibt ein offenes Wesen, das auf der Suche nach Sinn ist. Das zweite Beispiel weist darauf hin, dass auch für traditionell Konfessionslose die Begegnung mit heiß temperierten religiösen Menschen ideologische Grundentscheidungen infrage zu stellen vermag. Das Verharren im Atheismus würde zu sozialen Problemen führen. Darum konvertiert die „aus einer anständigen atheistischen Familie" stammende

Schwester meiner Gesprächspartnerin zum orthodoxen Glauben.[5] Eine weitere Einbruchstelle innerhalb der atheistischen Weltanschauung wird im dritten Gespräch sichtbar. In dem Moment, wo es zum Alltagskontakt mit Christen kommt, die den christlichen Glauben mit wissenschaftlicher Bildung verbinden, wird die selbstverständliche Gültigkeit des szientistischen Rationalismus hinterfragbar.

Empirischer Befund: Partielle Desäkularisierung und Entstehung einer agnostischen Spiritualität

Die folgenden Gedanken stützen sich im Wesentlichen auf empirische Untersuchungen und deren Auswertungen von Detlef Pollack, Gert Pickel und Monika Wohlrab-Sahr.[6] Alle drei hatten bzw. haben die Professur für Religionssoziologie im Rahmen des Instituts für Praktische Theologie an der Theologischen Fakultät in Leipzig inne. Ostdeutschland weist mit 75 % die weltweit höchste Rate an Konfessionslosen auf. Immerhin ähnliche Entwicklungen lassen sich in der Tschechischen Republik, teilweise in Estland und in den Niederlanden beobachten.[7]

Mit diesem statistischen Befund sind zwei für unser Thema wesentliche Beobachtungen verbunden. Beide stehen quer zu traditionellen religionswissenschaftlichen Erwartungen. Zur *ersten* Beobachtung: Detlef Pollack hat bereits in den 1990er Jahren nachgewiesen, dass das Phänomen der Dekonfessionalisierung, d. h. das Schwinden der christlichen Gläubigkeit in den neuen Bundesländern *nicht* durch Hinwendung zu anderen individuellen, eventuell auch außerchristlichen religiösen Formen kompensiert wird.

[5] Vgl. Hansjörg Hemminger, Weltanschauliche Trends 2006. Gründe für den Auszug aus den Volkskirchen, in: Theologische Beiträge 37 (2006), S. 89 f. Ein ähnlicher Vorgang lässt sich bei deutschen Frauen beobachten, die mit liberalen türkischen Männern verheiratet sind. Sie konvertieren in dem Moment, in dem Kinder kommen.

[6] Vgl. im Weiteren v. a. die folgenden Veröffentlichungen: Michael Domsgen (Hrsg.), Konfessionslos – eine religionspädagogische Herausforderung. Studien am Beispiel Ostdeutschlands, Leipzig 2005; darin besonders Olaf Müller/Gert Pickel/Detlef Pollack, Kirchlichkeit und Religiosität in Ostdeutschland: Muster, Trends, Bestimmungsgründe, S. 23–64; Uwe Karstein/Thomas Schmidt-Lux/Monika Wohlrab-Sahr/Mirko Punken, Säkularisierung als Konflikt? Zur subjektiven Plausibilität des ostdeutschen Säkularisierungsprozesses, in: Berliner Journal für Soziologie (2006), S. 441–461; Monika Wohlrab-Sahr/Uta Karstein/Christine Schaumburg, „Ich würd' mir das offenlassen". Agnostische Spiritualität als Annäherung an die ‚große Transzendenz' eines Lebens nach dem Tode, in: Zeitschrift für Religionssoziologie 13 (2005), S. 153–173.

[7] V. a. Pollack und Pickel scheint sehr daran gelegen zu sein, Ostdeutschland nicht als einmaligen Sonderfall zu verstehen, der sich nur durch sich selbst erklären ließe (dazu Olaf Müller, Kirchlichkeit und Religiosität in Ostdeutschland, a.a.O. besonders S. 50 ff.).

„Die geringe Kirchenbindung der Ostdeutschen ist gleichzeitig mit einer Abkehr von der Religion insgesamt verbunden. Das Schwinden der christlichen Gläubigkeit wird auch nicht durch die Hinwendung zu anderen, außerchristlichen religiösen Formen kompensiert. Religion spielt für die meisten Ostdeutschen schlicht keine Rolle mehr."[8] Der ostdeutsche Konfessionslose erscheint a-religiös. Religion hat für den Alltag der konfessionslosen Ostdeutschen keine Relevanz. Es besteht demnach auch nur ein geringes Interesse am Kennenlernen religiöser Ideen und Antworten.

Nun zur *zweiten*, noch aufregenderen Beobachtung: Sie geht auf die Studie von Monika Wohlrab-Sahr „Generationenwandel als religiöser Wandel. Das Beispiel Ostdeutschlands" zurück.[9] In der Studie wurden ausführlich Gespräche mit 25 Familien geführt, bei denen Angehörige dreier Generationen anwesend waren. Die jüngsten Familienmitglieder waren im Alter zwischen 25 und 30 Jahren. Zusätzlich wurden 26 Einzelinterviews mit Familienmitgliedern geführt, aber auch mit Personen, mit denen ein Familiengespräch aus verschiedenen Gründen nicht möglich war. Alle Befragten waren zwischen 25 und 80 Jahre alt. Die Studie legt den Schluss nahe, dass sich in der jüngsten Generation in Ostdeutschland, bei den 19–29jährigen, derzeit ein Prozess *partieller Desäkularisierung* andeutet. Er vollzieht sich auf der individuellen Glaubensebene. Dieses Ergebnis wird durch Statistiken gestützt, die bei der Gruppe der 18–29jährigen Ostdeutschen zwischen 1991 bis 2002 eine erkennbar stärkere Zustimmung zu religionsnahen Aussagen erkennen lassen. Es handelt sich dabei um Aussagen zum Leben nach dem Tod bzw. zu okkulten Phänomenen.[10] „Den größten Zuwachs – innerhalb von etwa 10 Jahren kam es hier zu mehr als einer Verdoppelung von 15 auf 34 Prozent – erfuhr dabei der Glaube an ein Leben nach dem Tod."[11]

Monika Wohlrab-Sahr spricht in diesem Zusammenhang von einer Zunahme einer Form von *agnostischer Spiritualität.* Sie nimmt damit die Tatsache auf, dass viele derjenigen, die mit einem Leben nach dem Tod rechnen, deswegen nicht gleichzeitig an Gott glauben. Die jungen Erwachsenen kombinieren sehr verschiedene Traditionen und mediale Einflüsse: Wiedergeburt und Nahtoderfahrung, Energieerhaltung und Matrix. Dennoch lässt sich diese Form von Spiritualität als Annäherung an die große Transzendenz eines Lebens nach dem Tode interpretieren, wobei die agnostische Spiritualität durchaus noch im Experimentierstadium zu ste-

---

[8] Zuletzt ebd., S. 61.

[9] Vgl. dazu im Einzelnen Wohlrab-Sahr, a.a.O.

[10] Vgl. hier und im Folgenden: ebd., S. 156.

[11] Ebd.

cken scheint.[12] Gleichzeitig ist damit eine kritische Distanz zu den Ansichten der atheistisch geprägten Elterngeneration impliziert.

Gesetzt den Fall, diese Tendenz setzt sich fort, ergäbe sich daraus die Chance, mindestens unter der nachwachsenden Generation unter der Bedingung geistlicher Sprachfähigkeit Interesse für das Evangelium zu wecken.

Beispiele geistlicher Sprachfähigkeit aus der Geschichte

Die folgenden beiden Beispiele geistlicher Sprachfähigkeit aus der Geschichte sollen zeigen, dass das Problem weder neu noch unlösbar ist. Vielmehr machen sie deutlich, dass Theologie und Kirche immer wieder mit diesem Problem konfrontiert wurden und Mittel und Wege fanden, es zu lösen.

Die Lieder Paul Gerhardts

Ein hervorragendes Beispiel geistlicher Sprachfähigkeit stellen jahrhundertelang die Lieder Paul Gerhardts dar.[13] Die lutherische Reformation war eine Singbewegung,[14] die ihren Siegeszug durch Deutschland und Europa nicht zuletzt aufgrund ihrer neuen Lieder antrat. In einer Reihe von Städten hat sich die reformatorische Bewegung dadurch durchgesetzt, dass die zum Gottesdienst versammelte Gemeinde Luthers Lieder anstimmte.[15] Daraufhin konnten Stadträte und Fürsten nicht anders, als dem Willen des Volkes nachzugeben und die Reformation einzuführen. Die Choräle wurden zum Markenzeichen der jungen evangelischen Kirche! In ihnen hatte der neue

---

[12] Einen ähnlichen Befund lässt die Arbeit von Benjamin Roßner im Hinblick auf das Verhältnis junger Erwachsener aus Ostdeutschland zum Gottesdienst erkennen: Ders., Das Verhältnis junger Erwachsener zum Gottesdienst. Empirische Studien zur Situation in Ostdeutschland und Konsequenzen für das gottesdienstliche Handeln, Leipzig 2005, bes. S. 159 ff.

[13] Zu den folgenden Überlegungen vgl. im Einzelnen: Peter Zimmerling, „Hoff und sei unverzagt." Glaubens- und Lebenshilfe durch Paul Gerhardt, in: Deutsches Pfarrerblatt 107 (2007), S. 123–128.

[14] Christian Möller, „Ein neues Lied wir heben an." Der Beginn des reformatorischen Singens im 16. Jahrhunderts und die Einführung eines Evangelischen Gesangbuches am Ende des 20. Jahrhunderts, in: Gemeinsame Arbeitsstelle für Gottesdienstliche Fragen der Evangelischen Kirche in Deutschland 24 (1995), S. 15–30; Ders. (Hrsg.), Kirchenlied und Gesangbuch. Quellen zu ihrer Geschichte. Ein hymnologisches Arbeitsbuch, Tübingen/Basel 2000, S. 69 ff. (dort auch weiterführende Literatur).

[15] Vgl. dazu z. B. Christian Möller (Hrsg.), Ich singe Dir mit Herz und Mund. Liedauslegungen, Liedmeditationen, Liedpredigten. Ein Arbeitsbuch zum Evangelischen Gesangbuch, Stuttgart 1997, S. 184–191.

Glaube eine Ausdrucksform gefunden, die Jung und Alt unmittelbar ansprach. Fortan prägte den Protestantismus eine spezifische Liedfrömmigkeit. Luther gebührt das Verdienst, sowohl als Dichter wie als Komponist den Anstoß zur Entstehung des evangelischen Liedes gegeben zu haben. Inzwischen haben die Lieder Paul Gerhardts die des Reformators sogar an Volkstümlichkeit übertroffen.

Paul Gerhardt besitzt die Fähigkeit, schwierige theologische und anthropologische Sachverhalte in einfachen Bildern, die vorwiegend aus der Natur und dem ländlichen bzw. handwerklichen Leben stammen, verständlich zu machen. Die Lehre von der Versöhnung drückt Gerhardt z. B. nicht in Kategorien des Rechts, sondern der Liebe aus: „O Wunderlieb, o Liebesmacht, / du kannst – was nie kein Mensch gedacht – / Gott seinen Sohn abzwingen“ (Evangelisches Gesangbuch 83,3). Paul Gerhardt will den Glauben nicht bloß als nüchterne Angelegenheit des Verstandes besingen. Er ist zu Recht der Überzeugung, dass der Glaube an Gott die Emotionen einschließen muss, dass er begeistern, ja sexy sein muss, wenn er keine langweilige Sache bleiben soll. Dass der Glaube an Gott die Liebe zu Gott einschließt, bringt Gerhardt voller Poesie besonders eindrucksvoll in Strophe 7 des Liedes „Ich steh an deiner Krippen hier“ (Evangelisches Gesangbuch 37) zum Ausdruck: „Nehmt weg das Stroh, nehmt weg das Heu, / ich will mir Blumen holen, / dass meines Heilands Lager sei / auf lieblichen Violen; / mit Rosen, Nelken, Rosmarin / aus schönen Gärten will ich ihn / von oben her bestreuen.“ Viele Menschen schenken sich als Zeichen ihrer Liebe Blumen. Paul Gerhardt greift das Bild auf und steigert es noch, um seine Liebe zu Jesus zum Ausdruck zu bringen: Er will Jesus ein Bett von Violen bereiten und überdies von oben Blumen regnen lassen. Veilchen, Rosen, Nelken und Rosmarin sollen mit ihrer Schönheit und ihrem Duft der Liebe sinnenfälligen Ausdruck verleihen.

Die wissenschaftliche Sprache, auch die der wissenschaftlichen Theologie, aber auch die vieler Predigten, ist begriffliche und damit abstrakte Sprache, die dem menschlichen Gemüt fern bleibt. Der bildhaften Sprache von Gerhardts Poesie gelingt es dagegen, spirituelle Dinge begreiflich zu machen, ohne ihnen ihr Geheimnis zu nehmen. Bilder wollen nicht rational erklären, sie laden vielmehr zum Nachsinnen ein und respektieren damit den Geheimnischarakter Gottes und seiner Schöpfung, der die menschliche Vernunft übersteigt.

Resümee: Die geistliche Sprachfähigkeit Gerhardts beruht darauf, dass er an die damalige Populärkultur anknüpft, sie mit der religiösen Tradition vermittelt und den ganzen Menschen mit Leib, Seele und Geist anspricht.

Dietrich Bonhoeffers Programm einer „nicht-religiösen Interpretation biblischer Begriffe"

Bonhoeffer entwickelte das Programm einer nicht-religiösen Interpretation biblischer Begriffe während seiner beiden letzten Lebensjahre, als er in Berlin-Tegel in Untersuchungshaft einsaß. Dahinter verbirgt sich die Suche nach einer neuen geistlichen Sprache. Im Gefängnis war er unmittelbar konfrontiert mit Menschen, die der Kirche entfremdet waren. Bonhoeffer sehnte sich angesichts dieser Situation nach einer Weise, „das Wort Gottes so auszusprechen, dass sich die Welt darunter verändert und erneuert. Es wird eine neue Sprache sein, vielleicht ganz unreligiös, aber befreiend und erlösend, wie die Sprache Jesu, dass sich die Menschen über sie entsetzen und doch von ihrer Gewalt überwunden werden."[16] Die Lösung des Problems der geistlichen Sprachfähigkeit ist für Bonhoeffer nicht denkbar unter Absehung von inhaltlich-theologischen Fragestellungen. Darum wollte er zunächst ehrlich herausfinden, „was man selbst eigentlich glaubt".[17] Nur vom Boden der Redlichkeit sich selbst gegenüber war für ihn die Suche nach einer neuen Sprache denkbar. Bonhoeffers Kampf ging nicht zuletzt gegen kirchlich-fromme Sterilität und Phrasen: „Die Kirche muss aus ihrer Stagnation heraus. Wir müssen auch wieder in die freie Luft der geistigen Auseinandersetzung mit der Welt. Wir müssen es auch riskieren, mal anfechtbare Dinge zu sagen, wenn dadurch nur lebenswichtige Fragen aufgerührt werden."[18]

Bonhoeffer meinte, dass er selbst die Sprache noch nicht gefunden hat: „Bis dahin wird die Sache der Christen eine stille und verborgene sein; aber es wird Menschen geben, die beten und das Gerechte tun und auf Gottes Zeit warten."[19] Dennoch bin ich der Überzeugung, dass er diese neue Sprache zumindest an einer Stelle bereits spricht, nämlich in seinem Gedicht „Von guten Mächten wunderbar geborgen".[20] Es gibt kaum ein zweites geistliches Gedicht aus dem 20. Jahrhundert, das Christen und Nichtchristen unmittelbarer anspricht. Dabei ist es vor allem die Aussage von den guten Mächten, die wunderbar trösten, die Menschen innerlich berührt. Bonhoeffer hat im Brief an seine Verlobte geschrieben, was er unter den „guten Mächten" verstand: „Du, die Eltern, ihr alle, die Freunde und meine Studenten an der Front, sie alle sind für mich stets gegenwärtig. Deine Gebete,

[16] Dietrich Bonhoeffer, Widerstand und Ergebung. Briefe und Aufzeichnungen aus der Haft, hrsg. von Christian Gremmels u. a., DBW, Bd. 8, Gütersloh 1998, S. 436.

[17] Ebd., S. 559 f.

[18] Ebd., S. 555.

[19] Ebd., S. 436.

[20] Ebd., S. 607 f.

gute Gedanken, Worte aus der Bibel, längst vergangene Gespräche, Musikstücke und Bücher – das alles gewinnt Leben und Realität wie nie zuvor. Es ist eine große unsichtbare Welt, in der man lebt. An ihrer Realität gibt es keinen Zweifel."[21] Gottes Nähe zeigte sich für Bonhoeffer also nicht unmittelbar, sondern mittelbar, in geschaffenen Dingen: in nahen Menschen, in deren Gebeten, in guten Gedanken, Bibelworten, Gesprächen, Musikstücken und Büchern. Sie alle sind für ihn sichtbare Zeichen, die Gottes Güte anschaulich machen. Dieser Hinweis auf die Mittelbarkeit der Schöpfung, durch die hindurch Gott erfahren werden kann, ist der Grund, warum sich auch Menschen, die Kirche und Glaube fern stehen, von diesem Lied unmittelbar angesprochen fühlen. Wie die Fortsetzung des Briefes zeigt, rechnete Bonhoeffer genauso mit dem Geleit der Engel: „Wenn es im alten Kinderlied von den Engeln heißt: ‚zweie die mich decken, zweie, die mich wecken', so ist diese Bewahrung am Abend und am Morgen durch gute unsichtbare Mächte etwas, was wir Erwachsenen heute nicht weniger brauchen als die Kinder."[22]

Fazit: Geistliche Sprachfähigkeit kommt auch dadurch zustande, dass traditionelle religiöse Begriffe in Bilder und Begriffe aus der Alltagssprache übersetzt werden.

Beispiele für geistliche Sprachfähigkeit in der Gegenwart

Nicht nur in der Vergangenheit, auch in der Gegenwart lassen sich unschwer gelungene Beispiele für gelungene geistliche Sprachfähigkeit – auch nonverbaler Natur – finden.

Die Kasualansprache bei einer Beerdigung

Der Friedhof, auf dem Trauerfeier und Beisetzung stattfanden, befand sich auf einem flachen Gipfelplateau inmitten eines Kranzes von Odenwaldbergen. Die Friedhofskapelle lag genau in der Mitte des Friedhofs und war von hohen Buchen umstanden. Weil die Verstorbene die Wirtsfrau des Dorfgasthauses war, hatte sich eine große Trauergemeinde versammelt. Die meisten Menschen standen draußen, weil sie im Inneren der Kapelle keinen Platz gefunden hatten. Es war November und die Bäume waren bereits ohne

[21] Brautbriefe Zelle 92. Dietrich Bonhoeffer, Maria von Wedemeyer 1943–1945, hrsg. von Ruth-Alice von Bismarck/Ulrich Kabitz, München 1992, S. 208.
[22] Ebd.

Blätter. Ich erinnerte in meiner Ansprache zunächst daran, dass die Verstorbene die Natur, vor allem den Frühling mit seiner Blütenpracht, besonders geliebt habe. Danach wies ich darauf hin, dass die Natur aber noch ein zweites Gesicht besäße: das des Sterbens. Im Herbst würde es sichtbar, indem die Bäume ihre Blätter verlören. Dennoch würde im Frühjahr jeden Jahres neues Leben in der Natur erwachen. So könne die Natur – gerade im Herbst – für uns, die wir uns am Sarg einer Verstorbenen versammelt hatten, zum Bild für die Hoffnung auf die Auferstehung werden. Ich beendete die Ansprache mit einem Gedicht:

Augenschein

Zur Nacht hat ein Sturm alle Bäume entlaubt
sieh sie an, die knöchernen Besen.
Ein Narr, wer bei diesem Anblick glaubt
es wäre *je* Sommer gewesen.
Und ein größerer Narr, wer träumt und sinnt
es könnt' je wieder Sommer *werden.*
Und grad diese gläubige Narrheit, Kind,
ist die sicherste Wahrheit auf Erden.[23]

Während ich das Gedicht – auswendig – vortrug, fegte ein Herbststurm heulend durch die entlaubten Bäume. Alle hörten mit gespannter Aufmerksamkeit zu. Die besondere Wirkung des Gedichtes bei der Trauerfeier verdankte sich der Tatsache, dass das herbstliche Naturerleben plötzlich selbst zu predigen begann und dadurch die Botschaft des Gedichtes verstärkte.

Das Gedicht stammt von dem deutsch-schweizerischen Regisseur Ernst Ginsberg.[24] Als das Gedicht entstand, lag er – nahezu vollständig gelähmt – im Züricher Diakonissenkrankenhaus. An Lateralsklerose erkrankt, konnte er nur noch mit einem Röhrchen im Mund auf eine Tafel mit einzelnen Buchstaben deuten, die ihm eine Schwester vorhielt. Der sterbende Ernst Ginsberg legte mit dem Gedicht Zeugnis ab von seiner christlichen Auferstehungshoffnung: So verrückt und gleichzeitig so gewiss wie im Herbst der Glaube an einen neuen Sommer ist – so verrückt und gleichzeitig doch so gewiss ist angesichts des Todes der Glaube an die Auferstehung und das

[23] Ernst Ginsberg, Abschied. Erinnerungen, Theateraufsätze, Gedichte, hrsg. von Elisabeth Brock-Sulzer, Sammlung Luchterhand 756, Darmstadt 1988, S. 258 (Hervorhebungen im Text).
[24] Ebd., S. 7–24.

ewige Leben bei Gott. Die geistliche Kraft des Gedichts hat seine Ursache darin, dass es aus dem eigenen Trostbedürfnis des Dichters erwachsen ist. Er schrieb es zur eigenen Vergewisserung und Ermutigung angesichts des Todes. Weil er die Trostkraft des Gedichtes an sich selbst erprobt hat, ist es so glaubwürdig.

Die Friedensgebete in der DDR im Herbst 1989

Während der Friedensgebete im Herbst 1989 gelang es, die geistliche Sprachlosigkeit in der DDR wenigstens ansatzweise zu überwinden. Damals bewährte sich die Bibel in unvorhergesehener Weise als geistliche Sprachhilfe.[25] Die biblischen Texte sprachen während der Montagsgebete unmittelbar zu den Menschen, ohne dass es dazu krampfhafter Aktualisierungsversuche bzw. rhetorischer Kraftakte bedurft hätte. „Die Nähe zu ihnen stellt sich wie von selbst her – bei den Informationsteilen, in den Betroffenheitserklärungen, bei der Verkündigung, in den Gebeten."[26] Obwohl eine Vielzahl von Texten aus dem Alten und Neuen Testament gelesen bzw. gepredigt wurde, gab es doch einige Texte, die mehrfach Verwendung fanden. Dazu zählte Psalm 126.[27] In einer Kultur des Schweigens verliehen die biblischen Texte den bis dahin Stummen plötzlich Sprache. Man kann sich gut vorstellen, dass ein Text wie Psalm 126 half, lang unterdrückte Gefühle und Ängste, Sehnsüchte und Hoffnungen auszusprechen: „Wenn der Herr die Gefangenen Israels erlösen wird, werden wir sein wie die Träumenden." „Die mit Tränen säen, werden mit Freuden ernten."

Aber auch die widerständige Kraft der Bibel entfaltete sich in der damaligen Situation – nicht nur gegen die SED-Machthaber, sondern auch gegen die Demonstrierenden selbst. Im Mittelpunkt der Friedensgebete standen die Seligpreisungen – nicht etwa die Rachepsalmen –, die zum liturgischen Grundgut der Friedensgebete gehörten: „Selig sind die Friedfertigen; denn sie werden Gottes Kinder heißen. Selig sind, die um der Gerechtigkeit willen verfolgt werden; denn ihrer ist das Himmelreich" (Mt 5,9 f). Es lässt sich leicht nachvollziehen, dass die Aggressionen beim Anblick der vielen Polizeikräfte bei den Demonstranten immer mehr hoch-

[25] Vgl. im Folgenden Jürgen Ziemer, Die Bibel als Sprachhilfe. Zum Bibelgebrauch in den Kirchen während der „Wende" im Herbst 1989, in: Pastoraltheologie 81 (1992), S. 280–291.

[26] Ebd., S. 281.

[27] Außerdem der Text Mt 5,33–37 („Eure Rede aber sei: Ja, ja; nein, nein"), die Geschichte von Kain und Abel mit dem Hinweis auf das Gezeichnetsein des Brudermörders Kain (Gen 4,15) und schließlich Gal 5,1: „Zur Freiheit hat uns Christus befreit! So steht nun fest und lasst euch nicht wieder das Joch der Knechtschaft auflegen!" (ebd., S. 281).

kochten. Schwer auszudenken, was ohne die biblischen Mahnungen zur Gewaltlosigkeit geschehen wäre.

Der Leipziger emeritierte Praktische Theologe Jürgen Ziemer zieht aus seinen Beobachtungen über die Rolle der Bibel bei den Friedensgebeten folgendes Resümee: Im Wesentlichen seien es Predigerinnen und Prediger und einzelne Mitglieder der Friedensgebetsgruppen gewesen, die sich der Bibel als Sprachhilfe bedienten. Erstaunlich war jedoch, dass sich die Mehrheit der Menschen, die in die Kirchen kam, bereitwillig auf die biblischen Gedanken einließ. Dazu muss man sich vor Augen halten, dass die Bibel in der DDR Jahrzehnte lang aus dem öffentlichen Raum verdrängt worden war. Das Hörinteresse im Herbst 1989 verdankte sich dabei der Tatsache, dass während der Friedensgebete Wirklichkeit und Text unmittelbar miteinander verzahnt erschienen. Die Texte sprachen von sich aus. Die einzige Voraussetzung dafür war, dass die Prediger sich in die Wirklichkeit der Menschen hinauswagten und die biblischen Texte dorthin mitnahmen. Dass die Bibel trotz atheistischer Weltanschauung zu einer Sprach- und Deutungshilfe wurde, hatte damit zu tun, dass die Bibelsprache im Rahmen der kirchlichen Arbeit in den Jahrzehnten der SED-Herrschaft bewahrt worden war und darum jetzt zur Verfügung stand. Vor allem aber haben die biblischen Texte wesentlich dazu beigetragen, dass die Revolution nicht gewaltsam eskalierte, sondern ihre Menschlichkeit bewahren konnte.

Nonverbale spirituelle Formen: Beispiel Kirchenraum

Der Kirchenraum als Möglichkeit zur Kommunikation des Evangeliums ist bis vor wenigen Jahrzehnten – vor allem im Protestantismus – sträflich vernachlässigt worden.[28] Jahrhundertelang war die außerhalb der Gottesdienstzeiten geschlossene Kirche ein Symbol für die Bedeutung des Sakralraumes im Protestantismus. Die Reformation führte zu einer Entsakralisierung des Kirchenraumes. Er wurde in der Folgezeit rein funktional verstanden. Seit wenigen Jahrzehnten ist es jedoch – analog zu einer gesamtgesellschaftlichen Hochschätzung des Raumes – zu einer neuen Hochschätzung des Kirchenraumes im Protestantismus gekommen, die z. B. an der Forderung erkennbar ist, die Kirchen auch außerhalb der Gottesdienstzeiten offenzuhalten.

[28] Vgl. dazu im Einzelnen: Peter Zimmerling, Heilige Räume im Protestantismus – gibt es das?, in: Zeitschrift der Gemeinsamen Arbeitsstelle für gottesdienstliche Fragen der Evangelischen Kirche in Deutschland 21 (2007) 2, S. 23–32.

Die Wiederentdeckung des Sakralraums durch die Kirchenpädagogik stellt eine Antwort auf die Sehnsucht des postmodernen Menschen nach Räumen der Verlässlichkeit dar. Um in der postmodernen Risikogesellschaft emotional überleben zu können, braucht es offensichtlich Orte, die dem Individuum das Gefühl der Sicherheit vermitteln. Hierin ist ein wesentlicher Grund für die wachsende Sehnsucht vieler Zeitgenossen nach sakralen Orten zu suchen. Von ihnen – eher als vom Gottesdienst – erhoffen sie sich symbolische und rituelle Vergewisserung ihres Lebens und Glaubens. Diese Sehnsucht wird angesichts der prognostizierten Zunahme des globalen Risikopotentials in Zukunft noch stärker werden. Ein vermehrtes Angebot individuell zu vollziehender, niederschwelliger sowohl nonverbaler als auch verbaler spiritueller Rituale in außerhalb der Gottesdienstzeiten geöffneten Kirchenräumen sollte dem Rechnung tragen. Ich denke hier an Lichterbäume, Gästebücher, Karten mit vorformulierten Gebeten, an Zettel zum Aufschreiben persönlicher Fürbitten und an Angebote zu Beichte und Segnung. Auf diese Weise kann auch der Kirche und dem Glauben fernstehenden Menschen eine erste Brücke zum Glauben gebaut werden.

Neue spirituelle Formen: Beispiel Pilgern

In den vergangenen Jahrzehnten ist es in beiden großen Konfessionen zur Entdeckung neuer spiritueller Formen gekommen. Ein Beispiel dafür sind die unterschiedlichsten Formen der Meditation, ein anderes das Pilgern. Noch vor wenigen Jahrzehnten war es in der katholischen Kirche weithin aus der Mode gekommen und im Raum der evangelischen Kirche nahezu unbekannt. Mittlerweile erlebt es im Katholizismus eine Renaissance und lässt sich im Protestantismus ein regelrechter Pilgerboom beobachten.[29] Ganz unterschiedliche Menschen wollen auf Pilgerwegen Gott mit Leib und Seele erfahren. Weil das Pilgern viele Sehnsüchte heutiger Menschen zu beantworten vermag, ist es gegenwärtig so attraktiv – auch bei kirchlich distanzierten Zeitgenossen. Die Gründe sind sowohl theologisch-spiritueller als auch soziologischer und psychologischer Natur.

Das Pilgern erlaubt, Leib und Seele in den Glauben einzubeziehen. Es ermöglicht, spirituelle Erkenntnisse auf dem Weg leiblicher Erfahrung zu gewinnen. Z. B. lässt Pilgern leibhaftig erfahren, dass Leben Unterwegssein heißt. Während des Pilgerns kann die Natur als Schöpfung Gottes erfahren

[29] Dazu im Einzelnen: Peter Zimmerling, Hat das Pilgern ein Heimatrecht in der lutherischen Spiritualität?, in: Ellen Ueberschär (Hrsg.), Pilgerschritte. Neue Spiritualität auf uralten Wegen, Loccumer Protokolle 2 (2005), Rehburg-Loccum 2005, S. 51–63.

werden. Pilgerwege führen meist durch unverbaute bzw. unversiegelte Natur. Das Pilgern besitzt zudem einen sozialen Aspekt. Es erlaubt – als zeitlich begrenztes Gemeinschaftsangebot ohne längerfristige Festlegungen –, gemeinschaftlich gelebtes Christsein kennen zu lernen. Regelmäßige gemeinsame Gottesdienste, Gebets- und Meditationszeiten auf dem Pilgerweg lassen die soziale Dimension christlicher Spiritualität erfahrbar werden. Das Miteinander während des Pilgerns wird zum Abbild für den Sinn christlicher Gemeinschaft überhaupt: Dass Menschen sich gegenseitig beistehen und unterstützen auf dem Weg der Nachfolge. Pilgern eröffnet Menschen schließlich die Chance, die Bestimmung ihrer Existenz nicht nur zu erkennen, sondern auch bewusst einzuüben Der spirituell geprägte Tagesrhythmus kann helfen, nach den Pilgertagen auch dem Alltag Struktur zu geben.

Konsequenzen. Sechs Thesen

1. Konvivenz ist die grundlegende Bedingung geistlicher Sprachfähigkeit.

Der Begriff der „Konvivenz" ist durch Theo Sundermeier in der missionstheologischen Diskussion durchgesetzt worden.[30] Entscheidende Voraussetzung für geistliche Sprachfähigkeit ist, dass die Verkündigenden an der Wirklichkeit der Menschen, denen sie das Evangelium kommunizieren, selbst teilnehmen. Nur unter dieser Bedingung kann die Botschaft des Evangeliums in deren Wirklichkeit „zünden". Das lässt sich besonders eindrücklich am Beispiel der Friedensgebete von 1989 zeigen: Theologen und christliche Laien solidarisierten sich mit den Anliegen des Volkes. Sie teilten die Ängste und Hoffnungen mit dem übrigen Volk. Das machte sie gleichermaßen geistlich sprachfähig und glaubwürdig.

2. Geistliche Sprachfähigkeit schließt nonverbale Dimensionen ein.

Geistliche Sprachfähigkeit umfasst auch nonverbale Dimensionen. Diese bewusst in die Kommunikation des Evangeliums zu integrieren, ist angesichts der Erlebnisorientierung der gegenwärtigen Gesellschaft ein Gebot der Stunde. Ein Beispiel stellt neben dem Kirchenraum das Angebot einer

[30] Theo Sundermeier, Konvivenz als Grundstruktur ökumenischer Existenz heute (Ökumenische Existenz heute, Bd. 1), München 1986.

persönlichen Segnung mit Handauflegung bzw. ein Krankengebet mit Salbung im Sonntagsgottesdienst dar.[31] Der verbale Zuspruch durch das Evangelium wird auf diese Weise durch Handauflegung, Segnung und Salbung unterstützt. In unserer Gesellschaft scheint sich das Interesse vor allem auf das Erleben der eigenen Körperlichkeit zu konzentrieren. Verstärkte Sehnsucht nach Selbstvergewisserung wird auf dem Hintergrund einer permanenten Reizüberflutung verständlich. Ob Menschen zum christlichen Glauben Zugang finden, entscheidet sich nicht zuletzt daran, ob ihre Leiblichkeit darin vorkommt.[32] Z. B. symbolisiert die Handauflegung während der Segnung auf körperliche Weise die Zuwendung und Nähe Gottes. Durch die Berührung erhält die Segnung in einer durch fortschreitende Individualisierungsschübe emotional abgekühlten Gesellschaft einen besonderen Stellenwert. Auch die Salbung ist ein sinnlich wahrnehmbares Ritual. Weil das Öl unmittelbar auf die Haut aufgetragen wird, kommt es dabei sogar zu einer noch größeren Nähe als bei der bloßen Handauflegung.

Neben der bewussten Integration der Dimension der Sinnlichkeit in die Kommunikation des Evangeliums erscheint mir auch die Integration der emotionalen Dimension notwendig. Ein Beispiel dafür stellt die fröhliche Atmosphäre bei den Abendmahlsfeiern auf den Kirchentagen dar. Sie haben wesentlich dazu beigetragen, das Vorurteil zu überwinden, dass es sich beim Abendmahl um „eine traurige Unterhaltung“ handle (Immanuel Kant).[33]

3. Neue bzw. wiederentdeckte Formen der Spiritualität bergen bisher ungenutzte Verkündigungspotenziale.

Das gilt für so unterschiedliche Spiritualitätsformen wie die Meditation und das Pilgern. Faszinierend ist, dass im Zusammenhang mit dem Pilgern die spirituelle Dimension vieler dieser modernen Sehnsüchte sichtbar wird. Heutiges Pilgern erweist sich dadurch auch als eine Chance, dass Menschen Zugang zu christlicher Spiritualität finden.

[31] Vgl. im Folgenden Peter Zimmerling, Gebet und Salbung für Kranke. Überlegungen zu einem neuen liturgischen Angebot der Evangelischen Kirche, in: Praktische Theologie 37 (2002) 3, S. 218–228.

[32] So Michael Meyer-Blank im Hinblick auf den Gottesdienst allgemein (Ders., Inszenierung des Evangeliums. Ein kurzer Gang durch den Sonntagsgottesdienst nach der Erneuerten Agende, Göttingen 1997, S. 52).

[33] Immanuel Kant, Der Streit der Fakultäten, Werke Suhrkamp, Bd. XI, S. 305.

4. Bilder aus dem Bereich der Natur eignen sich als Transparente für spirituelle Sachverhalte.

Das wird besonders deutlich an Paul Gerhardts Lied „Geh aus, mein Herz, und suche Freud" (Evangelisches Gesangbuch 503), das Volksliedcharakter besitzt. Die Erde wird darin zum Hinweis auf den Himmel. Dabei hat Paul Gerhardt es nicht nötig, die Schönheit der Welt klein zu machen, um auf diese Weise die Schönheit des Himmels groß zu machen. Er geht anders vor: Wenn die vergängliche Welt schon so schön ist, wie schön muss dann erst der unvergängliche Himmel sein! „Ach, denk ich, bist du hier so schön / und lässt du's uns so lieblich gehen / auf dieser armen Erden: / Was will doch wohl nach dieser Welt / dort in dem reichen Himmelszelt / und güldnen Schlosse werden, / und güldnen Schlosse werden!" (Strophe 9).

5. Vorgänge aus dem Bereich des Alltags und der Geschichte sind wesentliche Grundlagen geistlicher Sprachfähigkeit.

Die Gleichnisse Jesu lassen sich unter der Fragestellung interpretieren, wie hervorragend es dem irdischen Jesus gelungen ist, weltlich von Gott zu reden. Er bedient sich in ihnen einfacher Bilder aus dem Alltag seiner Zuhörer und Zuhörerinnen, die unmittelbar verständlich sind.[34]

6. Poesie ist ein noch unausgeschöpftes Mittel geistlicher Sprachfähigkeit.

Die Poesie stellt ein hervorragendes Mittel dar, um zu artikulieren, was Menschen existenziell bewegt. Im Gegensatz zur Informationssprache hält die Sprache der Poesie fest, dass Leben über immanente Vollzüge hinausreicht, einen transzendenten Bezug besitzt.[35] Die Poesie bewahrt im Ge-

[34] Vgl. dazu im Einzelnen Ludwig Burgdorfer, Auf Wellenlänge. Kirche im Radio als missionarische Gelegenheit, in: Ulrich Laepple/Volker Roschke (Hrsg.), Die so genannten Konfessionslosen und die Mission der Kirche, Festgabe für Hartmut Bärend, Neukirchen-Vluyn 2007, S. 85–89.

[35] Vgl. hierzu die Bedeutung der Metapher für die religiöse Sprache. „Denn die Metapher ist Ausdruck menschlicher Sprache und hat die menschliche Welt und ihre Vorstellungen zur Voraussetzung. Zugleich jedoch markiert die Metapher immer einen Überschuß gegenüber der Wirklichkeit, weil sie Wirklichkeit in ein neues Licht rückt. Damit kann die Sprachform [d]er Metapher Unterschiedenheit und Bezogenheit in einem ausdrücken. Sie wird damit zur theologischen Sprachform par excellence" (Albrecht Grözinger, Die Sprache des Menschen. Ein Handbuch. Grundwissen für Theologinnen und Theologen, München 1991, S. 122).

dächtnis der Menschheit das Wissen, dass es hinter der wäg- und messbaren sichtbaren Wirklichkeit eine unsichtbare Wirklichkeit Gottes und des Himmels gibt.[36] Für den hohen Stellenwert der Poesie im Hinblick auf geistliche Sprachfähigkeit spricht auch die Beobachtung, dass weite Teile der biblischen Texte in poetischer Sprache abgefasst sind (vgl. nur die Psalmen, aber auch viele hymnische Texte im Neuen Testament). Der emeritierte Hamburger Praktische Theologe Peter Cornehl hat zu Recht die These aufgestellt, dass das Christentum durch seine Poesie mehr geprägt habe, als durch Lehre und Appell. „Psalmen, Hymnen, Choräle, Spirituals, aber auch die neueren Songs, Lieder und Gedichte sind als poetisch gestaltete Erfahrung Träger religiöser Überzeugung einer verdichteten Gestalt."[37]

[36] Vgl. Michael Klessmann, Seelsorge und Sprache. Anregungen Gert Ottos zu einem vernachlässigten Thema, in: Praktische Theologie 42 (2007) 1, S. 32–39, bes. S. 33.34–38.

[37] Peter Cornehl, Lieder, Lyrik, Liturgien, in: Dietrich Zillepen, u. a. (Hrsg.), Praktisch-theologische Hermeneutik. Ansätze, Anregungen, Aufgaben, Rheinbach-Märzbach 1991, S. 300.

Gott einen Ort sichern

Prophetin einer missionarischen Spiritualität: Madeleine Delbrêl (1904–1964)

Annette Schleinzer

> „Lautlos naht der Kirche eine Grundgefahr: die Gefahr einer Zeit, einer Welt, in der Gott nicht mehr geleugnet, nicht mehr verfolgt, sondern ausgeschlossen, in der er undenkbar sein wird; einer Welt, in der wir seinen Namen herausschreien möchten, es aber nicht können, weil uns kein Platz bleibt, wo wir unsere Füße hinstellen könnten."[1]

Vor über 50 Jahren hat Madeleine Delbrêl dies in einem Artikel zur Vorbereitung des Konzils geschrieben. Zu dieser Zeit lebte sie zusammen mit ein paar Gefährtinnen schon fast dreißig Jahre in Ivry, einer kommunistisch regierten Arbeiterstadt in der Pariser Bannmeile. Zunehmend machte sie dort die Erfahrung, dass Gott im Bewusstsein der Menschen gar nicht mehr vorkommt.

> „Nicht nur scheint das Evangelium keine Neuigkeit mehr zu sein; es scheint vor allem keine gute Neuigkeit mehr sein zu können. Überall, wo die Mission ansetzen möchte, stößt sie auf dasselbe Echo: ‚Der Glaube? Kein Bedarf[...]' In unserer Welt gibt es immer neue und immer mehr Bedürfnisse, aber die Schätze des Evangeliums haben keinen Marktwert; sie sind außer Kurs, weil niemand danach verlangt."[2]

Unter solchen Bedingungen „Gott einen Ort zu sichern", auch und gerade stellvertretend für andere: das ist Madeleine Delbrêls Lebensaufgabe geworden.

Eine solche Gotteszeugenschaft ist ihr nicht in die Wiege gelegt worden. Denn in ihrer Jugend war sie eine überzeugte Atheistin. Eine tiefe Lebenskrise – ausgelöst durch eine gescheiterte Liebesbeziehung – und die Begegnung mit jungen Christinnen und Christen leiten dann aber eine Wende ein: „Ich habe geglaubt, dass Gott mich gefunden hat"[3] – so beschreibt sie

---

[1] Madeleine Delbrêl, Athéismes et évangélisation (Textes missionnaires, Bd. 2), Paris 2010 (= Œuvres complètes Tome VIII), S. 119 f.; Dies., Wir Nachbarn der Kommunisten, Einsiedeln 1975, S. 233.

[2] Dies., Athéismes et évangélisation, S. 187; Dies., Wir Nachbarn der Kommunisten, S. 172.

[3] Madeleine Delbrêl, Ville marxiste terre de mission (Textes missionnaires, Bd. 5), Paris 2014 (= Œuvres complètes Tome XI), S. 214; Dies., Auftrag des Christen in einer Welt ohne Gott, Einsiedeln/Freiburg [2]2000, S. 194.

das, was sie zeitlebens als Übergang vom Tod zum Leben erfährt. Sie entdeckt das Evangelium und darin die Person Jesu Christi. Von ihm lernt sie, wie es möglich ist, ganz bei Gott und zugleich ganz bei den Menschen zu sein.

Schon in den vierziger Jahren des vergangenen Jahrhunderts wurden all diejenigen auf sie aufmerksam, die nach neuen pastoralen Möglichkeiten in der zunehmend entchristlichten Kirche Frankreichs gesucht haben. Mit zahlreichen Arbeiterpriestern – allen voran Jacques Loew – war sie zeitlebens freundschaftlich verbunden. Vor allem in ihren letzten Lebensjahren wurde sie immer häufiger zu Vorträgen eingeladen und um Erfahrungsberichte gebeten, bis hin zur Bitte um Mitarbeit bei den Vorbereitungen des Zweiten Vatikanischen Konzils.

Als sie am 13. Oktober 1964 ganz plötzlich an einem Schlaganfall starb, hinterließ sie trotz alledem nicht viel: ein Buch und zahlreiche unveröffentlichte Texte und Manuskripte; einen Freundeskreis, der kaum weiterreichte als über die Grenzen einer kirchlichen Minderheit hinaus.

Doch die Ausstrahlung ihrer Botschaft begann. Ihre Texte wurden posthum in mehreren Büchern herausgegeben und in sechs verschiedene Sprachen übersetzt.

Wie lässt sich dieses unerwartete Echo auf eine Frau erklären, die nie etwas anderes wollte, als ein „ganz gewöhnliches Leben“ zu führen und die ihre Berufung darin sah, „nichts anderes als das Wesentliche jeder christlichen Berufung“[4] zu verwirklichen?

Ein Schlüssel zur Person und zum Leben Madeleine Delbrêls liegt in ihrer radikalen Konzentration auf das Wesentliche des christlichen Glaubens: auf die Liebe in ihrer untrennbaren Einheit von Gottes- und Nächstenliebe. Von dieser Liebe ist sie selbst als Zwanzigjährige erfasst worden – so sehr, dass sich daraus eine grundlegende Entscheidung ergab: „Wir haben nur ein Ziel, und zwar nicht das Ziel, etwas zu *tun,* sondern das Ziel, etwas zu *leben:* das Abbild Jesu Christi zu sein, indem wir sein Evangelium leben.“[5]

Diese Grundentscheidung musste sich dann in einem Milieu bewähren, das für den christlichen Glauben alles andere als günstig erscheinen könnte, das sich für sie aber im Gegenteil als besonders geeignet erwies: „Ivry, die kommunistische Stadt, war meine Schule angewandten Glaubens; sie hat mir meine spirituelle Lehre erteilt.“[6]

---

[4] Dies., Frei für Gott. Über Laien-Gemeinschaften in der Welt, Einsiedeln 1976, S. 24.

[5] Dies., Éblouie par Dieu. Correspondance, volume 1, 1910–1941, Paris 2004 (= Œuvres complètes Tome I), S. 289 [Übers. A. Sch.].

[6] Vgl. Dies., La question des prêtres-ouvriers. La leçon d'Ivry (Textes missionnaires, Bd. 4), Paris 2012 (= Œuvres complètes Tome X), S. 210; Dies., Wir Nachbarn der Kommunisten, Einsiedeln 1975, S. 261.

Die normale Auswirkung eines normalen christlichen Lebens

Ein erster Baustein dieser spirituellen Lehre war für sie die Erkenntnis, dass Mission keine „Zutat“ zum „normalen“ christlichen Leben ist. Sie ist auch nicht die besondere Berufung derer, die „in die Missionen“ gehen.

> „Das Evangelium zu verkünden wird uns (vielmehr) gezeigt als normale Reaktion unseres Organismus auf die Entchristlichung; als Gebrauch einer Lebensfunktion, als Erfüllung einer Aufgabe, für die wir von unserer Konstitution her geeignet sind. Evangelisierung ist kein Zeitvertreib. Sie ist Frucht eines Lebens, normale Auswirkung eines normalen Lebens.“[7]

In Zeiten, in denen Mitteleuropa weitgehend christianisiert war, gab es keine Notwendigkeit, ein missionarisches Bewusstsein gegenüber dem eigenen Umfeld zu entwickeln.

> „Den apostolischen Einsatz kannten wir praktisch nicht, den normalen Einsatz eines christlichen Lebens angesichts seiner ungläubigen Nächsten. Wir lebten ein christliches Leben, aber ein unter Christen gelebtes christliches Leben. Darin wurden wir erzogen; daraufhin ausgebildet. Jetzt gilt es, uns zu wandeln[...].“[8]

Jetzt gilt es zu erkennen, dass alle Getauften „in die immerwährende Mission der Kirche eingefügt“[9] sind. Diese Mission der Kirche ist das Leben Gottes, das nach außen drängt, überall dorthin, wo Menschen an Leib und Seele Not leiden, wo ihnen Unrecht geschieht, wo sie ohne Hoffnung sind.

Christen und Christinnen sind dann „geladen wie eine elektrische Batterie: geladen mit Leben. Dieses Leben ist ihnen von Gott für die Welt geschenkt. Es ist eine Gabe an die Welt durch sie hindurch.“[10]

Gott ist es, der den Glauben schenkt

Mit einem solchen Verständnis von Mission ist Madeleine Delbrêl weit von dem entfernt, was mit diesem Begriff oft assoziiert wird: Vereinnahmung

---

[7] Dies., Athéismes et évangélisation, S. 230; Madeleine Delbrêl, Gebet in einem weltlichen Leben, Einsiedeln [3]1979, S. 102.

[8] Ebd., S. 97.

[9] Dies., La sainteté des gens ordinaires (Textes missionnaires, Bd. 1), Paris 2009 (= Œuvres complètes Tome VII), S. 56 f. [Übers. A. Sch.].

[10] Dies., Die Liebe ist unteilbar, Einsiedeln/Freiburg 2000, S. 22.

oder Indoktrination. Den Glauben vorschlagen heißt für sie nicht, andere zu etwas überreden. Es heißt, das Leben Gottes mitzuteilen und Gott selbst dabei letztlich die Regie zu überlassen.

> Denn „Evangelisieren heißt nicht konvertieren. Den Glauben verkünden heißt nicht den Glauben schenken. Wir sind verantwortlich dafür, ob wir reden oder schweigen, wir sind aber nicht verantwortlich für die Wirksamkeit unserer Worte. Gott ist es, der den Glauben schenkt.“[11]

Niemals sieht sich Madeleine Delbrêl deshalb im Besitz einer Wahrheit, die anderen nahegebracht werden müsste. Es geht ihr auch nicht darum, Menschen, denen sie begegnet ist, für die Kirche „anzuwerben“.[12]

In erster Linie weiß sie sich dazu gerufen, Gottes Liebe offenbar werden zu lassen: in ihr selbst und in den Menschen, denen sie begegnet. Denn sie ist davon überzeugt, dass diese Liebe in jedem Menschen gegenwärtig ist und darauf wartet, erkannt und freigesetzt zu werden.[13] In diesem Sinne kann es für sie keine gott-losen Menschen geben. Was es aber immer gibt: dass Gott im Herzen der Menschen – Christen wie Nichtchristen – ein Schattendasein führt, dass er verkannt, geleugnet und missbraucht wird.

Umso wichtiger sind dann Gotteszeugen und -zeuginnen, Menschen, die sich immer neu dafür entscheiden, Gott einen Zugang zu ihrem Herzen zu ermöglichen.

Eine besonders günstige Bedingung für unsere eigene Bekehrung

> Denn „Missionar sein kann man nur, wenn man dem Wort Gottes, dem Evangelium, in sich selbst einen offenen, weiten, herzlichen Empfang bereitet hat. Der lebendige Drang dieses Wortes geht dahin, Fleisch zu werden, Fleisch zu werden in uns. Und wenn wir so von ihm bewohnt sind, dann sind wir dafür geeignet, Missionare zu werden… Diese Menschwerdung des

---

[11] Dies., Athéismes et évangélisation, S. 215; Dies., Wir Nachbarn der Kommunisten, S. 211.

[12] „Wenn Pierre kein Christ ist, dann geht es mir nicht in erster Linie darum, dass er wie ich katholisch ist und der Kirche angehört. Was ich mir für ihn wünsche, ist, dass er den Gott des Evangeliums und dadurch auch seine eigene Bestimmung kennenlernt“ (Dies., En dialogue avec les communistes (Textes missionnaires, Bd. 6), Paris 2014 (=œuvres complètes Tome XII), S. 221 [Übers. A. Sch.]).

[13] So schreibt sie einmal in einem Brief: „Gott tritt nicht erst in dein Leben ein, denn er ist immer schon dort. So zu tun, als sei er nicht da, hindert ihn nicht daran, da zu sein“ (Dies., Die Liebe ist unteilbar, S. 28).

Wortes Gottes in uns, diese Einwilligung, uns von ihm ‚modellieren' zu lassen, das nennen wir Zeugnis geben".[14]

Im Umgang mit ihren Nachbarn und Nachbarinnen und in der Auseinandersetzung mit dem Kommunismus erfährt Madeleine Delbrêl, dass ein atheistisches Milieu eine besonders günstige Bedingung dafür ist, in eine solche Tiefe des Glaubens vorzudringen. Diese provozierende These hat sie oft in den Raum gestellt.

Denn in der Begegnung mit Menschen, die ihr Leben gut ohne Gott bewältigen und denen nichts zu fehlen scheint, wird der Glaube angefragt. Bisher Fragloses und Selbstverständliches kommt auf den Prüfstand; die Selbstsicherheit der Gläubigen wird aufgebrochen. „Wozu soll der Glaube gut sein?" Wer eine solche – oft stumme – Frage an sich heran lässt, lernt den Glauben von einer „Kopie des Glaubens" zu unterscheiden.

Leben wir – so Madeleine Delbrêl – wirklich aus der ursprünglichen Kraft einer Begegnung oder sind wir „Spezialisten der Vergangenheit", die eine „christliche Mentalität"[15] hüten und bewahren wollen?

> „Dann hängt man sich an besondere Moralvorstellungen, bekennt sich zu politischen Optionen und nimmt einen bestimmten Lebensstil an, was an sich ja ganz indifferente Gewohnheiten sind; all das betrachtet man aber als Verpflichtungen des christlichen Lebens, all das verwechselt man mit dem Glaubensleben. [...] Die Glaubenserziehung wird nun vor allem eine Erziehung zum Kult, zu den Sakramenten, zu einer praktischen kirchlichen ‚Disziplin'. Und diese Bereiche sind dann nur noch unzureichend mit den ursprünglichen Säften des Glaubens an Gott getränkt. Alles nimmt Format und Wert des Menschlichen an."[16]

In einer Minderheitensituation führt eine solche Mentalität jedoch in ein binnenkirchliches Getto, und der Glaube verliert seine nährende Kraft für Menschen innerhalb und außerhalb der Kirche. Die Suche nach dem lebendigen Gott wird für Christen und Christinnen dann zu einer Überlebensfrage. Dabei können der Atheismus oder die Indifferenz der Menschen, unter denen sie leben, zu einer heilsamen Herausforderung werden. Für Madeleine Delbrêl hat vor allem die Auseinandersetzung mit dem Marxis-

[14] Dies., La sainteté des gens ordinaires S. 89 f.; Dies., Wir Nachbarn der Kommunisten, S. 56 f.
[15] Dies., Athéismes et évangélisation, S. 122; Dies., Wir Nachbarn der Kommunisten, S. 235.
[16] Dies., Athéismes et évangélisation, S. 122 f.; Dies., Wir Nachbarn der Kommunisten, S. 234 f.

mus dazu geführt, dass sie sich geradezu „brutal der unvergleichlichen Bedeutung Gottes bewusst“[17] wurde.

An die Ränder gehen

Leidenschaftlich ist sie daran interessiert, Menschen, „die ohne Hoffnung sind, dass Gott lebt, ohne Hoffnung, dass Gott liebt, ohne Hoffnung, dass Gott Gott ist“,[18] von dem Glück zu erzählen, das Gottes Existenz für sie selbst bedeutet.

In der Schule von Ivry erfährt sie allerdings, wie tief der Graben zwischen der eher bürgerlich geprägten Pfarrei und den Arbeitermilieus ist. Deshalb wird es für sie zu einer elementaren Weise der Verkündigung, aus sich heraus zu gehen, „an die Ränder zu gehen“, wie es Papst Franziskus immer wieder formuliert.

Zunächst hatte die erste Gruppe Madeleines, die 1933 nach Ivry aufgebrochen war, ihren Platz im Rahmen der örtlichen Pfarrei gesehen. Ihre Erfahrungen weisen jedoch bald in eine andere Richtung: sie erleben, dass vieles, was in der Pfarrei geschieht, eher binnenkirchlich orientiert ist.

> „Ich lebe nun seit sechzehn Jahren in Ivry. Bis 1939 habe ich hauptsächlich unter Christen gelebt. Während des Krieges dann unter Christen und Nichtchristen. Seit vier Jahren lebe ich fast ausschließlich unter Nichtchristen. Ich sage bewusst ‚ich', denn diese Etappen gelten nicht in der Weise für alle meine Gefährtinnen. Dennoch haben wir alle gemerkt, dass die Pfarrei Ivry-Centre als Gemeinschaft fast völlig von jedem nichtgläubigen Milieu abgeschnitten ist…“.[19]

Mehr und mehr sieht sie ihre Berufung und die ihrer kleinen Gemeinschaft deshalb darin, „Gotteszeuginnen zu sein, in Armut und Selbstvergessenheit unter den einfachen Menschen, unter denen, die außerhalb der sichtbaren Pfarreigrenzen leben“[20].

---

[17] Dies., Ville marxiste terre de mission, S. 151 f.; Dies., Auftrag des Christen in einer Welt ohne Gott, S. 140.

[18] Dies., Ville marxiste terre de mission, S. 37; Dies., Auftrag des Christen in einer Welt ohne Gott, S. 35.

[19] Dies., S'unir au Christ en plein monde (Correspondance, Bd. 2: 1942–1952), Paris 2004, (= Œuvres complètes Tome II), S. 175 [Übers. A. Sch.].

[20] Christine de Boismarmin, Madeleine Delbrêl 1904–1964. Rue des villes chemins de Dieu, Paris 1985, S. 58 [Übers. A. Sch.]).

Zwei Jahre nach ihrer Ankunft in Ivry zieht Madeleine mit ihren Gefährtinnen in ein Haus, das der Stadt gehört und das sich in unmittelbarer Nachbarschaft zum „roten“ Rathaus befindet. Damit entfernt sie sich räumlich vom Territorium ihrer Pfarrei, ohne jedoch die Brücken zu ihr abzubrechen. Im Gegenteil: Sie sieht sich vielmehr als „Grenzfeld der Kirche“[21], als einen „Vorposten“ der Pfarrei. Denn „den Pfarreien sind in Bezug auf die heutige Welt die Arme an den Ellbogen abgetrennt; diejenigen von uns, die sich nicht nur im Bereich der Pfarrei engagieren, bilden sozusagen die ‚Ersatz-Arme' dieser amputierten Glieder“[22].

> „Da, wo Christus unbekannt ist, da muss er verkündet werden, dorthin geht die Kirche, dorthin müssen wir gehen. Diesen Menschen, unseren Kameraden, der von uns nur durch eine Maschine, durch einen Bürotisch, durch den Hausflur, durch die Breite unserer Straße getrennt war, müssen wir wieder einholen, indem wir ihn wie einen wirklichen Bruder behandeln. Aber wir müssen ihm dorthin folgen, wo er allein ist, wo er ohne Gott ist. Wir müssen ihm in die Wüste folgen, die ihm gar nicht bewusst ist“[23].

Von Gott sprechen

Dieses ihr Verständnis einer missionarischen Präsenz vertieft sich in den fünfziger Jahren um einen weiteren Aspekt. In einer halböffentlichen Audienz mit Papst Pius XII. legt ihr der Papst drei Mal und mit großem Nachdruck das Wort „Apostolat“ ans Herz. Dieses Wort löst in ihr die Erkenntnis aus, „dass wir nicht nur als Christen zu leben, sondern Christus auch laut zu verkünden haben“[24].

Im Gegensatz zum weltweiten Propagandanetz, das der Marxismus-Kommunismus auf den Schultern von Lenin gesponnen hatte, verhalten sich Christen – so die Erfahrung Madeleine Delbrêls – oft eher defensiv, als hätten sie einen „Minderwertigkeitskomplex, der sie aufs Schweigen reduziert“[25].

---

21 Madeleine Delbrêl, Ville marxiste terre de mission, S. 39; Dies., Auftrag des Christen in einer Welt ohne Gott, S. 37.

22 Dies., Éblouie par Dieu (Correspondance, Bd. 1: 1910–1941), Paris 2004 (= Œuvres complètes Tome I), S. 302 [Übers. A. Sch.].

23 Dies., La femme, le prêtre et Dieu. Au cœur du mystère intime de l'Église (Textes missionnaires, Bd. 3), Paris 2011 (= Œuvres complètes Tome IX), S. 151 [Übers. A. Sch.].

24 Dies., Ville marxiste terre de mission, S. 111; Dies., Auftrag des Christen in einer Welt ohne Gott, S. 103.

25 Dies., En dialogue avec les communistes, S. 22 [Übers. A. Sch.].

Wenn sie den Finger auf diese Wunde legt, geht es ihr keinesfalls um kirchliche Selbstdarstellung. Ihr liegt das Heil der Menschen am Herzen. Vor allem liegt ihr aber auch die Verherrlichung Gottes am Herzen. Seine Ehre ist für sie das Ziel jeder Mission – und das umso mehr, wo Gott für das öffentliche Bewusstsein keine Bedeutung mehr zu haben scheint. Mit dem Wort „Apostolat" verbindet sie deshalb vor allem auch den Kampf darum, „dass Gott nicht mehr tot sei"[26].

> „Um gegen diesen Tod im marxistischen Milieu anzugehen, genügt das Zeugnis eines schweigenden Lebens nicht, mag es noch so heroisch sein: heute oder morgen wird man vielleicht – irgendwann aber ganz gewiss – auch reden müssen".[27]

Ihr ist allerdings bewusst, dass die religiöse Sprache für viele Menschen eine Fremdsprache geworden ist. „Das Wort ‚Gott' wird ... das Unübersetzbare schlechthin."[28] Dies gilt nicht nur für diejenigen, die keinen Bezug zu Glaube und Kirche haben. Auch für so manche Christen und Christinnen ist es schwierig geworden, die Sprache des Glaubens in ihr alltägliches Leben zu übersetzen, geschweige denn anderen etwas davon mitzuteilen. Hier bedarf es – so Madeleine Delbrêl – einer intensiven Bewusstseinsbildung der Gläubigen.

> „Um das Evangelium zu verkünden, wird man dieses Unübersetzbare umkreisen, annähern, zusammenfassen, wird es erahnen lassen müssen. Man wird es bezeugen müssen durch eine ganze Lebenshaltung, durch die Entscheidungen, die man trifft, durch Taten, die Jemanden voraussetzen – unsichtbar aber lebendig, unberührbar, aber wirkend."[29]

Die Herzensgüte ist die Sprache des Evangeliums

Letztlich ist es aber die Sprache Jesu, die das Herz eines jeden Menschen am tiefsten erreichen kann; und das ist die Sprache der Güte.

> „Das Herz eines Kommunisten bleibt ein menschliches Herz, von Gott auf Gott hin geschaffen, dazu geeignet, sich von Gott anrufen zu lassen, bereit,

[26] Ebd., S. 46.
[27] Ebd.
[28] Dies., Athéismes et évangélisation, S. 141 f.; Dies., Wir Nachbarn der Kommunisten, S. 247.
[29] Ebd.

> Gott zu lieben; ein menschliches Herz, das von vornherein von Gott bewohnt ist, und das auch dann, wenn es Gott leugnet und nichts davon weiß, mit ihm in Kontakt ist."[30]

Den Glauben vorzuschlagen ist dann oft gar nicht mit Worten möglich. Was aber immer möglich ist: anderen Menschen so zu begegnen, wie Jesus ihnen begegnen würde, nämlich in großer Freiheit, ohne „Hintergedanken", ohne in vordergründiger Weise „missionieren" zu wollen – und zugleich so zugewandt, dass der oder die andere spürt: Hier werde ich wirklich gesehen.

> „Vergessen wir eines nicht: auch wenn die von uns verkündete Botschaft in den Ohren unserer Brüder und Schwestern wie eine Neuigkeit von großer Aktualität erklingt, ist damit noch nicht gesagt, dass sie eine Gute Nachricht ist. Eine Nachricht, die denen gut erscheint, die sie hören. Als gut wird sie dann erscheinen, wenn sie von jemandem verkündet wird, der die Gebärden der Güte Jesu Christi vollzieht – sichtbare und unsichtbare."[31]

Eine solche Begegnung enthält jederzeit das Potential, dass Menschen sich auf Gott hin in Bewegung setzen können, und zwar alle Menschen – auch und gerade diejenigen, die Gott leugnen oder für die er keine Rolle spielt.

> „Die Herzensgüte, die von Christus herkommt, von ihm geschenkt wurde, ist für das Herz eines ungläubigen Menschen eine Vorahnung Gottes selber. Für ein ungläubiges Herz hat es den unbekannten Geschmack Gottes und macht es fühlsam auf die Begegnung mit ihm hin. Sie ist für ihn etwas Ungewohntes und steht in Verbindung mit dem absolut Ungewohnten, das Gott für ihn ist. Sie weckt und befragt die dämmernden Kräfte seines Herzens, Kräfte, die ihm unbekannt sind, deren lebendige Wirklichkeit er aber zugeben muss. Sie verbündet sich mit dem, was im Herzen eines Ungläubigen sowohl das Einsamste wie auch das am meisten Geeignete ist, sich ganz im Innern zu Gott als einer Möglichkeit hinzuwenden."[32]

---

[30] Dies., Athéismes et évangélisation, S. 149; Dies., Wir Nachbarn der Kommunisten, S. 252.
[31] Dies., Athéismes et évangélisation, S. 218; Dies., Wir Nachbarn der Kommunisten, S. 213.
[32] Dies., Athéismes et évangélisation, S. 150; Dies., Wir Nachbarn der Kommunisten, S. 252.

Ein normaler Gewaltzustand

Die Herzensgüte ist allerdings kein „apostolischer Humanismus“[33]. Es geht vielmehr darum, die Menschen so zu lieben, wie Jesus Christus sie liebt: mit einer Liebe, die von Gott kommt und zu ihm zurückfließt.

> „Wir haben nicht das Recht, etwas anderes zu geben als das, was aus der Ewigkeit Gottes stammt, wenn wir von Jesus kommen. Wir geben es in zerbrechlichen und verderblichen Gestalten, aber wir haben nicht das Recht, etwas zu geben, was nicht mit Ewigkeit ‚aufgeladen‘ ist.“[34]

Die Entschiedenheit, sich in diesem Sinne immer neu am Maßstab des Evangeliums auszurichten, führt unweigerlich in ein Leben des Widerspruchs. Für Madeleine Delbrêl hieß das zum Beispiel, sich deutlich vom Programm des Marxismus-Kommunismus zu distanzieren, in dem durch die systematische Leugnung Gottes und durch den Aufruf zum Klassenkampf die beiden Gebote der Liebe voneinander getrennt wurden.

> „Verlangt das Evangelium nicht von Anfang bis Ende, in der Welt und gegen die ‚Welt‘ verkündet zu werden? Stellt es den Glauben nicht als eine Wahl dar, die in der Welt zwischen der ‚Welt‘ und dem Reich Gottes vorgenommen wird?“[35]

Für Christen und Christinnen „geht es also um eine Zeitgenossenschaft ohne Vorbehalt, zugleich aber um jene ‚Unterscheidung des Geister‘, ohne die ein christliches Leben in und mit der Welt der Gefahr des Identitätsverlustes ausgesetzt wäre. Was in der Welt verborgen zum Widerspruch des Glaubens steht, tritt erst angesichts der Eindeutigkeit der Glaubenswahl als solche zutage“.[36]

---

[33] Vgl. Dies., Ville marxiste terre de mission, S. 150; Dies., Auftrag des Christen in einer Welt ohne Gott, S. 140.

[34] Dies., La vocation de La Charité (Textes à ses équipières, Bd. 1), Paris 2015, (= Œuvres complètes Tome XIII), S. 264 [Übers. A. Sch.].

[35] Dies., La question des prêtres-ouvriers. La leçon d'Ivry (Textes missionnaires, Bd. 4), Paris 2012 (= Œuvres complètes Tome X), S. 116; Dies., Wir Nachbarn der Kommunisten, S. 160. Madeleine Delbrêl unterscheidet hier zwischen der Welt (le monde) als der geschöpflichen Wirklichkeit und der „Welt“ (le „Monde“) im Sinne des Johannesevangeliums: die Menschenwelt, die aus sich selbst und für sich selbst da sein will, die sich Gott gegenüber verschließt.

[36] Marianne Heimbach-Steins, „Ein normaler Gewaltzustand. Politische Konflikte als Herausforderung christlichen Handelns. Das Beispiel Madeleine Delbrêls, in: Gotthard Fuchs (Hrsg.), „... in ihren Armen das Gewicht der Welt“. Mystik und Verantwortung: Madeleine Delbrêl, Frankfurt 1995, S. 91–107, hier: S. 94.

Damit wird der Glaube zum „Sand im Getriebe“ und Christen und Christinnen zu Fremdlingen in dieser Welt. „In ihrer Geistesart gibt es etwas, das anderen Menschen nicht angepasst werden kann.“[37] Zugleich trifft der Glaube immer auch auf die Ambivalenz, die sich inmitten der Kirche selbst und damit auch im Herzen jedes und jeder Gläubigen befinden kann.

> „Kann man sich dann eine apostolische Situation vorstellen, die keine Gewalt mit sich bringt? Ist es im Gegenteil nicht normal, dass eine gewisse Gewaltsamkeit wesentlich zu ihr gehört?“[38]

Eine Einsamkeit, die keiner anderen gleicht

Immer wieder hat Madeleine Delbrêl ihre Schwestern und Brüder auch auf die Einsamkeit aufmerksam gemacht, die für sie unweigerlich mit dem missionarischen Auftrag unter Nichtchristen verbunden ist. Diese Einsamkeit ist nicht nur die Folge eines Glaubens, der nicht mehr gesellschaftlich gestützt wird. Sie ist auch die Folge der Entscheidung, Gott tatsächlich den ersten Platz einzuräumen. Ihre Härte erweist sich darüber hinaus schließlich in dem Auftrag, der Christen und Christinnen damit gegeben ist: sich stellvertretend für diejenigen zu Gott hinzuwenden, die nicht an ihn glauben oder für die er keine Rolle spielt.

> „Wenn man sich in seinem eigenen Innern, zwischen der Menschenmenge und Gott, dazu bekennt, wer Gott ist, stellt man sich in Gegensatz zur einmütigen Gewissheit der Gemeinschaft, in der man lebt, und man wird ihr Gegner, ohne dass sie darum weiß.
> Das bedeutet aber, eine Einsamkeit anzunehmen, die keiner anderen gleicht. Man ist völlig allein und völlig solidarisch. Das heißt, man muss ‚konvertieren‘, umkehren, und das ist schon nicht so leicht. Aber man kehrt um im Namen aller.“[39]

Eine solche „Umkehr im Namen aller“ ist für Madeleine immer mehr das Gegengewicht zum religiösen Elend des Marxismus geworden, als die „notwendigste und vielleicht am wenigsten gefragte apostolische Aufga-

---

[37] Madeleine Delbrêl, Ville marxiste terre de mission, S. 186; Dies., Auftrag des Christen in einer Welt ohne Gott, S. 174.

[38] Dies., La question des prêtres-ouvriers. La leçon d’Ivry, S. 17 f.; Dies., Wir Nachbarn der Kommunisten, S. 160.

[39] Dies., Ville marxiste terre de mission, S. 184 f.; Dies., Auftrag des Christen in einer Welt ohne Gott, S. 173.

be“[40]. Es ist eine Aufgabe, bei der man nichts vorweisen kann, bei der man die „Früchte“ des eigenen Engagements selten zu sehen bekommt.

Die damit verbundene Einsamkeit bewusst anzunehmen, kann dann zur offenen Stelle werden, durch die hindurch Gott gegenwärtig wird. Madeleine Delbrêl erkennt darin geradezu eine Art „Sakrament für die Welt“[41].

Mission in der Dichte

Gott in dieser Weise einen Zugang zu gewähren: das geschieht vor allem in der Anbetung. Fast reflexhaft sieht sich Madeleine Delbrêl durch den Atheismus ihrer Umgebung dazu gedrängt.

> „Inseln göttlicher Anwesenheit sein. Gott einen Ort sichern. Vor allem der Anbetung überantwortet sein […]. In den Finsternissen der allgemeinen Unwissenheit Leuchtpunkte der Bewusstwerdung Gottes sein. Erkennen, dass hier der eigentliche Akt der Erlösung geschieht; glauben im Namen der Welt, hoffen für die Welt, lieben im Namen der Welt.“[42]

Zur „Mission in der Weite“ muss daher auch die „Mission in der Dichte“ kommen, ganz im Verborgenen, mitten unter den Menschen, denn „die sichtbare Seite der Taten“ ist nicht alles, wie Madeleine Delbrêl in einem Portrait über Therese von Lisieux schreibt:

> „Vielleicht war Therese von Lisieux, die Patronin aller Missionen, dazu ausersehen, zu Anfang dieses Jahrhunderts ein Schicksal vorzuleben, bei dem die Zeit auf ein Minimum zusammenschrumpft, die Handlungen auf ein winziges Format hinauslaufen, der Heroismus für die Augen der Betrachter unerkennbar wird und die Mission sich auf wenige Quadratmeter beschränkt […]. Die kleine Therese beweist für sich ganz allein, dass mit den missionarischen Bemühungen im Milieu des Marxismus nicht künstliche Dämme und Wälle gebaut, sondern lebendige Kräfte geweckt werden, genau da, wo man den Glauben untergraben will.“[43]

---

[40] Dies., Ville marxiste terre de mission, S. 170; Dies., Auftrag des Christen in einer Welt ohne Gott, S. 159.

[41] Dies., Die Liebe ist unteilbar, S. 91.

[42] Dies., La vocation de La Charité, S. 169; Dies., Frei für Gott. Über Laien-Gemeinschaften in der Welt, S. 14.

[43] Dies., Ville marxiste terre de mission, S. 148; Dies., Auftrag des Christen in einer Welt ohne Gott, S. 139.

Das führt noch einmal zum Zentrum der missionarischen Spiritualität Madeleine Delbrêls:[44] Menschen, die sich dem lebendigen Gott überlassen, werden – bei aller Gebrochenheit – zu einem Ort, an dem er gegenwärtig wird. Und da Gott universale Liebe ist, kann dieser menschliche Gottes-Ort nichts anderes sein als eine Herzensbegegnung von Mensch zu Mensch, in der diese Liebe überströmt.[45] Das kann sich in der Anbetung und im schweigenden Fürbittgebet vollziehen, in der konkreten Hilfe für Notleidende, in der Begegnung mit Menschen anderer Religionen oder an scheinbar ganz profanen Orten wie einem Pariser Szene-Café, in dem Madeleine Delbrêl sich gerne aufgehalten hat.

„Du hast uns heute Nacht in dieses Café „Le Clair de Lune" geführt:... So beginnt eines der schönsten Gedichte Madeleine Delbrêls mit der Überschrift „Liturgie der Außenseiter" – oder, wie es im französischen Original heißt: „Liturgie des sans-offices"[46]. Mitten unter all den Leuten, „die gekommen sind, die Zeit totzuschlagen", findet eine nächtliche „Liturgie" statt, weil es Menschen gibt, die sich gerade hier an diesem Ort dem Wirken Gottes zur Verfügung stellen. Weil sie darin einwilligen, zu einem „Sakrament der Liebe" zu werden.

> „Weil deine Augen in den unsren erwachen, weil dein Herz sich öffnet in unserm Herzen", ist dieses Café „nun kein profaner Ort mehr [...] Wir wissen, dass wir durch dich ein Scharnier aus Fleisch geworden sind, ein Scharnier der Gnade, die diesen Fleck Erde dazu bringt, sich mitten in der Nacht, fast wider Willen, dem Vater allen Lebens zuzuwenden."[47]

Im Café „Le Clair de Lune" öffnet sich der Himmel. Hier wird ein Fest des Lebens gefeiert, in das alle hineingenommen werden, ob es ihnen bewusst ist oder nicht.

„Und unser Herz wird immer weiter
und immer schwerer
von der Last vielfacher Begegnung,

---

[44] Vgl. Dorothee Steiof, Verherrlichung Gottes, Madeleine Delbrêl und alttestamentliche Texte, Stuttgart 2013, S. 255.

[45] Letztlich begegnet sich Gott darin sogar selbst: Er ist gegenwärtig in dem, der Not leidet und zugleich in dem, der sich diesem Notleidenden zuwendet: „Einsamkeit Gottes in der Liebe zu den Brüdern und Schwestern: Christus, der Christus bedient; Christus im Dienenden und Christus in dem, der bedient wird" (Madeleine Delbrêl, La sainteté des gens ordinaires, S. 25 f.; Dies., Wir Nachbarn der Kommunisten, S. 50).

[46] Dies., Humour dans l'amour. Méditations et fantasies, Paris 2005, S. 64 f. (= Œuvres complètes Tome III); Dies., Der kleine Mönch. Ein geistliches Notizbüchlein, Freiburg 1981, 83 f.

[47] Ebd.

immer schwerer von der Last deiner Liebe,
unser Herz,
gebildet von dir,
bevölkert von unseren Schwestern und Brüdern, den Menschen.
Denn die Welt ist kein Hindernis,
um für sie zu beten.
Wenn einige die Welt verlassen müssen,
um sie zu finden,
so müssen andere in die Welt hineintauchen,
um sich emporzuschwingen
mit ihr zum gleichen Himmel […].“[48]

[48] Ebd.

Seht, da der Mensch für andere

Erwachsene ohne Religion – eine Religion für Erwachsene?

Impulse aus dem Denken Emmanuel Levinas'

Susanne Sandherr

> Manche behaupten gar, dass die Sachsen vergessen haben, dass sie Gott vergessen haben.
> *Wolf Krötke*
> Holiness is the great word in religion; it is even more essential than the notion of God.
> *Nathan Söderblom*

Heiligkeit – das schlechthinnige Schlüsselwort von Religion? So jedenfalls sagt es der schwedische lutherische Theologe und Erzbischof von Uppsala, Nathan Söderblom (1866–1931), zugleich bedeutender Religionswissenschaftler, 1913 in seinem bekannten Enzyklopädieartikel „Holiness".[1] Nebenbei, Reverenz an den Genius Loci unserer Tagung: Söderblom, Professor für Religionsgeschichte in Uppsala, wurde 1912 an die Universität Leipzig berufen. Er nahm den Ruf an. Seine letzten Wochen in Leipzig gestalteten sich dramatisch. Unmittelbar nach der unerwarteten Berufung zum Erzbischof von Uppsala war er in den ersten Kriegstagen gezwungen, mit seiner Frau Anna und den damals elf Kindern auszureisen. Söderblom, Schrittmacher der ökumenischen Bewegung und Streiter für den Weltfrieden, erhielt 1930 den Friedensnobelpreis. Und noch eine Hommage an den Tagungsort Leipzig. Die Charakterisierung Johann Sebastian Bachs als „Fünften Evangelisten" geht auf Nathan Söderblom zurück.

Das Heilige

Die Problematisierung des Heiligen gilt als wesentlicher Aspekt des modernen Säkularisierungsprozesses. Doch schwindet das Heilige bzw. der Sinn für Heiliges mit dem Rückgang verfasster Religion radikal aus unserem Leben? Was ist das überhaupt, das Heilige? In der religionswissenschaftlichen Diskursivierung werden das Heilige und seine Erfahrung weniger definiert denn mit einem Netz von Begriffen überzogen. Dem metasprachlichen Diskurs der Religionswissenschaft über das Heilige geht es

[1] Nathan Söderblom, Art. Holiness (General and Primitive), in: James Hastings (Hrsg.), Encyclopaedia of Religion and Ethics, Edinburgh/New York 1913, Bd. 6, S. 731–741.

„um ein phänomenologisches, hermeneutisches und genealogisches Verständnis seines Geltungssinns“[2]. So postulierte der Oxforder Philosoph Marett 1909 die Korrelation der Erfahrung des Heiligen mit einem „basic feeling of Awe“, die den Menschen in eine persönliche Beziehung mit dem Übernatürlichen zwinge.[3] Der Gegenstand dieser Ehrfurcht sei eine namenlose Über-Macht, die unbedingten Respekt, Verehrung und Dienst verlange. Rückgriffe auf den melanesischen Begriff des „Mana“ oder auf den des „Tabu“ sollten dazu beitragen, das archaische Phänomen des Heiligen phänomenologisch, nicht normativ, zu erfassen. Entfaltete Religion wäre die symbolische, institutionelle und praktische Ausdifferenzierung von Vorstellungen über diese Macht,[4] die, so Marett pointiert, von präanimistischen Ausdrucksgestalten bis zur Geistphilosophie des deutschen Idealismus reichten.[5]

Noch bekannter, jedenfalls im deutschen Sprachraum, ist Rudolf Ottos Definition des Heiligen, in Nähe und Distanz zu Schleiermachers Reden „Über die Religion“[6], als des numinosen Objekts einer Scheu, das schaudern lässt (tremendum) und zugleich anzieht (fascinans), das als ganz Anderes, als Übermacht (majestas) und Geheimnis (mysterium) erfahren werde.[7]

Für unseren an Emmanuel Levinas orientierten und von Hans Joas‘ Studien zur Heiligkeit der Person angeregten Gedankengang ist hier zudem Émile Durkheim zu nennen, der Religion vom Phänomen des Heiligen bzw. der religionskonstitutiven Distinktion zwischen Heiligem und Profanen aus systematisch erforschte und als „ein solidarisches System von Überzeugungen und Praktiken“ definierte, „die sich auf heilige, das heißt abgesonderte und verbotene Dinge, Überzeugungen und Praktiken beziehen, die in einer und derselben moralischen Gemeinschaft, die man Kirche nennt, alle vereinen, die ihr angehören“.[8] Vor allem aber sind für uns Durkheims

[2] Magnus Schlette, Das Heilige, in: Thomas M. Schmidt/Annette Pitschmann (Hrsg.), Religion und Säkularisierung. Ein interdisziplinäres Handbuch, Stuttgart/Weimar 2014, S. 200–210, hier: S. 204.

[3] Robert Ranulf Marret, The Threshold of Religion, London 1909, S. 16.

[4] Vgl. ebd., S. XII.

[5] Vgl. ebd., S. 32.

[6] Friedrich Daniel Ernst Schleiermacher, Über die Religion. Reden an die Gebildeten unter ihren Verächtern, Stuttgart 1993.

[7] Rudolf Otto, Das Heilige. Über das Irrationale in der Idee des Göttlichen und sein Verhältnis zum Rationalen, München 2004.

[8] Émile Durkheim, Die elementaren Formen des religiösen Lebens, Frankfurt a.M. 1994, S. 75. Hans Joas bietet die neuere Übersetzung von Günter Thomas: „Eine Religion ist ein gemeinschaftliches System von Glaubensvorstellungen und Praktiken, bezogen auf heilige Dinge, das heißt abgetrennte und verbotene Dinge – Glaubensvorstellungen und Praktiken, die in der gleichen moralischen Gemeinschaft, genannt Kirche, alle vereinigen, die ihnen

Hinweise auf eine geschichtlich sich manifestierende Sakralisierung der Person bedeutsam. Pointiert schrieb Durkheim, und zwar, wie Joas betont, „im Getümmel des Dreyfus-Skandals 1898“[9]: „Diese menschliche Person … wird als heilig betrachtet, sozusagen in der rituellen Bedeutung des Wortes. […] Und genau daher kommt der Respekt, der der menschlichen Person entgegengebracht wird. Wer auch immer einen Menschen oder seine Ehre angreift, erfüllt uns mit einem Gefühl der Abscheu, in jedem Punkt analog zu demjenigen Gefühl, das der Gläubige zeigt, der sein Idol profaniert sieht.“[10]

Einerseits wird heute eine gewisse Scheu konstatiert, vom Heiligen zu sprechen. Dies könnte sowohl im Schwinden der Bindungskräfte positiver Religion gründen als auch in der Inflationierung der Rede vom Heiligen im 19. Jahrhundert und ihrem Missbrauch im Jargon der politischen Totalitarismen des 20. Jahrhunderts geschuldet sein.[11] Die Sakralisierung der Nation, der Revolution, der Rasse, der klassenlosen Gesellschaft sind relativ junge, nachaufklärerische Phänomene. Die aufklärerischen Abwertungen der christlichen und aller im engeren Sinne religiösen Traditionen als Evidenzquelle des Heiligen hatten gleichsam ein Vakuum produziert. Sie hatten dennoch nicht zur Preisgabe des Begriffs geführt und vor allem nicht schlicht zum Verschwinden der entsprechenden Dispositionen in der menschlichen Psyche, sondern erst den Bedeutungstransfer des Heiligen, nicht allein, aber hier mit schwersten Folgen, in den Bereich von Kollektivideologien ermöglicht.

Hans Joas' These von der Sakralisierung der Person

In seinem Werk „Die Sakralität der Person. Eine neue Genealogie der Menschenrechte“ greift Hans Joas Émile Durkheims Auffassung auf, dass, unter anderem ablesbar an Veränderungen der Strafjustiz, in der Ächtung von Folter und Körperstrafen, im Kampf gegen die Todesstrafe, in der gewachsenen Wahrnehmung des Unrechtscharakters sexueller Übergriffe, aber auch im Prinzip des nicht autoritäts-, sondern wahrheitsorientierten wissenschaftlichen Diskurses, in den letzten 200 bis 300 Jahren im Westen

anhängen.“ (Hans Joas, Die Sakralität der Person. Eine neue Genealogie der Menschenrechte, Frankfurt a.M. 2011, S. 91 mit Anm. 28.).

[9] Ebd., S. 82.

[10] Émile Durkheim, Der Individualismus und die Intellektuellen (1998), in: Hans Bertram (Hrsg.), Gesellschaftlicher Zwang und moralische Autonomie, Frankfurt a.M. 1986, S. 54–70, hier: S. 56 f.; zitiert nach: Hans Joas, Die Sakralität der Person, a.a.O., S. 82 f.

[11] Vgl. Magnus Schlette, a.a.O., S. 208.

eine Sakralisierung des Individuums bzw. der Person stattgefunden habe. Sakralität der Person meint, so Joas, die „Annahme eines heiligen, nicht durch eigene Leistungen erworbenen, aber auch nicht verlierbaren und zerstörbaren Kerns jedes menschlichen Wesens“[12]. Die Genese der Überzeugung von der Heiligkeit des menschlichen Lebens und der unbedingten Schutzwürdigkeit der leiblichen und seelischen Unversehrtheit eines jeden Menschen, die Entwicklung des Gedankens unveräußerlicher Menschenrechte und unveräußerlicher Menschenwürde sind für Hans Joas wie für Émile Durkheim wesentliche Etappen eines Sakralisierungsprozesses. Es ist Joas‘ Anliegen, den historischen Prozess der Sakralisierung der Person als eine Fortführung „jüdisch-christlicher Motive“[13] kenntlich zu machen, denken wir, pars pro toto, aber doch grundlegend, an die Gottesbildlichkeit, die in Genesis 1,26–27, anders als in vergleichbaren altorientalischen Kulturen, nicht nur dem Einen, dem Herrscher, dem Pharao, sondern dem Menschen als Menschen, Mann und Frau, Kind oder Greis, Anzugträger oder nicht, Bedeutungsträger oder nicht, zugesprochen wird – während die Erklärung der französischen Revolution die vermeintlichen Menschenrechte hauptsächlich dem freien, weißen, männlichen Besitzbürger und Steuerzahler zuerkannte. Eine andere Frage ist die, ob das real existierende Christentum diesen Schatz in seiner Geschichte treu gehütet, ob es mit dem ihm anvertrauten Pfund mutig gewuchert, oder ob es die Gabe immer wieder furchtsam vergraben, verraten und verleugnet hat. Es ist bekannt, dass die Menschenrechte bei allen, wie Joas darlegt, geschichtlich nachweisbaren Spuren tatkräftiger christlicher Geburtshilfe schließlich doch gegen den Widerstand der Kirchen erkämpft werden mussten und dass erst in der Mitte des 20. Jahrhunderts sich hier eine neuerliche Wende vollzog. Die Sakralisierung der Person ist nicht einfach Folge oder Symptom der Säkularisierung, auch wenn, wie Joas konstatiert, „einzelne Aufklärer vor allem den Bruch mit der religiösen Tradition akzentuierten und die Kirchen entsprechend sich gegen sie stellten“[14]. É. Durkheims große Entdeckung war, dass die Sakralisierung der Person in religiösen, in biblisch inspirierten, jüdisch-christlichen Traditionen gründet. Diese sind für Durkheim jedoch in jener im Hegelschen dreifachen Sinne aufgehoben: bewahrt, auf eine neue Ebene gehoben – und also als religiöse Traditionen überflüssig gemacht, liquidiert. Hans Joas erhebt Einspruch, da er hier Durkheims dogmatischen bzw. programmatischen Atheismus unkontrolliert am Werk sieht.[15] „Mit

[12] Hans Joas, Die Sakralität der Person, a.a.O., S. 224.

[13] Ebd., S. 106.

[14] Ebd.

[15] Vgl. ebd., S. 87.

dem Nachweis der Fruchtbarkeit des Gedankens der Sakralität der Person hat er ja keinesfalls gezeigt, dass der Mensch auch der Quell seiner eigenen Heiligkeit sei." Durkheim verschließe sich so vielmehr „gegen den möglichen Weiterbestand religiöser Stützungen der Menschenrechte".[16]

Die Heiligkeit des Menschen ersetzte also nicht und setzte sich nicht an die Stelle der Heiligkeit Gottes, sondern entspränge und entspräche, antwortete ihr, partizipierte, auf eine verwickelte, herausfordernde Weise, an ihr. Das geläufige theologische Stichwort für diese Teilhabe oder Teilgabe ist Gnade. Der Mensch erbte also nicht einfach Gottes Heiligkeit nach dem Tode Gottes. Der Gott, der den Menschen zu seinem Bilde, imago Dei, als seinen Repräsentanten nicht nur schuf, sondern schafft, creatio continua, wäre kein Erblasser. Der Mensch wäre heilig als „Wort des lebendigen Gottes". In der Formel von der Sakralität der Person wird versucht, eine Unverfügbarkeit jedes einzelnen Menschen zu denken, für die der Mensch nicht selbst aufzukommen vermag, sondern nur jener Gott, der wesentlich unsichtbar und unsagbar ist, den ein hörender Glaube aber, immer rufend und widerrufend, immer tastend und tappend, zur Sprache, zu den Sprachen zu bringen wagt.

Eine Religion für Erwachsene

Emmanuel Levinas' Studie *Eine Religion für Erwachsene*, 1957 auf einer Tagung über Erziehungs- bzw. Bildungsfragen vor jüdischem, christlichem und muslimischem Publikum vorgetragen, sucht, „die philosophische Anthropologie der ältesten der monotheistischen Religionen"[17] in ihren Grundzügen darzustellen. Das Judentum sei in seiner wesentlichen rabbinischen Prägung philosophisch.[18] Erziehung/Bildung ziele darauf, „zwischen dem Menschen und der Heiligkeit Gottes eine Beziehung herzustellen und den Menschen in dieser Beziehung zu erhalten"[19]. Levinas zufolge hat in biblischer wie in talmudisch-rabbinischer Tradition der Begriff der Heiligkeit keinerlei numinose Bedeutung.[20] Das Judentum entzauberte Gottesbild, Kult und Welt. Programmatisch ist der Titel einer Sammlung fünf zwischen

[16] Ebd., S. 87.

[17] Emmanuel Levinas, Schwierige Freiheit. Versuch über das Judentum, Frankfurt a.M. 1992, S. 23, Übersetzung leicht verändert.

[18] Vgl. ebd., S. 24.

[19] Ebd., Übersetzung leicht verändert.

[20] Ähnlich auch Ders., Totalität und Unendlichkeit. Versuch über die Exteriorität, Freiburg/München 1987, S. 105: „Das Unendliche hat keinen numinosen Charakter: Das Ich, das an es herantritt, wird weder bei seiner Berührung vernichtet noch außer sich gebracht, sondern bleibt getrennt und wahrt seine Selbständigkeit."

1969 und 1975 von Levinas vorgetragener Kommentare talmudischer Texte, *Du sacré au saint.*[21] Die Quellen der Religion sind im Judentum nicht Enthusiasmus und ein numinos Heiliges. Die Katharsis und Entmythisierung des Religiösen als genuine Leistung der jüdischen Weisheit zum Klingen zu bringen, ist das erklärte Ziel Levinas'.[22] Entsprechend muss das Judentum eine magische Macht des Göttlichen als Anschlag auf die menschliche Freiheit verwerfen. Als Bestandteil göttlicher Erziehung, die immer als Einwirkung auf ein wesentlich freies Wesen begriffen wird, ist sie undenkbar.[23] Ist die Freiheit kein Ziel an sich, so bleibt sie doch die Bedingung aller dem Menschen erreichbaren Werte. Levinas stellt die heilige Nüchternheit des Judentums den unkontrollierbaren Exzessen eines religiösen Enthusiasmus gegenüber, der die Menschen über ihr persönliches Wollen und Können hinaustrage, die zwischenmenschlichen Beziehungen auflöse und die Subjekte zu Mitspielern in einem entfremdenden Drama mache.[24]

Monotheismus, Mythos, Atheismus

Ein unerwartetes Motiv für die Abgrenzung gegen Rudolf Ottos[25] Bestimmung des Heiligen als des Numinosen benennt Levinas in seinem sehr viel späteren Artikel *Gott und die Philosophie.*[26] Das Numinose erschöpft das Wesen des Heiligen darum nicht, weil es das Gleichgewicht des souveränen menschlichen Bewusstseins *nicht* nachhaltig zu stören vermag.[27] Dieses Motiv begründet jedoch nicht die Ablehnung des Numinosen in *Eine Religion für Erwachsene* bzw. in *Totalität und Unendlichkeit.*[28] Die vorgetragene Begründung zeigt vielmehr eine signifikante Verschiebung an. Ist es noch in *Totalität und Unendlichkeit* vorrangig die Sorge um die Wahrung der Integrität des Ich, um das „quant à soi" des Subjekts, die zur Abweisung des Begriffs des Numinosen führt, so werden später die Regungen von

[21] Ders., Du sacré au saint. Cinq nouvelles lectures talmudiques, Paris 1977.

[22] Vgl. ebd., S. 10.

[23] Vgl. Ders., Schwierige Freiheit, a.a.O., S. 25.

[24] Vgl. ebd.

[25] Den beträchtlichen Einfluss der Religionspsychologie Rudolf Ottos auf die Philosophie seiner Zeit hebt Levinas ausdrücklich hervor. Vgl. Emmanuel Levinas, Zwischen uns. Versuche über das Denken an den Anderen, München/Wien 1991, S. 63 f.

[26] Ders., Gott und die Philosophie, in: Bernhard Casper (Hrsg.), Gott nennen. Phänomenologische Zugänge, Freiburg i.Br./München 1981, S. 81–123.

[27] Vgl. ebd., S. 92 f.

[28] Gegen die Deutung Markus Hentschels in seinem Aufsatz *Das Heilige bei Levinas*, in: Michael Mayer/Ders. (Hrsg.), Levinas. Zur Möglichkeit einer prophetischen Philosophie, Gießen 1990, S. 195–221, hier: S. 196 f.

„Furcht und Zittern" des Menschen vor dem Numinosen relativiert, ja als illusionär entlarvt: „Sie bleiben Erfahrung".[29] Gegen die religiöse Bedeutung des Numinosen wird *nun* vorgebracht, dass dessen Erleben das Subjekt des Bewusstseins nicht zu erschüttern vermag.

Der zur Bewegung der Transzendenz unabdingbare Selbststand des Subjekts wird hier durch das verführerisch-gewaltsame Numinose, dort durch das alles Fremde, Andere angleichende und vereinnahmende Bewusstsein in Frage gestellt. „Séparation", „Trennung", „Scheidung", ist darum ein Schlüsselwort der Erwachsenenreligion.[30] Eben dies, Trennung, Scheidung, ist auch die Grundbedeutung des biblischen Heiligkeitsbegriffs. In É. Durkheims Religionstheorie und im antitotalitären Affekt seiner Theorie der Sakralisierung des Individuums kann man deren Nachhall vermuten. Erst die menschliche Akzeptanz der Unterscheidung, die Gottes Heiligkeit setzt, macht in biblischer Perspektive das Überschreiten der Grenze, die Begegnung mit dieser Heiligkeit möglich. Und erst die Getrenntheit, in der sich das einsame Ich als freies und autonomes Subjekt setzt und Selbststand gegenüber einem vereinnahmenden Ganzen erlangt, erst der Bruch der Totalität bietet die Voraussetzung dafür, dass sich die Beziehung von Selbstheit und Alterität entfalten kann.

Der (jüdische) Monotheismus bezeichnet für Levinas, wie skizziert, die Stelle des Bruchs mit einer numinosen Vorstellung des Heiligen, das Ende des Besessenseins von einem Sakralen, dessen Verehrung Götzendienst ist. Gegenüber dem Göttlichen, das die numinos überwältigenden Götter verkörpern, ist der Monotheismus barer Atheismus. Gott als Numinosum zu begreifen, heißt für Levinas, nicht nur Grenzen und Integrität des Menschen, sondern auch Gottes absolute Alterität zu missachten. Der Gott der Juden ist keine Mutation mythischer Götter,[31] sondern wesentlich „(u)nbekannter Gott, der nicht Fleisch annimmt und sich der Leugnung durch den Atheismus aussetzt".[32]

[29] Vgl. Emmanuel Levinas, Gott und die Philosophie, a.a.O., S. 93.

[30] Die Betonung der Korrespondenz zwischen dem Bruch der Unmittelbarkeit im Gottesverhältnis und der Herausbildung menschlicher Subjektivität findet sich in verwandter Weise bei Sören Kierkegaard. Das unmittelbare Verhältnis zu Gott ist für ihn Heidentum; ein wahres Gottesverhältnis beginne erst dann, wenn der Bruch vollzogen ist. „Aber dieser Bruch ist gerade der Durchbruch der Innerlichkeit, der Akt der Selbsttätigkeit, die erste Bestimmung dessen, dass Wahrheit Innerlichkeit ist." (Sören Kierkegaard, Abschliessende unwissenschaftliche Nachschrift zu den Philosophischen Brocken. Erster Teil, in: Ders., Gesammelte Werke, Bd. 16, Düsseldorf/Köln 1957).

[31] Vgl. Emmanuel Levinas, Schwierige Freiheit, a.a.O., S. 25.

[32] So Levinas in seinem späteren Aufsatz: Vom Einen zum Anderen. Transzendenz und Zeit, in: Ders., Zwischen uns, a.a.O., S. 167–193, hier: S. 190. Übersetzung verändert, denn der Übersetzer verkehrt den Sinn des Satzes in sein Gegenteil: „[…] und sich keiner Leugnung durch den Atheismus aussetzt".

Mit dieser Positionierung ist ein bedeutender Akzent gesetzt. Levinas' Denken von Subjektivität steht in engstem Zusammenhang mit dem antimythischen Charakter des (jüdischen) Monotheismus. Monotheismus, Entmythisierung und Subjektivität bilden eine enge, aber verletzliche Verbindung. Welche Gefahren eine Verletzung dieser prekären Verbindung birgt, lehrt der Blick auf das Europa des 20. Jahrhunderts. Hier hat die moderne Remythisierung/Resakralisierung einer entzauberten Welt in Nationalsozialismus und Faschismus unter den Vorzeichen von Volk und Rasse und „Blut und Boden" furchtbare Folgen gezeitigt. In seinen 1934 publizierten *Quelques réflexions sur la philosophie de l'hitlérisme*[33] zeigt Levinas hellsichtig den geistigen Hintergrund des radikalen Bruchs mit dem westlichen Humanismus und Liberalismus im nationalsozialistischen Denken und seinen Gläubigen auf.

Levinas legt in dem Nach-Schoa-Text *Eine Religion für Erwachsene* den Akzent auf die Bildung und Erhaltung der mündigen, verantwortlichen Person, auf den Schutz der Innerlichkeit, des Einzelnen, vor jeder absorbierenden Totalität. Die Absicht, religiöse Gewalt, für Levinas mit den Begriffen des Enthusiasmus, des Besessenseins, des sakral Heiligen, des Numinosen verknüpft, zu denunzieren und als deren Gegenpart die gewaltlose Ordnung des jüdischen Monotheismus aufzuzeigen, die der „menschlichen Unabhängigkeit"[34] verpflichtet bleibt, ist bestimmend. Der Weg zum Monotheismus, darauf besteht Levinas, führt nicht über vermeintliche Zwischenstufen mythischer Gottheiten, sondern allein über die ausgehaltene Erfahrung der Gottesferne, über die ertragene Trennung von Ich und Gott.

Der Monotheismus ist in dieser Deutung eine Erwachsenenreligion, nur dem zugänglich, der das „Alter des Zweifels, der Einsamkeit und der Auflehnung erreicht"[35], kurz, sich den Anfechtungen des Atheismus ausgesetzt hat. Der Gott des jüdischen Monotheismus vermag sich zurückzuziehen und dem Menschen Raum zu lassen.[36] Die Erschaffung eines Wesens, das sich von Gott zu trennen und ihn aus der Ferne zu hören und zu suchen vermag, ist Gottes Ehre.[37]

Den dunklen geschichtlichen Hintergrund dieser Erwachsenenreligion, die Schoa, bringt Levinas in dem 1955 im Rundfunk vorgetragenem Essay

[33] Ders., Les imprévus de l'histoire, Paris 1994, S. 27–41.

[34] Ders., Schwierige Freiheit, a.a.O., S. 25.

[35] Ebd., S. 27.

[36] Levinas knüpft hier – wie durchgängig in seinem Werk – an ein Motiv der lurianischen Kabbala an, das „Zimzum", die Kontraktion Gottes. Vgl. Gershom Scholem, Von der mystischen Gestalt der Gottheit. Studien zu Grundbegriffen der Kabbala, Frankfurt a.M. 1995, S. 77, sowie ausführlicher: Ders., Die jüdische Mystik in ihren Hauptströmungen, Frankfurt a.M. 1988, S. 285–290.

[37] Emmanuel Levinas, Schwierige Freiheit, a.a.O., S. 27.

Die Thora mehr lieben als Gott zur Sprache.[38] Die normalste Reaktion, so heißt es hier, wäre angesichts des namenlosen Leidens Unschuldiger das Bekenntnis zum Atheismus. Dieser aber entwerte sich dadurch, dass ihm passgenau ein allzu schlichtes, den Menschen infantilisierendes Gottesbild entspricht. Jener Gott hingegen, dessen Partner erwachsene Menschen sind, werde durch den leeren Kinderhimmel nicht widerlegt, sondern erwiesen.[39] Worin besteht nun dieser Erweis? Levinas findet ihn darin, dass der allein gelassene, die Tröstungen seiner Kinderreligion entbehrende, gottverlassene Mensch erkennt, dass er göttliche Verantwortung trägt.[40] Gerade in der ethischen Reife des Menschen zeige sich Gott als Gott.

Gott, der nur seine „Rückseite" sehen lassen kann,[41] vertraut dem Menschen den Menschen an. Doch dieses Anvertrauen erweist die Geschichte der Menschheit immer neu als unverantwortliches, als unbegreifliches Ausliefern.[42] Wie sich zeigte, vermag für Levinas die Antwort auf diese Erfahrung aber nicht der Atheismus zu geben. Levinas stellt die entscheidende Frage, ob der abendländisch-philosophische Geist sich nicht als Position einer Menschheit beschreiben lasse, die das Risiko des Atheismus als Lösegeld ihrer Mündigkeit annehmen muss. Der schwierige Weg des Monotheismus kreuzt[43] den Weg des Abendlandes, die Philosophie. Die dem

---

[38] Ders., Die Thora mehr lieben als Gott, in: Ders., Schwierige Freiheit, a.a.O., S. 109–113. Levinas zitiert in diesem Aufsatz Passagen eines „verschollenen Jahrhunderttextes von vier Seiten, der immer wieder verloren geht", einen 1946 verfassten, fiktionalen Text, dessen damals noch nicht 30jähriger Autor wie Levinas aus Litauen stammt. Die mehr als wechselvolle Geschichte rekonstruiert Paul Badde im Vorwort der deutschen Ausgabe: Zvi Kolitz, Jossel Rakovers Wendung zu Gott, aus dem Jiddischen übertragen und hrsg. von Paul Badde, Möhlin/Villingen 1994, 11–39, hier: S. 12. Emmanuel Levinas erkannte früh die Bedeutung des Textes.

[39] Vgl. Emmanuel Levinas, Schwierige Freiheit, a.a.O., S. 110.

[40] Vgl. ebd.

[41] Vgl. Ex 33, 12–22. Auf diese Schriftstelle, insbesondere auf Vers 20, nimmt Levinas immer wieder Bezug.

[42] Vgl. Ludwig Wenzler, Berührung durch Trennung, in: PhJ 100 (1993), S. 301–316, hier: S. 315. Wenzler legt den Akzent auf das „Anvertrauen" (ebd.), das eine neue Nähe Gottes eröffnet. Aber jede von Levinas inspirierte Rede von der Nähe Gottes muss sich vor der traumatischen geschichtlichen Erfahrung verantworten, dass Menschen Menschen schutzlos ausgeliefert waren und schutzlos ausgeliefert sind.

[43] „La voie difficile du monothéisme rejoint la route de l'Occident." Moldenhauer übersetzt mit einiger Freiheit: „Der schwierigste Weg des Monotheismus mündet in die Straße des Abendlandes." (Emmanuel Levinas, Schwierige Freiheit, a.a.O., S. 27.) Diese erstaunlich ‚eurozentrische' Übersetzung verfehlt exakt die Pointe: Der anspruchsvolle Weg des jüdischen Monotheismus, Religion Erwachsener, kreuzt, trifft oder stößt auf die Straße der griechischen Philosophie, aber mündet nicht in ihr; er geht nicht in griechischem Geist auf wie ein kleiner Fluss in einem größeren Strom oder im Ozean. Im Gegenteil kennt Levinas im Blick auf die abendländische Philosophie eine bleibende monotheistische Sendung! Verloren geht in der

Atheismus sich öffnende Philosophie ist ein unbedingt notwendiger Schritt auf dem Weg des Menschen zur Mündigkeit. Aber die Erfahrung des Atheismus ist nicht das letzte Wort der Philosophie. Wenn diese sich im Atheismus verschließt und diesen als das letzte dem mündigen Menschen mögliche Wort betrachtet, so sei dies kein Fortschritt, sondern Regression, ein Ausweichen vor dem Anspruch der schwierigen Dialektik zwischen Gott und mündigem Menschen.[44]

Von der Heiligkeit des – anderen – Menschen. Impulse für eine missionarische Spiritualität

Das Werk Emmanuel Levinas' lässt sich lesen als unabschließbaren Versuch, jenen Satz, der für diesen Denker der theo-logische Satz schlechthin ist, philosophisch zu verantworten: Der Mensch trägt als Ich göttliche Verantwortung. Diesen unablässig erneuerten und bereicherten philosophischen Weg können wir hier nicht adäquat nachzeichnen; wir können bestenfalls, unbefriedigend genug, Marksteine andeuten. Die unbedingte Verantwortung des, wie Levinas in ebenfalls immer neuen phänomenologischen Anläufen erweist, nackten, kindlich verletzlichen, bedürftigen und begehrenden, genießenden, sinnlich-sensiblen, sterblichen Ich für den nackten, kindlich verletzlichen, bedürftigen und begehrenden, genießenden, sinnlich-sensiblen, sterblichen Anderen[45] nennt Levinas Heiligkeit (sainteté).[46] Ich und der Andere, einerseits scheinen wir, und sind wir Zwillinge. Und doch ist meine Rolle unverwechselbar, unersetzlich, unvertretbar, einzig. Das ist die Heiligkeit des Ich. Ein anderes Levinas'sches Schlüsselwort für diese Rolle, für diese Heiligkeit ohne Scheinheiligkeit, ist, neben den Termini

Übersetzung auch die hintergründige ironische Logik, der Levinas' Verwendung von Majuskeln folgt: „monothéisme", aber „Occident".

[44] „Umfassender und strenger Humanismus, verbunden mit einer schwierigen Verehrung! Und umgekehrt, Verehrung, die mit der Erhebung des Menschen zusammenfällt." (Emmanuel Levinas, Schwierige Freiheit, a.a.O., S. 113, Übersetzung leicht verändert). Den vielschichtigen Begriff der „exaltation", hier mit „Erhebung" wiedergegeben, übersetzt Moldenhauer psychologisierend mit „Hochgefühl".

[45] Vgl. Susanne Sandherr, Die heimliche Geburt des Subjekts. Das Subjekt und sein Werden im Denken Emmanuel Lévinas, Stuttgart/Berlin/Köln 1998, S. 93–122.

[46] Die Frage nach der Terminologie Individuum/Person und Sakralität/Heiligkeit muss im Rahmen dieses Beitrags unerörtert bleiben. Durkheim wechselt zwischen Individuum und Person, Joas entscheidet sich wegen der sozialen Dimension für den Personbegriff. Die Levinas'sche Distanzierung – vom Sakralen zum Heiligen – scheint Joas nicht für relevant zu halten.

der Verantwortung[47], der Gastlichkeit, der Empfänglichkeit und Mütterlichkeit und der Erwählung: Inspiration. Es geht um die Spiritualität des Menschen! Das inspirierte, das beseelte, das mit Gottes eigenem Atem beatmete – das meint in der Levinas'schen Lektüre der Bibel und der talmudischen Tradition das zur Gastfreundschaft befähigte, das um den Anderen mehr als um sich selbst besorgte – Subjekt. Die Subjektivität, das Ich, so Levinas weiter, wird, in unaufgelöster Zweideutigkeit „Tempel oder Theater der Transzendenz".[48] Jedenfalls ist sie/es selbst nicht das, was in diesem Tempel verehrt wird.

Im Zentrum des Denkens des französischen Philosophen Emmanuel Levinas steht die Überzeugung von der Einzigkeit eines jedes Menschen, einzig erschaffen nach dem unabbildbaren Bilde des einen und einzigen Gottes, und ebenso der Gedanke, dass es den Menschen nicht gibt, sondern nur den Menschen nur als Ich und Anderen, und dass der Andere stets den Vorrang vor dem Ich hat, genauer: vor mir, der ich der Mörder und der Hüter meines Bruders bin; reziproke Beziehungen kommen erst in einem weiteren, sehr viel späteren Schritt durch die Figur des Dritten ins Spiel. Von daher ist für Levinas das Menschenrecht par excellence das Recht des anderen Menschen. „*Das Menschenrecht, absolut und ursprünglich*, gewinnt nur im Anderen einen Sinn, als Recht des anderen Menschen. Recht, dem gegenüber ich nie quitt bin! Also unendliche Verantwortung für den Anderen: radikale Unmöglichkeit der Immanenz! Unendliches, das im schweigenden Gebot des Gesichts ‚ins Denken einfällt'. Wort Gottes? Dasjenige jedenfalls, das der Offenbarung in den positiven Religionen *vorausgehen* muss, wenn die Menschen, die es hören, wissen möchten, wer sie anspricht, und eine Stimme erkennen wollen, die sie schon gehört hatten."[49]

Biblisch gesagt: Wenn uns in Lukas 6,36 das Jesuswort überliefert ist: „Seid barmherzig, wie auch euer Vater im Himmel barmherzig ist", dann enthält es den in jüdischer wie in christlicher Tradition zentralen Gedanken, dass der Mensch zu einer Güte fähig ist, deren Maß nicht der Mensch, sondern Gott ist. „Durch das Gute an mich – Anweisung, Vorladung: Beziehung, die den ‚Tod Gottes' ‚überlebt'." [50] „Empfänglichkeit" als die Fähigkeit, den Anderen zu empfangen, „Gastlichkeit" als eine Beherbergung, deren Maß nicht der Gastgeber, sondern der Gast ist, wie übrigens auch

[47] Vgl. Susanne Sandherr, Verantwortung für das, was mich nichts angeht. Emmanuel Lévinas' biblischer Humanismus, in: Denken + Glauben 110/111 (2001) S. 19–23.

[48] Vgl. Emmanuel Levinas, Dieu et la Philosophie, in: Emmanuel Levinas, De Dieu qui vient a l'idée, Paris 1986, S. 93–127, hier: S. 124.

[49] Vgl. Ders., Interdit de la représentation et "droits de l'homme" in: Ders., Altérité et transcendance, S. 129–137, hier: S. 135, eigene Übersetzung.

[50] Ders., Jenseits des Seins oder anders als Sein geschieht, Freiburg i.Br./München 1992, S. 274.

„maternité“ erweisen sich im Œuvre Levinas’ als Kennzeichen von Subjektivität überhaupt.[51] Im ursprünglichen Vorwort von *Totalität und Unendlichkeit* heißt es: „Dieses Buch stellt die Subjektivität als etwas dar, das den Anderen empfängt, es stellt sie als Gastlichkeit dar.“[52] Eine äußerste Dimension von Gastlichkeit als zurückgenommener Gegenwart scheint auf in dem Motiv eines Schöpfer-Gottes, der sich zurückzieht, um der Schöpfung Raum zu geben. „Das Unendliche ereignet sich, indem es in einer Kontraktion auf die Ausbreitung zu einer Totalität verzichtet und damit dem getrennten Seienden einen Platz lässt.“[53]

Die Sakralität der Person, oder: Eine Religion für Erwachsene: Es geht nicht um Selbstanbetung des Menschen nach dem Tode Gottes, es geht weder um megalomane Selbstvergrößerung noch um masochistisches Kleinmachen des Ich, es geht weder um Selbstsakralisierung des einen noch um die Heiligsprechung des anderen Menschen. Sakralität der Person ruft in Erinnerung, dass der eine Mensch für den anderen gleichsam Gottes Verantwortung trägt, dass mir das Leben des Anderen heilig und dass das Ich um des Lebens des Anderen willen, „vom Sakralen zum Heiligen“, zur Heiligkeit berufen ist. Sowohl Heiligkeit als auch Gastlichkeit werden bei Levinas zu philosophischen Begriffen, die das Ich kennzeichnen – und ebenso, und zugleich anders, den anderen Menschen. Denn im Gast wird Gott empfangen, der mir den Anderen auf den Hals schickt. Derjenige, der mir als Gast anvertraut ist, ist heilig. Ja, Gott schickt mir den Anderen auf den Hals, Levinas zitiert hier aus dem biblischen Buch Numeri, um das Ich zu charakterisieren, das mütterlich-leibliche Verantwortung für den Anderen trägt, für den von mir Getrennten, der mir nicht gleicht. Ihn, diesen Fremden, den ich, mit einem Wort aus Num 11,12, „‚weder in meinem Schoß getragen noch zur Welt gebracht habe‘“, unausweichlich habe ich ihn „auf dem Hals, trage ich ihn schon, wie es in der Bibel heißt, ‚an meinem Busen, wie die Amme den Säugling trägt‘“[54].

Zwischen religiös gänzlich indifferent Erscheinenden – „Manche behaupten gar, dass die Sachsen vergessen haben, dass sie Gott vergessen haben“ – und Heiligen Kriegern, zwischen rationalistischen und irrationalistisch-fundamentalistischen Angriffen auf das Heilige der biblischen, der jüdisch-christlichen Tradition, gibt es vermutlich keinen Mittelweg. Aber vielleicht zeigt sich ein Ausweg, ein, wie es scheinen mag, unzeitgemäßer, dritter Weg, der aber doch an der Zeit ist. Emmanuel Levinas könnte hier ein

[51] Vgl. hierzu Susanne Sandherr, Die heimliche Geburt des Subjekts, a.a.O., S. 123–186.
[52] Emmanuel Levinas, Totalität und Unendlichkeit, a.a.O., S. 28.
[53] Ebd., S. 148.
[54] Ders., Jenseits des Seins oder anders als Sein geschieht, a.a.O., S. 204 f.

unerbittlicher, zugegeben anspruchsvoller und anstrengender, und doch befreiender Impulsgeber sein. Einerseits gälte es, das Gespräch über das, was mir heilig ist, über Gott und die Welt, zu wagen, Fragen zu wagen, Respekt zu wagen, auch und gerade vor dem Befremdlichen, dem Fremden. Vor allem aber sind wir gehalten, gängige und eingängige Absolutsetzungen, gesellschaftlich anerkannte oder persönliche Heiligsprechungen, auch und zuerst unsere eigenen, an der Heiligkeit des schutzlosen – anderen – Menschen zu messen, der allein meine Aufmerksamkeit, meine Achtung, meinen Sachverstand, meine Zuneigung, meine persönlichen und professionellen Qualitäten verdient. Oder anders, und im Blick auf das Ich, auf mich, gesagt, im präzisen Sinne der Religion für Erwachsene, die Levinas im vollen Bewusstsein des Faktums, des Datums, dass der Mensch, vom Scheitel bis zur Sohle, bis in das Mark seiner Knochen, Verwundbarkeit ist, ausruft: Heiligkeit wagen, nicht im Sinne der Selbstsakralisierung, sondern im Sinne des von dieser philosophischen Anthropologie her nahegelegten Selbstverständnisses: Das Ich ist Gastlichkeit, und der Andere, der Gast, ist mir heilig.

Hans Joas hat als Soziologe, in der Spur Émile Durkheims, den historischen Prozess der Sakralisierung der Person und deren Verwurzelung und Plausibilisierung im Jüdisch-Christlichen überzeugend herausgearbeitet, aber er konstatiert auch nüchtern: „Nicht einmal in den Kernbereichen des Westens kann […] von einer sichereren Festigung der Sakralisierung der Person die Rede sein.“[55] Das war noch einige Jahre vor Donald Trump und der Ära beispielloser Tabubrüche als neuer Normalität – Verabschiedung des Wahrheitsanspruchs, Salonfähigkeit von Nationalismus, Sexismus, Rassismus und Xenophobie, lautes Nachdenken über die Nützlichkeit von Folter, nicht an irgendeinem Stammtisch, sondern im Weißen Haus. Denken wir aber auch an das Antasten dessen, was wir lange für unantastbar hielten, mitten in Europa: Rechtsstaatlichkeit, Gewaltenteilung, Kontrolle der Exekutive. Denken wir an den lauter werdenden Ruf nach der Todesstrafe, denken wir an das Aufkommen nationalistischer, rechtspopulistischer Bewegungen, denken wir an eine noch vor wenigen Jahren unvorstellbare Internationale der Autokraten. Die historische Errungenschaft der Sakralisierung der Person war und ist auch in Europa unvollständig und gefährdet; sie war und ist porös und prekär. Vermutlich war sie schon immer auch Selbstbetrug. Der offene und respektvolle Diskurs darüber, was uns heilig ist, und die möglichst präzise und tief grabende, ich möchte mit J. B. Metz angesichts des idolatriekritischen, antitotalitären Potenzials dieser Wurzeln sagen, gefährliche Erinnerung an die biblischen, die jüdischen und christlichen Wurzeln der Überzeugung von der Sakralität der Person im

[55] Hans Joas, Die Sakralität der Person, a.a.O., S. 104.

Sinne der Erwachsenenreligion und des inkarnierten, inspirierten Subjekts bei E. Levinas sind gefragt. Gefährliche Erinnerung angesichts der gerade mächtigen Sakralisierungen (Nationale Einheit und Reinheit, Bruttosozialprodukt, Wirtschaftsstandort, Wahlbarometer) an die Heiligkeit des Ich als Gastlichkeit und an die Heiligkeit des Anderen als mir anvertrautem Gast sind keine Wundermittel, aber vermutlich unverzichtbare Mittel gegen diesen Erosionsprozess, gegen das Vergessen. Sie sind für mich der entscheidende Impuls für eine missionarische Spiritualität der menschlichen Gastfreundschaft und der Sakralität der Person aus dem Denken von Emmanuel Levinas.

In seinem Vorwort zur deutschen Übersetzung von *Totalité et Infini* spricht Emmanuel Levinas von der Bestimmung des Ich „von der Nacktheit und dem Elend des Anderen her, die zur Verantwortung für den Anderen zitiert und einsetzt: über die Ontologie hinaus. Wort *Gottes.* Theologie, die aus keinerlei Spekulation über das Jenseits der Hinterwelten hervorgeht, aus keinerlei das Wissen transzendierendem Wissen. Phänomenologie des Antlitzes: notwendiger Rückgang zu *Gott*, der die Stimme anzunehmen oder abzulehnen gestattet, die in den positiven Religionen zu den Kindern spricht oder zur Kindheit eines jeden von uns, die wir schon Leser *des* Buches und Deuter *der* Schrift sind."[56]

Ist die Vorstellung einer Stimme, „die in den positiven Religionen zu den Kindern spricht", darum kindisch, Kinderkram? Diese Stimme spricht „zur Kindheit eines jeden von uns", sagt Levinas. Und er fügt hinzu, dass wir „schon Leser *des* Buches und Deuter *der* Schrift" seien. Das sind wir; vor jedem Kontakt mit der Schrift sind wir Schriftgelehrte, weil wir bereits das Gesicht des Anderen gesehen und seine unerbittliche Bitte gehört haben. Gott, der sich im Gesicht, im Anruf des Anderen äußert, lässt uns frei. Er lässt es uns frei, „die Stimme anzuerkennen oder abzulehnen", die in den verfassten Religionen sich artikuliert. Anerkennen oder ablehnen: Vor diese Wahl weiß sich auch der junge Samuel gestellt. Eli ist hilfreich, aber er entscheidet nicht für Samuel. Es gibt kein Aufhorchen und erst recht keinen Gehorsam ohne das unersetzliche eigene Erkennen und Anerkennen, Wiedererkennen der Stimme, die ruft.

[56] Emmanuel Levinas, Totalität und Unendlichkeit. Versuch über die Exteriorität, München/Freiburg 1987, S. 11 (aus dem Vorwort zur deutschen Übersetzung.)

Barmherzigkeit ist die Mission

Spiritualität des Zweiten Vatikanischen Konzils

Michael Quisinsky

„Die uralte Erzählung vom barmherzigen Samariter wurde zum Paradigma für die Spiritualität dieses Konzils“[1]. Dieses von Papst Paul VI. am Ende des Konzils formulierte Resümee antwortet auf den Wunsch, den Papst Johannes XXIII. bei der Eröffnung des Konzils äußerte, die Kirche möge nunmehr „lieber das Heilmittel der Barmherzigkeit anwenden als die Waffen der Strenge“[2]. Zugleich wünschte Johannes XXIII. sich das II. Vaticanum als ein „neue(s) Pfingsten“[3]. Das programmatische „Aggiornamento“, also die „Heutigwerdung“[4] des Glaubens, beinhaltet in der Folge ein spezifisch spirituelles Verständnis von Welt und Wirklichkeit. Als zentrale spirituelle Intuition des „Konzils der Geschichte“[5] entfaltet sich dabei die Überzeugung, dass Gott und Mensch eine gemeinsame Geschichte haben.[6]

---

[1] Papst Paul VI., Ansprache bei der letzten öffentlichen Sitzung des II. Vatikanischen Ökumenischen Konzils, 7. Dezember 1965, zit. nach Papst Franziskus, Misericordiae Vultus. Verkündigungsbulle des Außerordentlichen Jubiläums der Barmherzigkeit, 11. April 2015, https://w2.vatican.va/content/francesco/de/apost_letters/documents/papa-francesco_ bolla_20150411_ misericordiae-vultus.html (13.03.2017). Der gesamte Text der Ansprache Papst Pauls VI. in deutscher Übersetzung ist leicht zugänglich in: Herders Theologischer Kommentar zum Zweiten Vatikanischen Konzil (im Folgenden: HThK.Vat II) 5 (2006), S. 565–571. Ebd., S. 569 findet sich die Übersetzung „Geisteshaltung“ anstelle von „Spiritualität“. Vgl. auch Gustavo Gutiérrez, Die Spiritualität des Konzilsereignisses, in: Mariano Delgado/Michael Sievernich (Hrsg.), Die großen Metaphern des Zweiten Vatikanischen Konzils, Freiburg i.Br. 2013, S. 405–421.

[2] Papst Johannes XXIII., Ansprache zur Eröffnung des Zweiten Vatikanischen Konzils Gaudet Mater Ecclesia, 11. Oktober 1962, zit. nach ebd. Für den gesamten Text vgl. HThK.Vat II 5 (2006), S. 482–490 bzw. „Gaudet Mater Ecclesia“, in: Ludwig Kaufmann/Nikolaus Klein, Johannes XXIII. Prophetie im Vermächtnis, Fribourg-Brig 1990, S. 116–150.

[3] Papst Johannes XXIII., Ansprache, zit. nach der Übersetzung von Gaudet Mater Ecclesia in Kaufmann/Klein, Johannes XXIII., a.a.O., S. 129. Zum Motiv vgl. Franz Xaver Bischof, Das Konzil – „Ein neues Pfingsten“ (Johannes XXIII.), in: MThZ 64 (2013), S. 413–424.

[4] Michael Bredeck, Das Zweite Vatikanum als Konzil des Aggiornamento (Paderborner Theologische Studien 48), Paderborn 2007, S. 33.

[5] Vgl. Bruno Forte, Le prospettive della ricerca teologica, in: Rino Fisichella (Hrsg.), Il Concilio Vaticano II. Recezione e attualità alla luce del Giubileo, Cinisello Balsamo 2000, S. 419–429, hier: S. 423.

[6] 50 Jahre nach dem II. Vatikanischen Konzil. Theologen der Welt beraten. Kongresstext zum Konzilsjubiläum vom 12.–15. April 2015 in Paris/Frankreich, in: Christoph Böttigheimer/ René Dausner (Hrsg.), Vaticanum 21. Die bleibenden Aufgaben des Zweiten Vatikanischen Konzils im 21. Jahrhundert, Freiburg i.Br. 2016, S. 661–785, hier: S. 680–682 (= Kapitel 1, Abschnitt 2). Dieser Text entstand im Rahmen eines weltweiten Dialogs zwischen Theolo-

Papst Franziskus zufolge spürt die Kirche „das Verlangen", die Erinnerung an das II. Vaticanum lebendig zu erhalten, denn für sie „begann damals ein neuer Weg in ihrer Geschichte."[7]

In der Tat setzte das II. Vaticanum eine spirituelle Erneuerung frei, deren Intensität man sich heute kaum mehr vorstellen kann.[8] Diese Erneuerung konnte freilich aufbauen auf einer bereits seit längerer Zeit wirkenden Dynamik, die v. a. in der Liturgischen Bewegung einen besonders deutlichen Ausdruck fand,[9] aber auch in verschiedensten Bereichen des kirchlichen Lebens wie etwa in der Caritas wirkte.[10] In diesem Zusammenhang kam es vielerorts, nicht zuletzt bedingt durch die existenzielle Wahrnehmung einer „Desinkarnation des Glaubens"[11], auch zu einem neuen Bewusstsein für die missionarische Dimension des Kircheseins. Emblematisch stehen dafür der Buchtitel „La France, pays de mission" [12] oder ähnlichlautende Diagnosen Alfred Delps und Ivo Zeigers aus den 1940er Jahren.[13] Mit ihren jeweils

---

ginnen und Theologen verschiedenster Nationen und Denktraditionen und ist von daher bzgl. der Konzilsrezeption von besonderer Aussagekraft. Der Text erschien auch in französischer, englischer und spanischer Übersetzung.

[7] Papst Franziskus, Misericordiae Vultus, Nr. 5.

[8] Dokumentiert ist dies nicht zuletzt in Zeitzeugenberichten, wie sie in den vergangenen Jahren in verschiedenen deutschsprachigen Diözesen gesammelt wurden. Vgl. pars pro toto Katrin Gallegos Sánchez/Barbara Henze/Thomas Herkert/Michael Quisinsky (Hrsg.), Aggiornamento im Erzbistum Freiburg. Das II. Vatikanische Konzil in Erinnerung und Dialog, Freiburg i.Br. 2011.

[9] Für ein Gesamtbild vgl. Gilles Routhier/Philippe Roy(-Lysencourt)/Karim Schelkens (Hrsg.), La théologie catholique entre intransigeance et renouveau. La réception des mouvements préconciliaires à Vatican II (Bibliothèque de la Revue d'Histoire Ecclésiastique 95), Leuven 2011.

[10] Vgl. etwa Herbert Vorgrimler, Der Diakonat, in: Deutscher Caritasverband (Hrsg.), Menschlichkeit als Spiritualität. Georg Hüssler zum 85. Geburtstag, Freiburg i.Br. 2006, S. 17–24; Michael Quisinsky, Die Pfarrei zwischen Ekklesiologie und Gesellschaft. Historische und theologische Perspektiven auf das Werk von Constantin Noppel SJ (1883–1945), in: FDA 126 (2006), S. 163–193, hier: S. 188–191.

[11] Vgl. Yves Congar, Une conclusion théologique à l'enquête sur les raisons actuelles de l'incroyance, in: La Vie Intellectuelle n° 37 (1935), S. 214–249, hier: S. 243; zur theologiegeschichtlichen und theologischen Einordnung dieses Schlüsselartikel Congars s. Michael Quisinsky, The „Interference" between Nouvelle Théologie and Catholic Practice in Church and Society, in: ETL 90 (2014), S. 71–98. Weiterführende Fragestellungen auch bei Ders., Pour une spiritualité dans le monde de ce temps. Soixante ans après les „Jalons pour une théologie du laïcat", in: Esprit et Vie n° 245, mars 2012, S. 18–25.

[12] Das 1946 erschienene Büchlein „La France, pays de mission" von Yvan Daniel erschien unlängst in einer Neuauflage: Robert Dumont (Hrsg.), La France, pays de mission? Suivi de La religion est perdue à Paris. Textes et interrogations pour aujourd'hui. Préface de Jean-Pierre Guérend. Postface d'Emile Poulat (Signes des temps), Paris 2014.

[13] Nachweise und Einordnungen bei Roman Bleistein, Deutschland – Missionsland? Reflexionen zur religiösen Situation, in: StdZ 216 (1998), S. 399–412; Bernd Elmar Koziel, Zwischen Durchdringung und Dialog. Eine Relecture konziliarer Aussagen über Mission und

landestypischen und doch über die jeweiligen Landesgrenzen hinausweisenden Aspekten macht daher gerade die Kontextualität von Vorbereitung und Rezeption des II. Vaticanums deutlich, dass dieses auch und gerade von den Ortskirchen her zu einem Konzil der „Weltkirche"[14] wurde. Diese spezifische Katholizität, die sich im Zusammenwirken zwischen Orts- und Universalkirche keineswegs erschöpft, ist Horizont jeder konzilsinspirierten Spiritualität und Theologie.[15] Wenngleich Universal- wie Ortskirchen bis heute in hohem Maße von den Früchten dieser spirituellen Erneuerung zehren, scheint insbesondere deren missionarische Kraft im Laufe der Zeit erlahmt zu sein.

Dem liegt ein überaus komplexes Bündel aus welt- und ortskirchlichen, gesellschaftlichen und kulturellen Faktoren zugrunde, auf das wir hier nicht im Detail eingehen können. Entscheidend ist dabei allerdings, dass der denkerische und lebenspraktische Umgang mit den Bestandteilen der eben genannten Zentralintuition – also das Verständnis von „Gott", „Mensch" und „Geschichte" – und dem Zusammenhang dieser Bestandteile seit dem Konzil einem fundamentalen Wandel unterworfen ist, für den der Begriff der „Postmoderne" eine Suchanzeige darstellt. Dieser Wandel, der übrigens auch vor dem bereits vom Konzil wahrgenommenen Atheismus nicht Halt machte,[16] war so von den auf dem Konzil versammelten Konzilsvätern und -theologen nicht abzusehen, prägte aber die nach dem Konzil einsetzende Konzilsrezeption in hohem Maße.[17] Die Herausforderungen dieses Wandels

---

Kultur im Zeichen der aktuellen Diskussion über „Deutschland als Missionsland", in: MThZ 57 (2006), S. 230–252.

[14] Karl Rahner, Theologische Grundinterpretation des II. Vatikanischen Konzils, in: Karl Rahner Sämtliche Werke, Band 21/2: Das Zweite Vatikanum. Beiträge zum Konzil und seiner Interpretation. Bearbeitet von Günther Wassilowsky, Freiburg i.Br. 2013, S. 970–981, hier: S. 971.

[15] 50 Jahre nach dem II. Vatikanischen Konzil. Theologen der Welt beraten, a.a.O., S. 726–741 (= Kapitel 3). S. grundsätzlich auch Karim Schelkens, From Dualism to Purality. In Defence of a „Catholic Reading" of the Second Vatican Council, in: Michael Quisinsky/Ders./François-Xavier Amherdt (Hrsg.), „Theologia semper iuvenescit". Études sur la reception de Vatican II offertes à Gilles Routhier (Théologie pratique en dialogue 39), Fribourg 2013, S. 19–51. Zu den theologischen Herausforderungen und Chancen im Ausgang vom Konzil s. auch Mirjam Wijlens (Hrsg.), Die wechselseitige Rezeption zwischen Ortskirche und Universalkirche. Das Zweite Vatikanum und die Kirche im Osten Deutschlands (Erfurter Theologische Schriften 46), Würzburg 2014; zu den spirituellen Implikationen s. Margit Eckholt, Eine welt-offene Kirche – Desiderat unserer Zeit: Auf dem Weg zu einer neuen Katholizität, in: Dies., An die Peripherie gehen. In den Spuren des armen Jesus. Vom Zweiten Vatikanum zu Papst Franziskus, Ostfildern 2015, S. 43–52, hier: S. 47–49.

[16] Vgl. besonders Gregor Maria Hoff, Ein anderer Atheismus. Spiritualität ohne Gott?, Kevelaer 2015, S. 19–32 (Kapitel „Der Atheismus und die ‚Zeichen der Zeit'").

[17] Am Beispiel Frankreichs s. Michael Quisinsky, „L'Église tout entière est en état de concile" (Paul VI.). Französische Theologen auf dem II. Vatikanischen Konzil, in: Ders., Katholizität der Inkarnation – Catholicité de l'Incarnation. Christliches Leben und Denken zwischen

verdichten und konkretisieren sich in der persönlichen wie gemeinschaftlichen Spiritualität, wobei die weitgehende Ersetzung des Wortes Frömmigkeit durch den – durchaus „gehypten" Begriff[18] – der Spiritualität und deren Pluralisierung[19] Teil und Ausdruck dieses Wandels ist.

In der Nachfolge des Jesus von Nazareth[20], der als Christus „Alpha und Omega" (GS 45) ist, verbindet sich der je konkrete Ausdruck christlicher Spiritualität mit ihrem kosmisch-universalen Horizont. Auch wenn die Geschichte zwischen Gott und Mensch bzw. Mensch und Gott menschlich nicht einzuholen ist, ist deshalb jede einzelne Lebensgeschichte eingeschrieben in einen universalen heilsökonomischen Horizont, der zum Leben und Glauben einlädt – im explizit christlichen Glaubensverständnis ebenso wie im Sinne eines jedem Menschen möglichen „Glaubens" an das Leben.[21] Die Spiritualität des barmherzigen Samariters erwächst aus diesem heilsökonomischen Horizont und führt in diesen hinein, der ein Horizont der Wandlung von Lebensgeschichten zu Heilsgeschichten als Konkretisierung der universalen Geschichte zwischen Mensch und Gott bzw. zwischen Gott und Mensch ist. Dabei ist das „Heil, das Gott uns anbietet, (…) ein Werk seiner Barmherzigkeit"[22]. Das Heilige Jahr der Barmherzigkeit, dessen Eröffnung die fünfzigjährigen Jubiläumsfeierlichkeiten des II. Vaticanums

---

Universalität und Konkretion „nach" dem II. Vaticanum – Vie et pensée chrétiennes entre universalité et concrétion (d')après Vatican II (Studia Oecumenica Friburgensia 68), Münster 2016, S. 45–79, hier: S. 72–74.

[18] Karlheinz Ruhstorfer, Topologie der Spiritualität. Genese und Geltung eines gehypten Begriffs, in: Ders., Freiheit Würde Glauben. Christliche Religion und westliche Kultur, Paderborn 2015, S. 99–115.

[19] Dazu besonders Roman A. Siebenrock, Die Botschaft vom „Reich Gottes" und die Vielfalt der Spiritualitäten. Eine fundamentaltheologische Kriteriologie im Dienst der Unterscheidung der Geister, in: Margit Eckholt/Ders./Verena Wodtke-Werner (Hrsg.), Die große Sinnsuche. Ausdrucksformen heutiger Spiritualität, Ostfildern 2016, S. 59–84, hier: S. 60.

[20] Nach Gutiérrez, Die Spiritualität des Konzilsereignisses, a.a.O., S. 407, greift im Zusammenhang mit einer Spiritualität des Konzils das Wort „Spiritualität" „die Bedeutung der traditionellen *Nachfolge Christi* auf; es meint ein Wandern, ein Gehen, das sich von der Erinnerung an das Zeugnis Jesu nährt; seinen Sinn und Zweck verleiht ihm die Suche nach dem Reich Gottes und seiner Gerechtigkeit. Die Erinnerung, nach den Worten Augustins ‚die Gegenwart des Vergangenen', ist zu permanenter Aktualität bestimmt". Zum Verständnis von „Nachfolge" im Ausgang vom II. Vaticanum s. auch Michael Quisinsky, Aggiornamento vor Ort. Christliches Leben und Denken in der Welt von heute und morgen, in: Mirjam Wijlens (Hrsg.), a.a.O., S. 125–149, hier: S. 136–146.

[21] Vgl. zu diesem Motiv Christoph Theobald, „L'Évangile et l'Église", in: Philippe Bacq/Ders., Passeurs d'Évangile. Autour d'une pastorale d'engendrement, Brüssel 2008, S. 17–40, hier: S. 20.

[22] Papst Franziskus, Apostolisches Schreiben Evangelii gaudium des Heiligen Vaters Papst Franziskus an die Bischöfe, an die Priester und Diakone, an die Personen des geweihten Lebens und an die christgläubigen Laien über die Verkündigung des Evangeliums, 24. November 2013 (Verlautbarungen des Apostolischen Stuhls Nr. 194), Bonn 2013, Nr. 112.

abschließt und zugleich in eine neue Weite überführt, war in diesem Sinn eine Bitte, dass Gottes „Barmherzigkeit sich wie der Morgentau auf die Geschichte lege und sie fruchtbar werden lasse mit dem Einsatz aller für die unmittelbare Zukunft“[23].

Im Folgenden möchte ich ein Verständnis von Spiritualität skizzieren, das vom II. Vaticanum her und insbesondere im Rahmen einer „Konzilshermeneutik der Barmherzigkeit“ die Barmherzigkeit in Leben und Denken als „Mission“ der Christinnen und Christen sowie der Kirche ausweist. Dabei kann bei Weitem nicht alles zur Sprache kommen, was das II. Vaticanum zur Spiritualität – und damit zu Gott und zum Menschen – zu sagen hätte. Da zudem das II. Vaticanum von einer Unzahl von Spiritualitätsformen getragen wurde und eine ebensolche freigesetzt hat, gilt ein besonderes Augenmerk der christlichen Spiritualität als kirchlicher. Damit scheinen zwar andere mögliche Perspektiven bzgl. der Frage nach Gott und Mensch zunächst zurückzutreten, jedoch geschieht dies in der Überzeugung, dass Spiritualität im Sinne des Konzils Nachfolge Jesu als Teil einer Nachfolgegemeinschaft ist. Zunächst wird erläutert, was unter „Konzilshermeneutik der Barmherzigkeit“ zu verstehen ist (1). Im Rahmen einer solchen wird sodann exemplarisch das Missionsverständnis des II. Vaticanums in den Blick genommen (2). In einem dritten Schritt wird der heilsgeschichtliche Grundduktus des Konzils durch die Skizze einer „evangeliumsgeschichtlichen“ Spiritualität der Nachfolge präzisiert (3), gefolgt von „apostelgeschichtlichen“ Überlegungen zur Nachfolgegemeinschaft der Kirche als Sakrament (4). Abschließend soll der Gedanken der Katholizität nochmals aufgegriffen werden, um den spirituellen Umgang mit den Krisenerfahrungen, die den Glauben in unseren Tagen charakterisieren, zu beleuchten (5).

1. Konzilshermeneutik der Barmherzigkeit

1.1 Papst Franziskus und die Konzilshermeneutik

Das II. Vaticanum war nach einem auch von Papst Paul VI. aufgegriffenen Wort eine Angelegenheit der gesamten Kirche.[24] Vom Aggiornamento als kirchlicher Selbstpositionierung „in der Welt von heute“ war nicht nur die damalige Gegenwart der Kirche betroffen. Vielmehr betraf diese Selbstpositionierung auch ihre Vergangenheit, etwa über einen ehrlichen Umgang

[23] Papst Franziskus, Misericordiae Vultus, a.a.O. Nr. 5.
[24] Nachweise bei Quisinsky, L'Église entière est en état de Concile, a.a.O., S. 132.

mit der eigenen Geschichte (LG 8, LG 48, DH 12 u.ö.) oder über ein vertieftes Traditionsverständnis (DV 7, DV 8, LG 25, UR 21 u.ö.); ebenso betraf dies die Zukunft der Kirche, etwa über die Grundlegung des christlichen Engagements in der Gesellschaft (AG 15, AG 21, GS 35–39, GS 40–44 u.ö.) oder auch über ein vertieftes Verständnis der Eschatologie (LG 48, GS 38, NA 1 u.ö.). Bei alledem war das II. Vaticanum über die Grenzen der römisch-katholischen Kirche hinaus ein „Ereignis der ökumenischen Bewegung"[25], wobei sich die nunmehrigen ökumenischen Partner gegenseitig bereicherten und prägten. Obwohl ein so umfassendes Ereignis also nicht auf einen Begriff reduziert werden kann, verdichten sich in manchen Begriffen, die gleichwohl nicht isoliert betrachtet werden können, die zentralen Intuitionen, Intentionen und Impulse des Konzils. Solche „sprechenden" und inspirierenden Begriffe sind übrigens auch ein entscheidender Grund für das spirituelle Mitgehen und Aneignen des Konzilsprozesses durch unzählige Christinnen und Christen vor Ort, die dazu weltweit von den in ihre Diözesen zurückgekehrten Konzilsvätern aufgerufen wurden,[26] und die den „Geist" der Konzilsdokumente auch dann zu erfassen suchten, wenn sie diese nicht vollständig gelesen haben.[27] Besonders gilt dies zweifellos vom Begriff des „Aggiornamento", der im Übrigen den Vorteil hat, dynamisch und relational zu sein und damit den Blick vom Konzil her auf die je neu notwendige „Heutigwerdung" des Glaubens zwischen Gestern und Morgen lenkt. Die Geschichte des Glaubens ist von daher eine Heutigwerdungsgeschichte der Beziehung zwischen Gott und Mensch im Vertrauen auf ein göttliches Woher und Woraufhin des Menschen.

Nicht weniger als der Begriff des „Aggiornamento" ist auch der Begriff der „Barmherzigkeit" in der Lage, Intuitionen, Intentionen und Impulse des Konzils auf den Punkt zu bringen. Wenn das Konzil explizit vom Glauben an den barmherzigen Gott[28] kündet, erweist sich dieser Punkt als Knotenpunkt

[25] Lukas Vischer, Das Konzil als Ereignis der ökumenischen Bewegung, in: Giuseppe Alberigo/Günther Wassilowsky (Hrsg.), Geschichte des Zweiten Vatikanischen Konzils (1959–1965), Band 5: Ein Konzil des Übergangs. September–Dezember 1965, Ostfildern 2008, S. 559–618.

[26] Am Beispiel des Aufrufs von Erzbischof Hermann Schäufele „Machen Sie sich das Konzil zu eigen" für die Erzdiözese Freiburg untersucht bei Michael Quisinsky, Buchstabe und Geist. Abschluss des Konzils – Beginn seiner Rezeption, in: Thomas Dietrich/Thomas Herkert/Pascal Schmitt (Hrsg.), Geist in Form. Facetten des Konzils, Freiburg i.Br. 2015, S. 63–99.

[27] Vgl. Laurent Villemin, L'herméneutique de Vatican II: enjeux d'avenir, in: Philippe Bordeyne/Ders. (Hrsg.), Vatican II et la théologie. Perspectives pour le XXIe siècle (Cogitatio Fidei 254), Paris 2006, S. 247–262, hier S. 255 sowie grundsätzlich François Nault, Comment parler des textes conciliaires sans les avoir lus?, in: Gilles Routhier/Guy Jobin (Hrsg.), L'autorité et les autorités. L'herméneutique théologique de Vatican II (Unam Sanctam. Nouvelle Série), Paris 2010, S. 229–246.

[28] Z.B. DV 15 (Altes Testament als Zeugnis der Barmherzigkeit Gottes); AG 2 (Gottes Barmherzigkeit als Grund für die Existenz des Menschen); LG 11, LG 40 (Berufung zur Heiligkeit in

eines umfassenden Beziehungsgefüges des Christseins. Nach dem Konzil war das Thema der Barmherzigkeit im Leben und Denken der Kirche zwar präsent, für die Konzilsrezeption und Konzilshermeneutik nahm es allerdings keine strukturierende Stellung ein. Im Gegenteil konnte man mitunter den Eindruck haben, dass im Zusammenhang auch mit den verschiedenen Rezeptionsprozessen gerade die verschiedenen Konzilshermeneutiken recht unbarmherzig gegeneinander in Stellung gebracht wurden. Die verschiedenen Phasen der Konzilsrezeption und Konzilshermeneutik können im Einzelnen hier nicht nachgezeichnet werden.[29] Wenn nun Papst Franziskus zum fünfzigsten Jahrestag des Abschlusses des Konzils ein „Außerordentliches Jubiläum der Barmherzigkeit" ausrief, eröffnet dies inhaltlich wie prozedural nicht weniger als eine neue Epoche der Konzilsrezeption[30] und ein neues Paradigma der Konzilshermeneutik.

Wenngleich eine solche Konzilshermeneutik implizit das gesamte Denken und Handeln Papst Franziskus' grundiert, so wird sie nur selten expliziert. Einen dichten Ausdruck findet sie in der Verkündigungsbulle „Misericordiae Vultus"[31] sowie in der Predigt anlässlich der Öffnung der Heiligen Pforte am 8. Dezember 2015[32]. Hier verknüpft Papst Franziskus das spirituelle Modell des barmherzigen Samariters mit dem missionarischen Auftrag: „Wenn wir heute durch die Heilige Pforte gehen – hier in Rom und in allen Diözesen der Welt –, wollen wir auch an eine andere Pforte denken: an die Tür, welche die Väter des *Zweiten Vatikanischen Konzils* vor fünfzig Jahren zur Welt hin aufgestoßen haben. Dieses Jahresgedenken darf aber nicht nur wegen des Reichtums der erstellten Dokumente erwähnt werden,

der Kirche, im Rahmen derer alle der Barmherzigkeit Gottes bedürfen); NA 3 und LG 16 (Glauben des Islam an einen barmherzigen Gott) – von der göttlichen Barmherzigkeit her verstehen sich dann auch die Ausführungen über die Barmherzigkeit als Lebenshaltung der Christinnen und Christen, z. B. AA 8 (Einsatz für Arme und Kranke); SC 105 (Zusammenhang von Liturgie, besonders der Eucharistie, und den Werken der Barmherzigkeit); AA 19 und 31 (Werke der Barmherzigkeit als Zeugnis für Christus); GS 42 (von der Kirche lancierte und unterstützte Werke der Barmherzigkeit als Hilfe der Kirche für die Welt).

[29] Vgl. dazu nach wie vor Gilles Routhier, La périodisation, in: Ders. (Hrsg.), Réceptions de Vatican II. Le Concile au risque de l'histoire et des espaces humains (Instrumenta theologica XXVII), Leuven 2004, S. 225–244. Vgl. grundsätzlich auch Ders., Vatican II. Herméneutique et réception (Héritage et projet 69), Montréal 2006.

[30] Karl Lehmann, Das Zweite Vatikanische Konzil und seine Wirkungsgeschichte. Versuch einer Zusammenschau zum Ende des Konzilsjubiläums, in: Ders., Auslotungen. Lebensgestaltung aus dem Glauben heute, Freiburg i.Br. 2016, S. 129–153, hier: S. 143. In Lehmanns Zählung ist dies die vierte Phase der Gesamtrezeption.

[31] Papst Franziskus, Misericordiae Vultus, a.a.O.

[32] Außerordentliches Jubiläum der Barmherzigkeit. Heilige Messe und Öffnung der Heiligen Pforte. Predigt von Papst Franziskus, 8. Dezember 2015 (http://w2.vatican.va/content/francesco/de/homilies/2015/documents/papa-francesco_20151208_ giubileo-omelia-apertura.html [13.03.2017] – Hervorhebungen im Original).

die bis in unsere Tage erlauben, den großen Fortschritt festzustellen, der im Glauben gemacht wurde. An erster Stelle war das Konzil eine Begegnung. Eine wirkliche *Begegnung zwischen der Kirche und den Menschen unserer Zeit.* Eine von der Kraft des Geistes gekennzeichnete Begegnung, der seine Kirche drängte, aus der Dürre, die sie viele Jahre lang in sich selbst verschlossen gehalten hatte, herauszukommen, um mit Begeisterung den missionarischen Weg wieder aufzunehmen. Es war ein neuer Aufbruch, um auf jeden Menschen dort zuzugehen, wo er lebt: in seiner Stadt, in seinem Haus, am Arbeitsplatz… wo auch immer er sich befindet, da muss die Kirche ihn erreichen, um ihm die Freude des Evangeliums zu bringen und ihm das Erbarmen und die Vergebung Gottes zu bringen. Ein missionarischer Impuls, also, den wir nach diesen Jahrzehnten mit derselben Kraft und derselben Begeisterung wieder aufnehmen. Das Jubiläum fordert uns zu dieser Öffnung heraus und verpflichtet uns – entsprechend der Mahnung des seligen Pauls VI. beim Konzilsabschluss –, die *aus dem Vaticanum II hervorgegangene Mentalität des barmherzigen Samariters* nicht zu vernachlässigen. Möge also das Durchschreiten der Heiligen Pforte heute für uns mit dem Anspruch verbunden sein, uns die Haltung des barmherzigen Samariters zu Eigen zu machen."[33] Damit entwirft Papst Franziskus die Konturen dessen, was man in Anlehnung an ähnliche Verschlagwortungen der vergangenen Jahre eine „Konzilshermeneutik der Barmherzigkeit"[34] nennen könnte. Die „Mentalität" des barmherzigen Samariters, bekanntlich weder Jude noch Jünger Jesu, wird damit gleichsam als Fremdprophetie leitend für die Spiritualität der Kirche, die sich mit dem Konzil im Sinne Johannes XXIII. „allen Menschen guten Willens" öffnete und nicht zuletzt deshalb die Kraft des Heiligen Geistes erfuhr.

[33] Ebd. Ähnlich auch Misercordiae Vultus, Nr. 4.

[34] Zu dieser Formulierung erste Überlegungen bei Michael Quisinsky, Das Zweite Vatikanische Konzil – eine aufgestoßene Pforte. Das Ende des Konzilsblogs und der Beginn einer neuen Rezeptionsphase, in: SKZ 184 (2016), S. 120–122, S. 127–128. S. nun auch Massimo Faggioli, Francis and the New Beginning of Vatican II. Challenges and Prospects, in: Christoph Böttigheimer/René Dausner (Hrsg.), a.a.O., S. 29–37, hier: S. 29: „The election of Pope Francis inaugurated a new phase in the reception of Vatican II, and his whole pontificate can be interpreted as a second reception of Vatican II under the matrix of mercy".

1.2 Grundlegungen und Implikationen einer „Konzilshermeneutik der Barmherzigkeit"

In einer für ihn typischen[35] und nicht zuletzt für die theologische Erkenntnislehre zentralen Weise[36] ergänzt und entfaltet Papst Franziskus in z. T. recht verstreuten weiteren Äußerungen diese konzilshermeneutische Grundlegung. Diese ist freilich kein Selbstzweck, verweist doch das Konzil selbst mittels des dynamischen und bewegenden Strukturprinzips der „Hierarchie der Wahrheiten“ auf das „Eigentliche des Evangeliums“, auf das das gesamte christliche Leben und Denken hingeordnet ist und von dem her es entspringt, nämlich die „Schönheit der heilbringenden Liebe Gottes, die sich im gestorbenen und auferstandenen Jesus Christus offenbart hat“[37]. Die Kontemplation dieser Schönheit ist freilich wiederum eine dynamische und bewegende. Grundsätzlich sieht Papst Franziskus das Konzil als Ausdruck einer geschichtlichen Dynamik des Glaubens, der seinerseits den Umgang mit der Geschichte prägt. In dieser Geschichte ist erstens der gelebte Glaube Christusnachfolge.[38] In die Christusnachfolge führt der Glaube hinein, aus der Christusnachfolge heraus erwächst er immer neu. Das Vorangehen in der Nachfolge kann als ein Prozess wechselseitiger Verschränkungen bzw. wechselseitiger „Unterbrechungen“[39] gefasst werden zwischen Gott und

---

[35] Eine eingehende theologische Analyse der hier wie auch in anderen Zusammenhängen äußerst dichten und spirituell gesättigten, dabei ebenso eingängigen wie an Implikationen reichen Sprache Papst Franziskus' ist an dieser Stelle nicht möglich. Sie würde aber zweifellos aufzeigen, wie sehr Papst Franziskus einen theologischen Scharfsinn ins Spiel bringt, dessen Horizont sowie die daraus folgenden Implikationen von der akademischen Theologie erst einzuholen ist.

[36] Dazu, auch als Erläuterung der vorangegangenen Fußnote, Michael Quisinsky, Prolegomena einer Theologie als Lebenswissenschaft „auf der Grenze“. Papst Franziskus und die theologische Erkenntnislehre, in: ThGl 107 (2017), S. 137–156.

[37] EG 36. Der Begriff „Hierarchie der Wahrheiten“ entstammt UR 11.

[38] Zu der diesbezüglichen geistlichen Grunderfahrung Jorge Mario Bergoglios, die „Nachfolge“ und „Barmherzigkeit“ verbindet, vgl. Mary Jo Iozzio, Barmherzigkeit in Gerechtigkeit und Freude oder Wo moralische und theologische Tugenden sich treffen. Das Zeugnis von Papst Franziskus, in: Kurt Appel/Jakob Helmut Deibl (Hrsg.), Barmherzigkeit und zärtliche Liebe. Das theologische Programm von Papst Franziskus, Freiburg i.Br. 2016, S. 99–113, hier: S. 108 f.

[39] Zur „wechselseitigen Unterbrechung“ vgl. Lieven Boeve, Interrupting Tradition. An Essay on Christian Faith in a Postmodern Context (Louvain Theological & Pastoral Monographs 30), Leuven 2003; Ders., God interrupts History. Theology in a Time of Upheaval, New York 2007; Ders., Unterbrechung und Identität in der pluralistischen Welt von heute. Spiritualität und das offene christliche Narrativ, in: Ralph Kunz/Claudia Kohli Reichenbach (Hrsg.), Spiritualität im Diskurs: Spiritualitätsforschung in theologischer Perspektive (Praktische Theologie im reformierten Kontext), Zürich 2012, S. 161–179. Dass dieses theologische Konzept in Einklang steht mit dem Denken von Papst Franziskus und dieses zur Entfaltung bringen vermag, soll aufgezeigt werden bei Quisinsky, Prolegomena, a.a.O., S. 147 f.

Mensch, Vergangenheit und Zukunft, Kirche und Welt, Einzelnem und Gemeinschaft, Ideal und Wirklichkeit. Im Rahmen dieser Geschichtlichkeit des Glaubens spielt zweitens das Verständnis des Volkes, wie es Papst Franziskus aus der argentinischen Theologie übernimmt, eine zentrale Rolle.[40] Die Konzilshermeneutik ist deshalb drittens nicht auf das II. Vaticanum beschränkt, vielmehr ist dieses Teil und Ausdruck der grundsätzlichen Synodalität der Kirche. Papst Franziskus erinnert in diesem Sinne in seiner Jubiläumsansprache zum 50-jährigen Bestehen der Bischofssynode daran, dass nach dem II. Vaticanum „das Volk Gottes aus allen Getauften gebildet und zu ‚einem geistigen Bau und einem heiligen Priestertum' zusammengerufen ist", wobei er das „unfehlbar in credendo" in dem so grundgelegten Verständnis der Gesamtheit der Gläubigen verortet sieht.[41] Fast schon von selbst versteht sich somit viertens, dass für Papst Franziskus die theologische Erkenntnislehre wie jede Spezialisierung im Rahmen des theologischen Fächerkanons vom II. Vaticanum herausgefordert wurde. Dies zeigt sich im eingeforderten Zusammenhang von Dogma und Pastoral, von Glaubensleben und Glaubensdenken, der bereits Johannes XXIII. ein Anliegen war[42]: „Einer der wichtigsten Beiträge des Zweiten Vatikanischen Konzils war das Bestreben, diese Trennung zwischen Theologie und Pastoral, zwischen Glauben und Leben zu überwinden. Ich wage zu sagen, dass es die Grundordnung der Theologie – das Handeln und Denken aus dem Glauben heraus – gewissermaßen revolutioniert hat."[43] Wie nicht zuletzt das „Heilige Jahr" zeigte, spielt schließlich auf diesem geschichtlichen Weg der kirchlich verfassten Christusnachfolge die sogenannte „Volksfrömmig-

---

[40] Carlos Maria Galli, Die Ekklesiologie von Papst Franziskus. Die Gestalt des Volkes Gottes in missionarischer Konversion, in: Kurt Appel/Jakob Helmut Deibl (Hrsg.), a.a.O., S. 39–56; theologiegeschichtliche Einordnungen auch bei Walter Kasper, Papst Franziskus. Revolution der Zärtlichkeit und der Liebe. Theologische Wurzeln und pastorale Perspektiven, Stuttgart 2015, S. 26–31.

[41] 50-Jahr-Feier der Errichtung der Bischofssynode. Ansprache von Papst Franziskus, 17. Oktober 2015 (http://w2.vatican.va/content/francesco/de/speeches/2015/october/documents/papa-francesco_20151017_50-anniversario-sinodo.html [13.03.2017]).

[42] Die bisherige diesbezügliche konzilshermeneutische Diskussion mündet etwa in das Verständnis von „pastoralité", das Christoph Theobald, La réception du concile Vatican II. Band 1: Accéder à la source (Unam Sanctam. Nouvelle Série), Paris 2009, grundlegt und in zahlreichen weiteren Beiträgen entfaltet.

[43] Papst Franziskus, Brief von Papst Franziskus an den Großkanzler der „Pontificia Universidad Católica Argentina" zum hundertjährigen Jubiläum der Theologischen Fakultät, 3. März 2015, (https://w2.vatican.va/content/francesco/de/letters/2015/documents/papa-frances co_20150303_lettera-universita-cattolica-argentina.html [13.03.2017]). Zu Begriff und Gehalt der „Revolution" s. auch EG 288 sowie einordnend und entfaltend Walter Kasper, a.a.O.

keit“[44] eine besondere Rolle. Papst Franziskus geht es bei der Volksfrömmigkeit freilich nicht um die Formen als solche, sondern um das, worauf diese gleichsam „sakramental“ zielen: sie sind kulturelle Ausdrucksformen der geglaubten Geschichte zwischen Gott und Mensch. Bei aller liturgischen Nüchternheit kann Papst Franziskus deshalb eine entsprechende – Gottesdienst und Weltdienst verbindende – Kreativität im Umgang mit der Riten- und Ritualkompetenz der Kirche an den Tag legen und zu einer solchen auch ermutigen.[45] Dass beispielsweise das Heilige Jahr in Bangui eröffnet und weltweit Heilige Pforten ermöglicht wurden, gilt es im christlichen Leben und Denken erst einzuholen. Erst einzuholen ist in der Folge auch die Tragweite der päpstlichen Überzeugung, dass die in einem weiten, großzügigen und nicht zuletzt auch kreativ-integrativen Sinne verstandene Volksfrömmigkeit ein „locus theologicus“[46] ist.

Fortdauerndes und nie erreichtes, da ständig in Prozess befindliches Anliegen des Konzils ist bei alledem eine wahrhaft umfassende Inkulturation[47]: Evangelium und Kultur durchdringen bzw. unterbrechen sich – bald einander bereichernd, bald einander herausfordernd – wechselseitig, wobei dem Glauben Heil und Heilung (vgl. auch AG 1) der Welt und der Menschen Weg und Ziel sind.[48] Als Heil und Heilung ist die Barmherzigkeit „der letzte und endgültige Akt, mit dem Gott uns entgegentritt. Barmherzigkeit ist das grundlegende Gesetz, das im Herzen eines jeden Menschen ruht und den Blick bestimmt, wenn er aufrichtig auf den Bruder und die Schwester schaut, die ihm auf dem Weg des Lebens begegnen. Barmherzigkeit ist der Weg, der Gott und Mensch vereinigt, denn sie öffnet das Herz für die Hoffnung, dass wir, trotz unserer Begrenztheit aufgrund unserer Schuld, für immer geliebt sind.“[49]

[44] Zu diesem für den Papst zentralen Begriff (vgl. EG 70, 90, 122 f.) s. Quisinsky, Prolegomena, a.a.O. Vgl. auch Ludwig Mödl/Tamara Steimer, Den Alltag heiligen. Rituale, Segnungen, Sakramentalien. Die Bedeutung der Volksfrömmigkeit und praktische Vorschläge für die Seelsorge (Feiern mit der Bibel 26), Stuttgart 2008.

[45] Dass dazu in europäischen Kontexten auch zeitgenössische Such- und Zweifelbewegungen integriert werden könnten, zeigen die Pionierleistungen im Bistum Erfurt, bei denen im Rahmen einer solchen Kreativität Elemente des kulturellen Gedächtnisses und Elemente des christlichen Erfahrungsschatzes zum Ort der Artikulation „postchristlicher“ oder auch „postatheistischer“ Sinnsuche werden (Reinhard Hauke, Herzlich eingeladen zum Fest des Glaubens. Projekte für Christen und Nichtchristen, Leipzig 2009).

[46] Vgl. dazu Quisinsky, Prolegomena, a.a.O., besonders S. 139–144.

[47] Papst Franziskus, Brief; Vgl. dazu, auch im Blick auf die missionarische Dimension, die Aussagen zu „Inkulturation“ und „Kultur“ in EG 68–70 und öfters, besonders auch ebd., Nr. 115 mit Verweis auf GS.

[48] Zu dieser Skizze vgl. Quisinsky, Das Konzil – eine aufgestoßene Pforte, a.a.O., S. 128.

[49] Papst Franziskus, Misericordiae Vultus, Nr. 2.

In einem solchermaßen umfassenden Horizont ist die Konzilshermeneutik weder ein Glasperlenspiel historisch interessierter systematischer Theologen noch die Barmherzigkeit ein Allerweltswort, das man als ins Beliebige abzudriften drohend benörgeln sollte. Die „Konzilshermeneutik der Barmherzigkeit" mit ihrer zweifach-einen Dynamik wechselseitiger Verschränkung führt hier in die Tiefe und in die Weite: einerseits vermögen die Konzilstexte zu erklären, aus welch umfassendem Zusammenhang schöpfend und in einen solchen zielend eine Spiritualität der Barmherzigkeit bzw. Mentalität des barmherzigen Samariters ein je konkreter Ausdruck der universalen Hoffnung ist, die kirchliches Christseins in der Welt von heute darstellt. Andererseits zeigt sich, wie umgekehrt die konkrete, existenzielle, christliches Leben und Denken umfassende Dimension der Barmherzigkeit helfen kann, die Konzilstexte zu erden und so deren Potential zu heben, das sich auf diese Weise als Teil einer lebendigen „Tradition" zwischen Gestern und Morgen erweist.[50] Dieser wechselseitigen Verschränkung kann auf zweierlei Weise nachgegangen werden: sowohl in der Deutung der Stellen in den Konzilstexten, in denen explizit von der Barmherzigkeit Gottes oder daraus folgend der Menschen die Rede ist,[51] als auch in der theologischen Perspektivierung anderer Zentralaussagen durch den spirituellen „Habitus"[52] der Barmherzigkeit.

Aufgrund ihres radikalen Zusammendenkens von Gott und Mensch, das Unterschied und Freiheit beider wahrt, stellt die „Konzilshermeneutik der Barmherzigkeit", die hier nur skizziert werden kann, eine höhere Synthese dar, in die hinein bisherige teils antagonistisch sich gegenüberstehende konzilshermeneutische Positionen aufgehoben werden können und dies mit dem Ziel, im Sinne des Konzils in der Nachfolge Christi „voranzugehen"[53]. Dabei muss selbstverständlich auf Einsichten, die aus der bisherigen Konzilsrezeption in Theorie und Praxis erwachsen sind, aufgebaut werden.[54]

---

50 Dazu Michael Quisinsky, Vatican II – un concile de la Tradition. La foi de l'Église entre histoire et présent, dogme et pastoral, in: François-Xavier Amherdt (Hrsg.), Vatican II: quel avenir? Évangile et culture, paroisses et ministère (Théologie pratique en dialogue 42), Fribourg 2016, S. 77–192.

51 S. o. Anm. 40.

52 Zum Begriff „Habitus" und dessen konzilsinspirierter theologischen Verwendung s. Ansgar Kreutzer, Kritische Zeitgenossenschaft. Die Pastoralkonstitution Gaudium et spes modernisierungstheoretisch gedeutet und systematisch-theologisch entfaltet (Innsbrucker theologische Studien, Bd. 75), Innsbruck 2006, S. 448–450.

53 Vgl. Papst Franziskus, Brief, a.a.O.

54 Für eine – wenn auch sehr unvollständige Zusammenschau – vgl. Michael Quisinsky, „In Sachen Konzil sind wir alle Novizen" (Johannes XXIII.). Gegenwärtige und künftige Perspektiven auf das II. Vaticanum, in: Ders., Katholizität der Inkarnation, a.a.O., S. 35–44. Im Rahmen des Konzilsjubiläums kam es erfreulicherweise zu einer sprunghaften Steigerung der Zahl der Veröffentlichung zum Konzil, deren Aufarbeitung noch einige Zeit beanspruchen

Dabei muss dann auch die detaillierte Lektüre eines einzelnen Konzilsdokuments – hier gleich des Missionsdekrets – in einer Zusammenschau erfolgen, die gleichsam eine Probe aufs Exempel der „Konzilshermeneutik der Barmherzigkeit“ als höherer Synthese darstellt. Gerade was die spirituellen Implikationen der einzelnen Aspekte wie ihres Zusammenhangs angeht, ist für die Konzilshermeneutik entscheidend, von der bereits genannten Dynamik vielfältiger wechselseitiger Verschränkungen bzw. wechselseitiger Unterbrechungen zwischen Kirche und Welt, Glaube und Leben, Theologie und Pastoral, Geschichte und Zukunft, Bodenhaftung und Mission auszugehen. Grundlegend ist dabei v. a., dass sämtliche Konzilstexte ein „Korpus“ bilden,[55] das eine prozedurale[56] und inhaltliche[57] Dynamik beinhaltet, die selbstredend dem unterschiedlichen Charakter der Dokumente Rechnung trägt. Es ist weiterhin einem bestimmten „Stil“[58] verpflichtet und verpflichtet auf diesen. Ein daraus folgender „konstellativer“[59] Blick in ein Konzilsdokument – in unserem Falle in das Missionsdekret *Ad Gentes* – will von der Natur der Sache her in eine spirituell-ekklesiale, pastoral-dogmatische Suchbewegung einmünden, der es letztlich um das immer neue und immer bessere Verstehen des Evangeliums wie der Welt geht – zur Ehre Gottes und zum Heil der Welt.[60]

---

dürfte, was insbesondere auch für die internationale Rezeption der oft auf einen Sprachraum begrenzten Studien gilt. Vgl. deshalb als ein herausragendes Beispiel internationaler Konzilstheologie der Kongresstext 50 Jahre nach dem II. Vatikanischen Konzil. Theologen der Welt beraten, a.a.O.

55 Vgl. Christoph Theobald, Le concile et la forme „pastorale“ de la doctrine, in: Bernard Sesboüé/Ders. (Hrsg.), La parole du salut (Histoire des dogmes IV), Paris 1996, S. 471–510, hier besonders S. 488–491; Ders., La réception, a.a.O.; Ders., Vatican II: un corpus, un style, des conditions de réception, in: Laval Théologique et Philosophique 67 (2011), S. 421–414; Ders., Le concile Vatican II. Quel avenir?, Paris 2015.

56 Karl Lehmann, Das II. Vatikanum – ein Wegweiser. Verständnis – Rezeption – Bedeutung, in: Peter Hünermann/Bernd Jochen Hilberath/Lieven Boeve (Hrsg.), Das Zweite Vatikanische Konzil und die Zeichen der Zeit heute (Festschrift für Karl Kardinal Lehmann), Freiburg i.Br. 2006, S. 11–26, hier: S. 13 bzw. jetzt auch Ders., Konzil als Prozess. Das Zweite Vatikanum und seine Wirkungsgeschichte, in: Franz-Josef Overbeck (Hrsg.), Freude und Hoffnung. Die Kirche in der Welt von heute und die Aktualität des Konzils, Ostfildern 2017, S. 19–79.

57 Dazu immer noch Gilles Routhier, Orientamenti per lo studio del Vaticano II come fatto di ricezione, in: Maria Teresa Fattori/Alberto Melloni (Hrsg.), L'evento e le decisioni. Studi sulle dinamiche del concilio Vaticano II (Testi e ricerche di scienze religiose, Nuova Serie 20), Bologna 1997, S. 465–499.

58 Vgl. Joseph Famerée (Hrsg.), Le style de Vatican II. L'herméneutique théologique du Concile (Unam Sanctam. Nouvelle Série), Paris 2012.

59 Christian Bauer, Optionen des Konzils? Umrisse einer konstellativen Hermeneutik des Zweiten Vatikanums, in: ZKTh 134 (2012), S. 141–162.

60 50 Jahre nach dem II. Vatikanischen Konzil. Theologen der Welt beraten, a.a.O., S. 698 f. (= Kapitel 1, Nr. 14).

2. Das Missionsverständnis des. II. Vaticanums

2.1 Das Missionsverständnis von *Ad gentes* im Horizont des Konzils

Wenn Papst Franziskus die Mentalität des barmherzigen Samariters mit dem missionarischen Charakter der Kirche verknüpft, stellt sich in diesem Sinne gleichsam exemplifizierend auch die Frage, was von einer Konzilshermeneutik der Barmherzigkeit her zum Verständnis der Mission beigetragen werden kann und umgekehrt. Im entsprechenden Missionsdekret *Ad gentes* ist zwar das Missionsverständnis des II. Vaticanums im engeren Sinn grundgelegt. Dieses kann freilich konzilshermeneutisch nicht auf das beschränkt werden, was hierin ausgesagt wird. Das Missionsdekret *Ad gentes* ist einerseits ein Meilenstein in der Entwicklung des Missionsverständnisses.[61] Andererseits werden dem Missionsdekret gewisse Schwierigkeiten attestiert, insgesamt auf der Höhe der Kirchenkonstitution, der Offenbarungskonstitution und der Pastoralkonstitution zu argumentieren und diese übersetzend zu entfalten.[62] Nichtsdestoweniger verweist das Dekret *Ad gentes* gleich im ersten Satz auf das sowohl in der Kirchenkonstitution *Lumen gentium* (LG 48, dort LG 1 aufnehmend) als auch in der Pastoralkonstitution *Gaudium et spes* (GS 45) zentrale programmatische Wort von der Kirche als „allumfassendem Heilssakrament" (AG 1). Bekanntlich definiert sich ja die Kirche auf dem Konzil als „Sakrament, das heißt Zeichen und Werkzeug für die innigste Vereinigung mit Gott wie für die Einheit der ganzen Menschheit" (LG 1).

Mit der Verwurzelung in der Kirchenkonstitution kommt aufgrund deren Rolle im Gesamt des Konzils einerseits die Liturgiekonstitution in den Blick, die den Beginn der konziliaren Dynamik aufgreift.[63] In ihr ist neben einer ersten Grundlegung der Sakramentalität der Kirche (SC 5, SC 26) der Sache nach beispielsweise auch der für unseren Zusammenhang (s. AG 22) wichtige Gedanke der Inkulturation enthalten (vgl. SC 37–40). Andererseits steht *Lumen gentium* in Verbindung mit der Pastoralkonstitution *Gaudium et spes*, die als konziliare Entfaltung der Konzilsdynamik gelten kann.[64] In

[61] Vgl. Eric Manhaeghe, Le décret Ad gentes: début d'une nouvelle ère missionnaire, in: RTL 46 (2015), S. 27–56. S. auch Noel Conolly, Ad gentes to Evangelii gaudium: Mission's Move to the Centre, in: The Australasian Catholic record 92 (2015), S. 387–402.

[62] Peter Hünermann, Theologischer Kommentar zum Dekret über die Missionstätigkeit der Kirche Ad gentes, in: HThK Vat II (2005), S. 219–336, besonders S. 251, 255, 272 f., 323.

[63] Dazu Massimo Faggioli, Sacrosanctum Concilium. Schlüssel zum Zweiten Vatikanischen Konzil, Freiburg i.Br. 2015, S. 145 u. ö.

[64] Hans-Joachim Sander, Theologischer Kommentar zur Pastoralkonstitution über die Kirche in der Welt von heute Gaudium et spes, in: HThK.Vat II (4) 2005, S. 581–886.

Gaudium et spes wird das Motiv vom allumfassenden Heilssakrament nicht nur von Jesus Christus her in kosmischer Weite (vgl. GS 45) weiter entfaltet, sondern auch vom Motiv der Zeichen der Zeit (GS 4) her zu je neuer Heutigwerdung konkretisiert. Gleichsam am Schnittpunkt von konkreten und universalen Zugängen zur Wirklichkeit stehen die Aussagen von der wechselseitigen Hilfe zwischen Kirche und Welt (GS 44). Die drei Konstitutionen über die Liturgie, die Kirche und die Kirche in der Welt von heute können wiederum nicht ohne die Offenbarungskonstitution *Dei verbum* gelesen werden (zur Sakramentalität vgl. DV 2), die eben die Heilige Schrift in die Mitte des kirchlichen Lebens stellt, aus der das Missionsdekret *Ad gentes* in seiner Einleitung schöpft und zu schöpfen aufruft.

Von den unzähligen weiteren Querverbindungen zwischen dem Missionsdekret und den übrigen Konzilsdokumenten[65] sollen lediglich einige wenige herausgegriffen werden[66]: wenn *Ad gentes* einleitend die Apostolizität der Mission betont, so gilt es mit dem Dekret über das Laienapostolat *Apostolicam actuositatem* darauf hinzuweisen, dass der Auftrag der Apostolizität allen in der Kirche gilt (AA 2) und in der „Einheit mit Christus", d. h. der Christusbeziehung bzw. Jesusnachfolge gründet (AA 3).[67] Die Bischöfe als „Nachfolger der Apostel" sollen sich dem entsprechenden Dekret über das Hirtenamt in der Kirche *Christus Dominus* zufolge „mit allen Kräften darum bemühen, dass die Werke der Evangelisation und des Apostolats von den Gläubigen eifrig unterstützt und gefördert werden" (CD 6). Das Dekret über Dienst und Leben der Priester *Presbyterorum ordinis* betont, dass „alle kirchlichen Dienste und Werke des Apostolats mit der Eucharistie zusammen" hängen, weswegen sich „die Eucharistie als Quelle und Höhepunkt der ganzen Evangelisierung" (PO 5) erweist. Das beinhaltet auch, dass Priester und Laien gemeinsam „die Zeichen der Zeit erkennen" (PO 9). Neben den existierenden oder auch erwartbaren sind freilich auch jene Querverbindungen in die Interpretation eines Konzilsdokuments einzubeziehen, die aus damaliger wie heutiger Sicht fehlen. Sie legen Spannungen und Lücken innerhalb des Missionsdekrets einerseits wie auch in dessen Zusammen-

[65] Ein erster Überblick, den die entsprechenden Registereinträge in HThK.Vat II 1 (2004), S. 894, ermöglichen, darf freilich nicht zu der hermeneutischen Annahme verleiten, es genüge, die genannten Stellen zu analysieren. Auch hier gilt es, Zusammenhang und Dynamik der Konzilsdokumente zu berücksichtigen.

[66] Ein solches Herausgreifen ist immer kontextuell und perspektivisch. Für eine vom unmittelbaren Eindruck des zu Ende gegangenen Konzils geprägte Perspektive vgl. Joseph Ratzinger, Konzilsaussagen über die Mission außerhalb des Missionsdekrets, in: Johannes Schütte (Hrsg.), Mission nach dem Konzil, Mainz 1967, S. 21–47.

[67] Vgl. dazu Michael Quisinsky, Spiritualität nach Apostolicam actuositatem. Konkretionen christlicher Werte – Werte christlicher Konkretionen, in: Katrin Gallegos Sánchez/Barbara Henze/Thomas Herkert/Ders. (Hrsg.), Aqqior nimento, a.a.O.

klang mit den übrigen Konzilsdokumenten andererseits offen, wie das Beispiel der Religionsfreiheit[68] oder der nichtchristlichen Religionen zeigt,[69] das für eine christliche Spiritualität die große Herausforderung einer Identitätsbestimmung im Angesicht des Anderen mit sich bringt.[70]

2.2 Mission im Horizont der Heilsgeschichte

Das Motiv der Barmherzigkeit als solches nimmt einerseits im Missionsdekret keine den Gesamtduktus strukturierende Rolle ein. Andererseits zeigt eine Analyse des ersten Kapitels mit dem Titel „Theologische Grundlegung", dass eine „Konzilshermeneutik der Barmherzigkeit" in besonderer Weise in der Lage ist, den Horizont von Anliegen und Wesen der Mission zu erfassen. *Ad gentes* zufolge ist die Barmherzigkeit nicht weniger als der Grund für die Existenz des Menschen, dessen in diesem Grund bereits angelegtes Ziel die eschatologische Fülle ist: Der göttliche Plan „entspringt der ‚quellhaften Liebe', dem Liebeswollen Gottes des Vaters. Er, der ursprungslose Ursprung, aus dem der Sohn gezeugt wird und der Heilige Geist durch den Sohn hervorgeht, hat uns in seiner übergroßen Barmherzigkeit und Güte aus freien Stücken geschaffen und überdies gnadenweise gerufen, Gemeinschaft zu haben mit ihm in Leben und Herrlichkeit. Er hat die göttliche Güte freigebig ausgegossen und gießt sie immerfort aus, so daß er, der Schöpfer von allem, endlich ‚alles in allem' (1 Kor 15,28) sein wird, indem er zugleich seine Herrlichkeit und unsere Seligkeit bewirkt. Es hat aber Gott gefallen, die Menschen nicht bloß als einzelne, ohne jede gegenseitige Verbindung, zur Teilhabe an seinem Leben zu rufen, sondern sie zu einem Volk zu bilden, in dem seine Kinder, die verstreut waren, in eins versammelt werden sollen" (AG 2).

Die reine Existenz des Menschen ist diesem Plan zufolge Ausdruck der Barmherzigkeit Gottes. Horizont der Barmherzigkeit Gottes ist in der Folge

[68] Vgl. François-Xavier Amherdt, Liberté religieuse et pastorale d'engendrement, in: Ders./ Mariano Delgado/Salvatore Loiero (Hrsg.), 50 Jahre/50 ans Dignitatis Humanae … Tagungsband des 7. Freiburger Forums Weltkirche / Compte rendu du 7e Forum Fribourg Eglise dans le monde (Théologie pratique en dialogue 45), Fribourg 2017, S. 77–86, hier: S. 79 zur Zusammenschau der Konzilsdokumente.

[69] Peter Hünermann, Theologischer Kommentar, a.a.O., S. 328.

[70] Dazu EG 251. Vgl. auch Roman A. Siebenrock, Zum Dienst an der Gottesbeziehung aller Menschen gerufen. Nostra aetate als Ausdruck einer evangeliumsgemäßen Bestimmung von Identität und Sendung der Kirche zu den nichtchristlichen Religionen, in: Josef Sinkovits/ Ulrich Winkler (Hrsg.), Weltkirche und Weltreligionen. Die Brisanz des Zweiten Vatikanischen Konzils 40 Jahre nach Nostra aetate (Salzburger theologische Studien, Bd. 28), S. 67–89.

eine Geschichte um des Heils der Menschen willen, eine Heilsökonomie.[71] Diese erhält durch die göttliche und die ihr korrelierende menschliche gnadenhafte Freiheit einen besonderen Akzent, was folglich auch Auswirkungen auf das Verständnis von Freiheit hat.[72] AG 3 zufolge verwirklicht Gott seinen Plan einerseits durch die Innerlichkeit des Menschen, was übrigens nicht zuletzt im Zusammenhang mit den Aussagen von *Gaudium et spes* zum Gewissen (GS 16) zu verschränken ist, womit der Freiheit des Menschen, aus der freilich auch eine Verantwortung erwächst, ein besonderes Gewicht zukommt. Andererseits verwirklicht sich nach AG 3 der Heilsplan durch die religiösen Bemühungen, mit denen die Menschen nach Gott suchen. Was daraus für die notwendige Stellung der Kirche im Heilsplan Gottes folgt, wird in AG 7 entfaltet. Dabei wird betont, dass „Gott Menschen, die das Evangelium ohne ihre Schuld nicht kennen, auf Wegen, die er weiß, zum Glauben führen kann", was freilich auch durchaus spannungsgeladen im Horizont der Aussagen von Nostra aetate zu lesen wäre, wonach die katholische Kirche „nichts von alledem [ablehnt], was in [den anderen] Religionen wahr und heilig ist. Mit aufrichtigem Ernst betrachtet sie jene Handlungs- und Lebensweisen, jene Vorschriften und Lehren, die zwar in manchem von dem abweichen, was sie selber für wahr hält und lehrt, doch nicht selten einen Strahl jener Wahrheit erkennen lassen, die alle Menschen erleuchtet" (NA 2). Die gemeinsame Geschichte von Gott und Mensch ist von daher, so könnte man sagen, eine in unzählige Geschichten ausdifferenzierte, gleichsam eine „differenzierte Heilsgeschichte" bzw. „differenzierte Heilsökonomie",[73] ohne dass mit dem Begriff schon alle entsprechenden Fragen geklärt wären.

Wird bereits der Mensch als Geschöpf in hohem Maße wertgeschätzt und als Teil der Geschichte zwischen Gott und Mensch betrachtet, so kommt Jesus Christus die Rolle dessen zu, der als „in diese Geschichte (eingetreten)" (AG 3) die geheimnishafte Verbindung zwischen Gott und Mensch offen-

[71] Zum Motiv der Heilsökonomie s. Michael Quisinsky, „Analogia pleromatis" – in der Welt von heute. Inkarnationstheologische Perspektiven auf Neuzeit und Gegenwart, in: Ders., Katholizität der Inkarnation, a.a.O. S. 237–264, besonders S. 258–261; Ders., „La relation entre l'histoire humaine et l'histoire du salut doit être expliquée à la lumière du mystère pascal". Une contribution du synode extraordinaire de 1985 à l'horizon théologique de la réception de Vatican II, in: ebd., S. 265–290; Ders., Tradition and Normativity of History within an „Economy of Salvation", in: ebd., S. 327–344, besonders S. 327–329; Ders., The Liturgy at the Crossroads of Christian Living and Thinking. The Incarnational Dynamic at Work Within Vatican II, in: Louvain Studies 38 (2014), S. 149–164, besonders S. 156–158.

[72] Dazu Georg Essen, Geschichtstheologie und Eschatologie in der Moderne. Eine Grundlegung (Lehr- und Studienbücher zur Theologie, Bd. 6), Münster 2016, S. 75–77.

[73] Vgl. Claude Geffré, De Babel à Pentecôte. Essais de théologie interreligieuse (Cogitatio Fidei 247), Paris 2006, S. 64.

bart, ermöglicht und herausfordert. Das Inkarnationsgeschehen ist in diesem Sinn Knotenpunkt aller Realität wie ihrer Erkenntnis. Unter dem Beistand des Heiligen Geistes ist es nun die Kirche, die sich als Sachwalterin dieser Selbstoffenbarung in der Nachfolge Jesu Christi in den Dienst des Planes Gottes gestellt sieht (AG 4 ff.). In ihrer Sendung „setzt die Kirche die Sendung Christi selbst fort, der den Armen frohe Botschaft zu bringen gesandt war, und entfaltet sie die Geschichte hindurch. Deshalb muß sie unter Führung des Geistes Christi denselben Weg gehen, den Christus gegangen ist, nämlich den Weg der Armut, des Gehorsams, des Dienens und des Selbstopfers bis zum Tode hin, aus dem er dann durch seine Auferstehung als Sieger hervorging" (AG 5). Bemerkenswert ist die dynamische Ekklesiologie, die *Ad gentes* darauf aufbauend skizziert, freilich mit nicht immer ganz aufgelösten Spannungen „ad extra", etwa zwischen Christo- und Ekklesiozentrik und den damit verbundenen Fragen insbesondere des Religionspluralismus, und „ad intra", etwa zwischen hierarchischem Auftrag und baptismaler Sendung.[74]

Mission erfolgt damit in einem universalen Horizont, der auch der Horizont der Kirche und ihrer „Katholizität" (AG 1, AG 4) ist. Wenn die Kirche ihrem Wesen nach „‚missionarisch' (d.h. als Gesandte unterwegs)" (AG 2) ist, liegt dies in ihrem Ursprung aus „der Sendung des Sohnes und der Sendung des Heiligen Geistes" gegründet, die wiederum einem „Plan Gottes des Vaters" (ebd.) entsprechen.[75] Ist die Barmherzigkeit Grund für die Existenz des Menschen, so verweist die Mission der Kirche auf ihr Ziel: die „missionarische Tätigkeit" der Kirche ist demnach „nichts anderes und nichts weniger als Kundgabe oder Epiphanie und Erfüllung des Planes Gottes in der Welt und ihrer Geschichte, in der Gott durch die Mission die Heilsgeschichte sichtbar vollzieht" (AG 9).[76] Den österlichen Impetus auf-

[74] Allerdings überwiegt insbesondere im Rahmen einer umfassenden Konzilshermeneutik bei näherem Hinsehen der Horizont des Gemeinsamen, was diese – und andere, in einem wahrhaft „katholischen" Gesamtblick eigentlich unvermeidlichen – Spannungen in eine kreative Dynamik überführen kann.

[75] Zur hier in Anschlag gebrachten und grundgelegten trinitarischen Ekklesiologie s. auch Gilles Routhier, Vatican II et le renouveau de la théologie trinitaire, in: Emmanuel Durand/Vincent Holzer (Hrsg.), Les réalisations du renouveau trinitaire au XXe siècle (Cogitatio Fidei 273), Paris 2010, S. 217–246, hier: S. 245.

[76] Der christo- und ekklesiozentrische Fortgang des Zitats muss im Horizont des ganzen Konzils gelesen werden, was an dieser Stelle nicht geleistet werden kann: „Durch das Wort der Verkündigung und die Feier der Sakramente, deren Mitte und Höhepunkt die heilige Eucharistie darstellt, läßt sie Christus, den Urheber des Heils, gegenwärtig werden. Was immer aber an Wahrheit und Gnade schon bei den Heiden sich durch eine Art von verborgener Gegenwart Gottes findet, befreit sie von der Ansteckung durch das Böse und gibt es ihrem Urheber Christus zurück, der die Herrschaft des Teufels zerschlägt und die vielfältige Bosheit üblen Tuns in Schranken hält. Was an Gutem in Herz und Sinn der Menschen oder auch in

nehmend ist das Ziel der missionarischen Tätigkeit die „eschatologische Fülle“ (AG 9), die auch Ziel der Heilsgeschichte ist. Missionarische Spiritualität ist demnach je konkrete heilsgeschichtliche Spiritualität, insofern sie in der Nachfolge Christi Ausdruck einer umfassenden Geschichte zwischen Gott und Mensch ist. Die Barmherzigkeit ist Ausweis und Kriterium dieser Geschichte. Durch sie wird Geschichte Heilsgeschichte, wie Papst Franziskus ausgehend von Psalm 136, „der die Geschichte der Offenbarung Gottes besingt“, zusammenfasst: „Die Barmherzigkeit macht die Geschichte Gottes mit Israel zu einer Heilsgeschichte“[77], was analog zu Israel dann auch für die Kirche und die Welt gilt, in die die Kirche gesandt ist.[78] Die heilsgeschichtliche Mission der Kirche besteht näherhin darin, von Christus her und auf ihn hin gleichsam sakramental im Dienst „des Heils und der Erneuerung aller Kreatur“ (AG 1) bzw. des „Heils und der Heilung“[79] zu stehen, wie Papst Franziskus mit dem Bild des Feldlazaretts zum Ausdruck bringt.

Allerdings sind Begriff und Sache der Heilsgeschichte, die für das II. Vaticanum entscheidende Bedeutung hatten,[80] aufgrund der geistesgeschichtlichen Umwälzungen in der Zeit nach dem Konzil selbst in eine Krise

---

den jeweiligen Riten und Kulturen der Völker keimhaft angelegt sich findet, wird folglich nicht bloß nicht zerstört, sondern gesund gemacht, über sich hinausgehoben und vollendet zur Herrlichkeit Gottes, zur Beschämung des Satans und zur Seligkeit des Menschen. So strebt die missionarische Tätigkeit auf die eschatologische Fülle hin, denn durch sie wird bis zu dem Maß und der Zeit, die der Vater in seiner Vollmacht festgesetzt hat, das Volk Gottes ausgebreitet, dem prophetisch gesagt ist: ‚Erweitere deines Zeltes Raum, und deine Zelttücher spanne aus! Spare nicht!‘ (Jes 54,2.) So entfaltet sich der mystische Leib bis zum Maß des Vollalters Christi, und der geistliche Tempel, worin Gott angebetet wird in Geist und Wahrheit, wächst und wird aufgebaut ‚auf dem Fundament der Apostel und Propheten, während Christus selbst der Eckstein ist‘ (Eph 2,20)“ (AG 9).

[77] Papst Franziskus, Misericordiae Vultus, Nr. 7. Es ist dies übrigens ein Motiv aus der vom Papst an dieser Stelle nicht zitierten Offenbarungskonstitution (DV 15).

[78] Zu den Implikationen einer christlichen Israel-Theologie vgl. Reinhold Boschki/Josef Wohlmuth (Hrsg.), Nostra aetate 4. Wendepunkt im Verhältnis von Kirche und Judentum – bleibende Herausforderung für die Theologie (Studien zu Judentum und Christentum 30), Paderborn 2015.

[79] Hier zitiert und entfaltet nach Papst Franziskus, Brief, a.a.O.

[80] Zur Heilsgeschichte auf dem Konzil vgl. u. a. Helmut Hoping, Die Lehraussagen des Konzils zur Selbstoffenbarung Gottes und zu seinem Handeln in der Geschichte, in: HThK.Vat II (2006), S. 107–119; am Beispiel der „heilsgeschichtlichen Dogmatik“ wertvolle Reflexionen bei Mariano Delgado, Mysterium Salutis als innovativer systematischer Ansatz im Anschluss an das Zweite Vatikanische Konzil, in: Guy Bedouelle / Ders. (Hrsg.), La réception du Concile Vatican II par les théologiens suisses. Die Rezeption des II. Vaticanums durch Schweizer Theologen (Studia Friburgensia 111, Series historica 7), Fribourg 2011, S. 167–178; aus ökumenischer Sicht s. auch Geiko Müller-Fahrenholz, Heilsgeschichte zwischen Ideologie und Prophetie. Profile und Kritik heilsgeschichtlicher Theorien in der Ökumenischen Bewegung zwischen 1948 und 1968, Freiburg i.Br. 1974.

geraten. Gerade in säkularisiertem Umfeld ist der Begriff der Heilsgeschichte schlicht unverständlich und erscheint sinnlos. Auch wenn Begriff und Sache der Heilsgeschichte wesenskonstitutiv für den christlichen Glauben und damit unverzichtbar sind,[81] genügt es folglich nicht, einen Begriff von Heilsgeschichte zu beschwören, der aufgrund seiner blinden Flecken oder gar aufgrund einer etwaigen triumphalistischen Schlagseite einer missionarischen Dynamik nicht nur nicht dienlich wäre, sondern ihr sogar im Wege stehen würde. Um nur ein Beispiel zu nennen, das den Glauben nicht nur in säkularisierten Regionen betrifft: Der Dialog zwischen Theologie und Naturwissenschaften zeigt ebenso sehr das Ungenügen traditioneller wie die Notwendigkeit zeitgemäßer Denkfiguren im Zusammenhang mit dem auf, was der Begriff der „Heilsgeschichte" auszudrücken versucht.[82] Allerdings kann eine christliche Theologie der Sache nach nicht auf ein Verständnis von Heilsgeschichte bzw. Heilsökonomie verzichten, wenngleich sie mehr denn je weiß, vom „Ganzen" nur „im Fragment"[83] handeln zu können. Heilsgeschichte bzw. Heilsökonomie in der Vielfalt und Differenz menschlicher Geschichten und Geschichtsdeutungen zu denken, heißt, vom „Universalen" im Horizont des „concretum"[84] zu denken und umgekehrt, mithin alle Heilsgeschichten als von Jesus Christus ermöglicht und von ihm herausgefordert zu sehen.[85] Die je konkreten Geschichten von Heil und Heilung sind damit der lebenspraktische Ort christlicher Spiritualität in der Nachfolge Christi. In einer solchen aber wird Christus auch zum Schlüssel für das Verständnis der Geschichte zwischen Gott und Mensch.

[81] Vgl. Jörg Frey/Stefan Krauter/Hermann Lichtenberger (Hrsg.), Heil und Geschichte. Die Geschichtsbezogenheit des Heils und das Problem der Heilsgeschichte in der biblischen Tradition und der theologischen Deutung (Wissenschaftliche Untersuchungen zum Neuen Testament 248), Tübingen 2009; Michael Meyer-Blanck (Hrsg.), Geschichte und Gott. XV. Europäischer Kongress für Theologie (14.–18. September 2014 in Berlin) (Veröffentlichungen der Wissenschaftlichen Gesellschaft für Theologie 44), Leipzig 2016.

[82] Einen guten Überblick über die damit verbundenen Fragehorizonte bietet Christoph Böttigheimer, Wie handelt Gott in der Welt? Reflexionen im Spannungsfeld von Theologie und Naturwissenschaft, Freiburg i.Br. 2013.

[83] Hans Urs von Balthasar, Das Ganze im Fragment. Aspekte der Geschichtstheologie, Einsiedeln [2]1990.

[84] Werner Löser, „Universale concretum" als Grundgesetz der Oeconomia Revelationis, in: Walter Kern/Hermann J. Pottmeyer/Max Seckler (Hrsg.), Handbuch der Fundamentaltheologie Bd. 2, Freiburg i.Br. 1985, S. 108–121.

[85] Vgl. Michael Quisinsky, Inkarnation. Jesus Christus – Ermöglichung und Herausforderung christlichen Lebens und Denkens, in: Ders., Katholizität der Inkarnation, a.a.O., S. 189–236; Ders., „Analogia pleromatis", a.a.O.; Ders., „La relation entre l'histoire humaine et l'histoire du salut doit être expliquée à la lumière du mystère pascal", a.a.O.; Ders., Can Tradition (Not) Change? Truth in the History between God and Humanity, in: ebd., S. 292–326.

3. Evangeliumsgeschichtliche Spiritualität

3.1 Nachfolge Christi im Horizont der Zeichen der Zeit

Das II. Vaticanum war ein „christologisches“ Konzil von derselben Bedeutung wie das Chalcedonense.[86] Das in Jesus Christus vielgestaltig offenbare Geheimnis ist dem Ausweis des II. Vaticanums zufolge konkret und universal: Jesus Christus ist – um nur einige Titel zu nennen, mit denen sich das Konzil ihm nähert – „Lumen gentium“ (LG 1), er ist „Dei Verbum“ (DV 1, vgl. aber auch SC 5, LG 9, UR 15, GS 22), er ist „Alpha und Omega“ (GS 45). Er ist der eine Mittler zwischen Gott und den Menschen (SC 5, SC 48, LG 8 UR 20, AG 3, PO 2), der Erlöser aller (LG 2, UR 2, AG 3, PO 9, GS 3), aber auch „Arzt für Leib und Seele“ (SC 5) und dies gerade als Bruder der Menschen (LG 32, GS 22). Einem der besonders auch von Johannes Paul II. rezipierten Spitzensätze des Konzils zufolge „klärt sich nur im Geheimnis des fleischgewordenen Wortes das Geheimnis des Menschen wahrhaft auf. [...] Denn er, der Sohn Gottes, hat sich in seiner Menschwerdung gewissermaßen mit jedem Menschen vereinigt“ (GS 22).[87] Wenn „jede Konzilsrezeption“ von diesem „mystische(n) Text“ her erfolgen muss,[88] so wird dies akzentuiert durch die christologische Grundlegung von Papst Franziskus, wonach Jesus Christus „das Antlitz der Barmherzigkeit des Vaters“[89] ist. Dass, nebenbei bemerkt, neben den christologischen die pneumatologischen Implikationen des II. Vaticanums erst einzuholen sind,[90] weist den päpstlichen Ausführungen zur Barmherzigkeit als Offenbarung „des Geheimnis[ses] der Allerheiligsten Dreifaltigkeit“[91] eine besondere Rolle zu.

[86] Vgl. Marie-Dominique Chenu, Die Aufgabe der Kirche in der Welt von heute, in: Guilherme Baraúna (Hrsg.), Die Kirche in der Welt von heute. Untersuchungen und Kommentare zur Pastoralkonstitution „Gaudium et spes“ des II. Vatikanischen Konzils, Salzburg 1967, S. 226–247, hier: S. 242 f.; Maria Carmen Aparicio Valls, La Plenitud del Ser Humano en Cristo. La Revelación en la „Gaudium et spes“ (Tesi Gregoriana. Serie Teologia 17), Rom 1997; Thomas Gertler, Jesus Christus – Die Antwort der Kirche auf die Frage nach dem Menschsein. Eine Untersuchung zu Funktion und Inhalt der Christologie im ersten Teil der Pastoralkonstitution „Gaudium et spes“ des Zweiten Vatikanischen Konzils (Erfurter theologische Studien 52), Erfurt 1986.

[87] Vgl. dazu Johannes Paul II., Redemptor hominis, 8 (http://w2.vatican.va/content/john-paul-ii/de/encyclicals/documents/hf_jp-ii_enc_04031979_redemptor-hominis.html [13.03.2017]).

[88] Vgl. Mariano Delgado, Die Menschheitsfamilie oder Die Mystik des Konzils, in: Ders./Michael Sievernich (Hrsg.), Die großen Metaphern, a.a.O., S. 422–443, hier: S. 435.

[89] Papst Franziskus, Misericordiae Vultus, Nr. 1.

[90] Unmittelbar nach dem Konzil wies darauf sensibilisiert u. a. durch die „nichtkatholischen Beobachter“ und unter Auswertung der Konzilsdokumente hin Yves Congar, La pneumatologie dans la théologie catholique, in: RSPT 51 (1967), S. 250–258.

[91] Papst Franziskus, Misericordiae Vultus, Nr. 2.

Mit Christus rückt das Konzil das „Evangelium von Jesus Christus" (Mk 1) ins Zentrum nicht nur der je persönlichen christlichen Existenz als Jesus-Nachfolge, sondern auch der Kirche als Nachfolge-Gemeinschaft. Bereits in der konzilspragmatisch entscheidenden Botschaft der Konzilsväter an die Welt, dem ersten Konzilsdokument, heißt es: „Bei dieser Versammlung wollen wir unter der Führung des Heiligen Geistes Wege suchen, uns selber zu erneuern, um dem Evangelium Jesus Christi immer treuer zu entsprechen."[92] Nicht zuletzt weil es das Konzil in der Folge neu ermöglicht hat, das Christentum auch und gerade in der komplexen religiösen Geschichte der Menschheit als „Religion des Evangeliums"[93] zu fassen, kann man deshalb mit Recht von der Notwendigkeit einer „Konzilshermeneutik der Evangelisierung" sprechen.[94] So war das Konzil kein Selbstzweck, sondern Mittel zum Zweck einer „Rekontextualisierung",[95] bzw. einer „Aktualisierung, eine [r] Relecture des Evangeliums aus der Perspektive der gegenwärtigen Kultur [...]. Es hat eine irreversible, vom Evangelium ausgehende Erneuerungsbewegung hervorgebracht. Und jetzt muss man vorangehen."[96] In dieser vorausgehenden Nachfolge erweist und bewahrheitet sich die Freude des Evangeliums – Evangelii gaudium – in einer „(m)issionarische(n) Erneuerung aus der Begegnung mit dem Herrn und dem Nächsten"[97], d. h. in Treue zu Jesus Christus und in Treue zum Mitmenschen unserer Gegenwart. Aufgrund der damit gegebenen geschichtlichen Dimension dieser wechselseitigen Verschränkung von Evangelium und Kultur besteht denn auch christliche Tradition darin, christliches Leben und Denken in der Geschichte zwischen Gestern und Morgen als Geschichte von Jesus Christus her und auf ihn hin je neu evangeliumsgemäß zu gestalten. Eine besondere Herausforderung bei dieser evangeliumsgemäßen Nachfolge besteht darin, das Evangelium immer neu als Begegnungsgeschichte zwischen Gott und Mensch zu entdecken.

[92] Zitiert nach: Wege zur Erneuerung der Kirche. Botschaft der Konzilsväter an die ganze Menschheit, in: HThK.Vat II 5 (2006), S. 491–494, hier: S. 492. Zu dieser Botschaft s. auch Herbert Haslinger, Die pastorale Konstitution in nuce. Zu Entstehung, Inhalt und Bedeutung der „Botschaft der Konzilsväter", in: ThGl 102 (2012), S. 594–617.

[93] Vgl. Claude Geffré, Le christianisme comme religion de l'Évangile, Paris 2012, S. 245.

[94] Vgl. Mariano Delgado/Michael Sievernich, Vorwort, in: Dies. (Hrsg.), Die großen Metaphern des Zweiten Vatikanischen Konzils, a.a.O, S. 29–31.

[95] Vgl. Lieven Boeve, God interrupts History, a.a.O., S. 26.

[96] Papst Franziskus, Brief a.a.O.

[97] Roman A. Siebenrock, „Ite, inflammata omnia!" Zur theologischen Fundamentalgrammatik des Bischofs von Rom: Papst Franziskus (SJ), in: Monika Datterl/Wilhelm Guggenberger/Claudia Paganini/Ders. (Hrsg.), Papst Franziskus – ein erstes Resümee (theologische trends 26), Innsbruck 2016, S. 21–38, hier: S. 25 (Kapitelüberschrift).

Ungeachtet der Schwierigkeiten, einen Begriff von Heilsgeschichte zu entwickeln, kann vor dem Hintergrund des Gesagten als naheliegender erster Schritt ein diesem vorgängiges Verständnis von Evangeliumsgeschichte ins Spiel gebracht werden: Heil und Heilung werden in Lebensgeschichten anfanghaft und in eschatologischer Spannung Wirklichkeit, wo Barmherzigkeit geschieht, d.h. wo in der Geschichte evangeliumsgemäß gelebt und gedacht wird. Explizit wird dies in der Nachfolge Christi, und zwar über die Geschichte hinaus im Vertrauen auf den Schöpfergott, der zugleich auch der Erlösergott ist. Wenn die Barmherzigkeit „das eigentliche Wesen des Evangeliums"[98] ist, gilt es dann auch in diesem Sinn von Jesus Christus her und auf ihn hin „die Zeichen der Zeit [...] im Licht des Evangeliums zu deuten" (GS 4).[99] Heilsgeschichtliche Spiritualität konkretisiert sich von Jesus Christus her als evangeliumsgeschichtliche Spiritualität, und verweist dabei in jeder Konkretion von Jesus Christus her auf Grund und Ziel aller Wirklichkeit.

3.2 Kirchliche Nachfolgegemeinschaft im Dienst an der Wahrheit

Gemäß dem Evangelium ist Jesus Christus „Weg, Wahrheit und Leben" (Joh 14,6), mithin wird der Weg der Nachfolge lebenseröffnende Wahrheit. Barmherzigkeit kann deshalb gerade nicht auf ein „Nett-Sein" reduziert werden, sie ist vielmehr aufs Innerste mit der Frage nach der Wahrheit verbunden, die sie zugleich in ihre eigentliche Dimension hebt. So kann man Wahrheit von Inkarnation und Auferstehung her als ein Wahrheitsgeschehen der Barmherzigkeit fassen, das im Wesen Gottes gründet und eine trinitarische „Ontologie der Liebe"[100] ins Werk setzt. Im christlichen Zusammenspiel zwischen Konkretion und Universalität, das als kirchlich verfasste Nachfolge Christi in der Mentalität des barmherzigen Samariters geschichtswirksam werden will, scheint von daher eine Wahrheit auf, die auch für eine gelegentlich als problematisch empfundene Einsicht der Postmoderne relevant ist und derzufolge es in der gängigen Lebenserfahrung und -deutung unserer Tage keine Möglichkeit mehr gibt, die Welt oder die Geschichte als Ganze zu erfassen – es bleibe lediglich eine Vielzahl von Weltbildern und Geschichten. Sicher muss gerade die Kirche lernen, hier vieles gelten zu lassen und zur Geltung zu bringen. Die Barmherzigkeit erinnert

[98] Papst Franziskus, Brief a.a.O.

[99] Für eine konzilshermeneutische Grundlegung s. 50 Jahre nach dem II. Vatikanischen Konzil. Theologen der Welt beraten, a.a.O., S. 686–691 (= Kap. 1, Nr. 6–8).

[100] Vgl. besonders auch Walter Kasper, Barmherzigkeit, a.a.O., S. 96 (mit Verweis auf Yves Congar und Thomas von Aquin).

aber auch daran, dass keineswegs alles gleich gültig ist. So weiß der prophetische und messianische Charakter des christlichen Glaubens der Kirche um die Bruchstückhaftigkeit allen menschlichen Lebens und Denkens, sodass eine christliche Annäherung an das Absolute alle Verabsolutierungen im Leben und Denken von Welt und Kirche verunmöglicht. Und doch ist es christlicher Glaube, dass es in der Vielzahl der Geschichten, die nicht auf einen Nenner zu bringen sind, eine gemeinsame Geschichte gibt. Selbstverständlich kann diese als Heilsgeschichte nur von Gott gesamthaft erfasst werden. In der Geschichte der Welt allerdings bezeugt der kirchlich verfasste Glaube die göttliche Wahrheit der einen Heilsgeschichte in den vielen gelebten Heilsgeschichten. Das Verständnis dieser Wahrheit kann, wie Kardinal Kasper von Thomas von Aquin her formuliert, präzisiert werden im Sinne der „Barmherzigkeit als ‚Treue-Wahrheit' von Gott"[101], die je neu zur Welt kommen will.

Im Dienst dieses Zur-Welt-Kommens kann denn auch die Kirche als Ganze nicht darauf verzichten, die Wahrheitsüberzeugungen ihres Glaubens lebenspraktisch und denkerisch-diskursiv in die Gesellschaft einzubringen, demzufolge von Gott her die Geschichten der Menschen eben nicht sinnlos sind, sondern Heilsgeschichten sein sollen. Dies gilt umso mehr, wenn sie, auch aufgrund des Dialogs zwischen Kirche und Welt, Theologie und Philosophie, Glaube und Gesellschaft davon überzeugt ist, dass dies ein Dienst an der Wahrheit und dieser wiederum Dienst am Menschen ist. Auch wenn dies an dieser Stelle nicht weiter grundgelegt und entfaltet werden kann, ist aus theologischer Sicht dieser Glaubenshorizont der Barmherzigkeit als Wahrheitsgeschehen der Grund dafür, dass christliches Leben und Denken – im Sinne einschlägiger Äußerungen von Denkern wie Jürgen Habermas[102] oder Markus Gabriel[103] – philosophisch nicht ableitbare und doch philosophisch valente Antwortelemente auf die Frage bereithält, die der Mensch sich selbst ist (vgl. auch NA 1, vgl. auch GS 22). In der Welt von heute ist es über die Wahrnehmbarkeit des einzelnen Lebenszeugnisses Aufgabe der Kirche insgesamt und damit auch als Institution, einen gemeinsamen Erfahrungsschatz immer wieder zu erinnern und zur Entfaltung zu bringen. In diesem Sinn kann gerade in einer Zeit, die von einer mitunter unbarm-

---

[101] Kardinal Kasper bei einem Vortrag in Vallendar am 29. September 2016 (vgl. http://www.pthv.de/home/news-detail/?no_cache=1&tx_ttnews%5Byear%5D=2016&tx_ttnews%5Bmonth%5D=09&tx_ttnews%5Btt_news%5D=574&cHash=55b76544e3ff645217a71b26c8dc6c4e (13.03.2017).

[102] Jürgen Habermas/Joseph Ratzinger, Dialektik der Säkularisierung. Über Vernunft und Religion. Mit einem Vorwort herausgegeben von Florian Schuller, Freiburg i.Br. 2005, S. 35.

[103] Markus Gabriel, Die Erkenntnis der Welt – Eine Einführung in die Erkenntnistheorie, Freiburg i.Br. [2]2012, S. 213.

herzigen dekonstruktivistischen Mentalität geprägt ist, die konstruktive Dimension des kirchlichen Gottesglaubens im Leben und Denken ein konkreter Dienst am Menschen sein (vgl. auch die Aussagen von GS 44 zur wechselseitigen Hilfe von Kirche und Welt).[104] Die Kirche steht somit im Dienst der Wahrheit als Barmherzigkeitsgeschehen, das sich freilich in unzähligen Formen des Zusammenspiels von persönlicher und gemeinschaftlicher Christusnachfolge und in Gemeinschaft mit allen Menschen guten Willens realisiert.

4. Kirche als Sakrament der Barmherzigkeit

4.1 Sakramentale Spiritualität

Dass sie in der Geschichte im Dienst von Heil und Heilung steht, kennzeichnet die Kirche, in der sich „evangeliumsgeschichtliches“ Christsein zu „apostelgeschichtlich“ strukturierter Nachfolge verdichtet (vgl. auch AG 4). Die immer neue Selbstausrichtung auf den, dem sie nachfolgt, gehört zum Wesenskern der Kirche, aber auch ihre Selbstausrichtung auf die, denen sie in der Nachfolge begegnet. Das II. Vaticanum war ein besonderer geschichtlicher Ausdruck dieser doppelten Selbstausrichtung. Auf die Frage „Kirche, was sagst du von dir selbst?“[105] antwortete das Konzil mit dem Begriff des „universalen Heilssakraments“[106] – die Kirche ist also „Zeichen

[104] Wichtige Impulse und Einordnungen zur konstruktiven Dimension der Theologie bei Catherine Keller, Der Gott, den wir brauchen. Theologie für das 21. Jahrhundert, in: Karlheinz Ruhstorfer (Hrsg.), Das Ewige im Fluss der Zeit. Der Gott, den wir brauchen (Quaestiones disputatae 280), Freiburg i.Br. 2016, S. 17–31, hier: S. 31; Karlheinz Ruhstorfer, Der Gott, den wir brauchen. Christsein in neuen Konstellationen, in: ebd., S. 113–133, hier: S. 133.

[105] Vgl. Paul VI., Ansprache bei der Eröffnung der zweiten Sitzungsperiode des Zweiten Vatikanischen Konzils (29. September 1963), in: HThK.Vat II 5 (2006), S. 500–514, hier: S. 505–507.

[106] Vgl. grundsätzlich Günther Wassilowsky, Universales Heilssakrament Kirche. Karl Rahners Beitrag zur Ekklesiologie des II. Vatikanums (Innsbrucker Theologische Studien 59), Innsbruck 2001, S. 399, nennt das Motiv der Sakramentalität eine „heimliche Leitidee des Konzils“. Vgl. weiterhin 50 Jahre nach dem II. Vatikanischen Konzil. Theologen der Welt beraten, a.a.O., S. 695 f. (Kapitel 1, Abschnitt 12). Zur theologischen Entfaltung nach wie vor unentbehrlich ist Josef Meyer zu Schlochtern, Sakrament Kirche. Wirken Gottes im Handeln der Menschen, Freiburg i.Br. 1992. Vgl. im Zusammenhang einer Ekklesiologie, die im Sinne der Ausführungen von Papst Franziskus zur Synodalität die einzelnen Ortskirchen als Lernorte des Glaubens versteht, die exemplarische (deutsch-französische) komparatistische textgenetische Untersuchung zum Verständnis der Kirche als Sakrament bei Michael Quisinsky, La conciliarité entre contextualité et catholicité. Approches comparatistes à Vatican II à partir des constitutions sur la liturgie (SC) et sur l’Église dans le monde de ce temps (GS) –

und Werkzeug". Dieses Motiv führt in einen weitestmöglichen Horizont, der einerseits Geschichte, Gegenwart und Zukunft, andererseits Konkretion und Katholizität verbindet.[107] Die Rede von der Kirche als Sakrament steht in Verbindung mit dem zur Inkarnation analogen Charakter der Kirche, in der in diesem Sinne göttliche und menschliche Aspekte „zusammenwachsen" (vgl. LG 8)[108], wenngleich sie stets voneinander unterschieden werden müssen. Die Menschlichkeit benennt denn aber auch den je konkretestmöglichen Horizont des jeweiligen Menschen und seiner Welt. In ihrem Zusammenspiel denken beide Motive – Sakramentalität und Analogie zur Inkarnation – Gott und Mensch zusammen, ermöglichen aber von Gott her auch eine je nüchternere Sicht auf alles Menschliche im Leben und Denken der Kirche, inklusive der Sünden, Fehler und Nachlässigkeiten. Von Jesus Christus her bedeutet dies eine Relativierung, die aber vor allem eine umfassende Relationalisierung ist: Der kirchliche Glaube meint ein Beziehungsgeschehen zwischen Gott und Mensch, aber auch zwischen den Menschen untereinander – Gläubigen wie Nichtgläubigen. Nicht zuletzt deshalb muss sich die Kirche als „Zeichen und Werkzeug" von außen her verstehen, d. h. von denen her, für die sie Zeichen und Werkzeug sein soll.[109] In gewisser Weise bringt die Rede von der Sakramentalität ein katholisches Paradoxon zum Ausdruck, das am Besten in Frageform gefasst werden kann: Wieviel und welche Kirche braucht es, damit sich die Kirche nicht zu sehr mit sich selbst befasst? Dieses wenn man so will „sakramentale Para-

Konziliarität zwischen Kontextualität und Katholizität. Komparatistische Zugänge zum II. Vaticanum im Ausgang der Konstitutionen über die Liturgie (SC) und über die Kirche in der Welt von heute (GS), in: Martin Klöckener/Salvatore Loiero/François-Xavier Amherdt (Hrsg.), Noch ist es wie Morgenröte … – Comme à l'aube. Liturgie und Pastoral unter dem Anspruch des Zweiten Vatikanischen Konzils – Liturgie et pastorale au défi de Vatican II (Théologie pratique en dialogue 44), Fribourg 2017, S. 33–118, hier: S. 94–116.

[107] Dazu unter besonderer Berücksichtigung des (heils-)geschichtlichen Aspekts Martin Kirschner, Lebendige Tradition im Ereignis des Geistes. Der Geltungsanspruch des Glaubens in der Rezeption des Zweiten Vatikanischen Konzils, in: Guido Bausenhart/Margit Eckholt/Linus Hauser (Hrsg.), Zukunft aus der Geschichte Gottes. Theologie im Dienst an einer Kirche für morgen (FS Peter Hünermann), Freiburg i.Br. 2014, S. 287–313, hier: S. 305–307.

[108] Die Theologiegeschichte bietet auch hier Anhaltspunkte, welche Einseitigkeiten je neu zu vermeiden sind. So ist zwar in der Denkfigur der „Kirche als fortgesetzter Inkarnation" (Johann Adam Möhler) ebenso Bedenkenswertes enthalten wie in einer strengen Betonung der Unsichtbarkeit der Kirche (Martin Luther, Jean Calvin), jedoch besteht das Wesen der „Katholizität" gerade darin, dieses Bedenkenswerte in eine Komplementarität zu überführen, die ihrerseits Teil und Ausdruck der Sendung der Kirche sein muss. Eine Relecture der Leib-Christi-Ekklesiologie unter dem Vorzeichen der Katholizität im Angesicht des Religionspluralismus stellt ein vielversprechendes Desiderat dar.

[109] Kirche versteht sich vom Außen her, in: HThK.Vat II 5 (2006), 186 (Abschnittsüberschrift, hier im Bezug auf die Ökumene – das gesamte Kapitel ist überschrieben mit „Kirche entdeckt ihre Katholizität nach innen und außen").

doxon der Katholizität" – „Platzhalter"[110] sein zu müssen, um „Platz machen"[111] zu können – existiert in vielen Spielarten und ist wesentlicher Teil christlicher Spiritualität, will diese nicht dauerhaft bzw. aufs Ganze gesehen einseitig werden.

In diesem umfassenden, Gott und Mensch verbindenden Zugriff ist es ihre Mission als „Sakrament", wie Gustavo Gutiérrez sowohl mit Verweis auf das Konzil selbst als auch auf dessen Rezeption durch das Dokument von Aparecida 2007 formuliert, eine „samaritanische Kirche"[112] zu sein: „Die spirituelle Leitlinie, die durch das Gleichnis vom Samariter inspiriert ist, legt allen Nachdruck auf den Dienst, den die Kirche der Menschheit und insbesondere den Letzten der Gesellschaft erweisen soll. Die Geschichte vom Samariter zeigt einen Weg, den jeder Christ und die Kirche als ganze einschlagen müssen."[113] Auf diesem Weg führt immer neu ihre „Mission [...] die Kirche aus sich heraus in den pastoralen Dienst an der Welt."[114] Als „Weg durch die Zeit" (Drittes Hochgebet) ist dieser Weg der Kirche ein heilsgeschichtlich umfangener. In der „Dynamik göttlicher Heilsökonomie"[115] wird dabei je neu deutlich, dass die Kirche als „sacramentum"[116] „weder aus sich selbst noch in sich selbst und auch nicht für sich selbst"[117] lebt und je neu in der Peripherie zu ihrer Mitte findet.

Ihre „geschichtliche Identität" erwächst der Kirche dabei aus dem Ursprung, „dem sie sich bleibend verdankt, eucharistia"[118] und ihrer „Beziehung zu dem Ziel [...], das sie nie aus den Augen verlieren darf, ministerium."[119]. Daraus ergibt sich folgende gemeinsame Charakterisierung der Spiritualität aller „Personengruppen, in die sich die Kirche differenziert:

- sie sollen sich vom berufenden Wort Gottes ansprechen und sich in Anspruch nehmen lassen zum Dienst in der Nachfolge der theozentrischen Proexistenz Jesu;

[110] So im Anschluss an Grace Davie Eberhard Tiefensee, Kirche hat eine Stellvertreterfunktion, in: HK 70 (2016), S. 17–21, hier: S. 20.

[111] Vgl. den Titel des Bochumer Kongresses „Für eine Kirche, die Platz macht" vom Februar 2017 (http://www.zap-kongress.de/).

[112] Gustave Gutiérrez, Die Spiritualität des Konzilsereignisses, a.a.O., S. 416–418.

[113] Ebd., S. 416.

[114] Christian Bauer, Diakonische Mission? Konzilstheologische Inspirationen aus Gaudium et spes und Ad gentes, in: Christoph Böttigheimer/René Dausner (Hrsg.), a.a.O., S. 403–427, hier: S. 406 f.

[115] Guido Bausenhart, Der Auftrag der Evangelisierung. Einführung, in: HThK.Vat II 5 (2006), S. 253–259, hier: S. 257.

[116] Vgl. ebd., S. 255–258.

[117] Ebd., S. 257.

[118] Ebd., S. 258.

[119] Ebd.

- sie sollen sich von den Menschen ihrer Zeit ansprechen lassen zu anspruchsvollen Begegnungen, in denen sich das Licht des Evangeliums in tausend Farben bricht und den Reichtum seiner Wahrheit entfaltet;
- sie sollen persönlich am Charme einer charismatischen Existenz erkennbar sein und in ihrem Handeln transparent auf den es ermöglichenden und fragenden Grund göttlicher Gnade;
- sie sollen schließlich die Heilsdynamik Gottes auf die Menschen hin und ihre Welt als ‚Evangelium' glaubwürdig bezeugen und in Solidarität mit den Menschen, besonders den Armen, wie in Augenhöhe zur Zeit wirksam bezeugen."[120]

Für Papst Franziskus folgt christliche Spiritualität als Handeln in und mit der Kirche dem Wunsch: „Alle, Glaubende und Fernstehende, mögen das Salböl der Barmherzigkeit erfahren, als Zeichen des Reiches Gottes, das schon unter uns gegenwärtig ist."[121] Die Kirche soll also, so könnte man mit der Konzilshermeneutik der Barmherzigkeit von Papst Franziskus verschlagworten, ein Sakrament der Barmherzigkeit sein.[122] Die Dimension der Barmherzigkeit dürfte dabei übrigens im Rahmen der Katholizität des Christlichen auch die ökumenische Anschlussfähigkeit des Motivs der Sakramentalität untermauern.[123]

Gerade der Anspruch der Barmherzigkeit zeigt: Das Verständnis der Kirche als Sakrament ist auch ein Ideal, das in Spannung zur realen Wahrnehmung der Kirche steht. Die Gründe hierfür sind sehr ernst zu nehmen. Auch dem Missionsdekret kann man vorhalten, dass es zwischen einer etwas einseitig hymnisch-affirmativen Ekklesiologie einerseits und einer praktisch-sensiblen Einfühlsamkeit für das konkrete missionarische Leben der Christinnen und Christen andererseits nicht immer ausreichend vermittelt. Spannungen dieser Art sind grundsätzlich charakteristisch für die Kirche, die auf dem Konzil ein hohes Ideal von sich selbst und die Erkenntnis zusammendenkt, dass dessen je anvisierte konkrete Realisierung bestenfalls „Zeichen und Werkzeug", also Sakrament sein kann. Wo dies berücksichtigt wird, können sich in einem sakramentalen „Stil"[124] in jedem Konkreten, in jeder Begegnung, in jedem Gedanken, in jedem Blick, in jeder Handreichung, ein „Mehr" an Glaube, Hoffnung und Liebe eröffnen. Eine

[120] Ebd.

[121] Papst Franziskus, Misericordiae Vultus, Nr. 5.

[122] Er selbst spricht in Misericordiae Vultus, Nr. 1, mit Blick auf das Konzil von der Kirche als „lebendigem Zeichen der Liebe".

[123] Vgl. dazu Walter Kasper, Die Früchte ernten. Grundlage christlichen Glaubens im ökumenischen Dialog, Paderborn 2011, S. 81, 208.

[124] Vgl. François-Xaver Amherdt, Liberté religieuse et pastorale d'engendrement, a.a.O., S. 84.

evangeliumsgeschichtliche Kirche als Sakrament der Barmherzigkeit hält die lebende Erinnerung wach, dass sich im Jetzt die Zusage der Schöpfung und die Verheißung der Erlösung bewahrheitet. Sie hält die Erinnerung wach, dass von Jesu Leben und Tod, Kreuz und Auferstehung her in den menschlichen Geschichten Gottes Heilsgeschichte zur Welt kommt. Zu dieser Erinnerung gehört übrigens auch, dass keineswegs alle, die Jesus begegnet sind und gar geheilt wurden, sich ihm als Jünger angeschlossen haben,[125] wie ja auch der vom barmherzigen Samariter Betreute aus dem Aufmerksamkeitsradius der Evangelien (nicht aber Gottes) entschwindet, was das Selbstverständnis der Kirche als Zeichen und Werkzeug noch einmal besonders von der Demut her akzentuiert und ihre Sorge um sich selbst relativiert bzw. relationalisiert.

4.2 Volk Gottes als Weg- und Lerngemeinschaft

Der barmherzige Samariter tut mit den ihm zur Verfügung stehenden Mitteln das Naheliegende, kümmert sich also um Erstversorgung und sorgt sodann für den guten Fortgang der Entwicklung, an der er nicht mehr beteiligt ist. Um das Naheliegende zu tun, bedarf es allerdings neben der Intuition des Herzens auch des Wissens um Zusammenhänge, kurz: eines weiten Horizonts. Der gleichsam intuitive erste Schritt ist der Beginn eines Wegs, auf dem es verschiedene Stationen und Begleiter gibt. Auf christliche Spiritualität im Rahmen einer Kirche als Sakrament der Barmherzigkeit übertragen könnte dies heißen, dass der Einzelne zunächst tut, was er kann. Er kann und muss aber auch nicht alles alleine tun. Er darf auf moralische und auch praktische Unterstützung der Kirche als Communio in Liturgie, Diakonie und Zeugnis vertrauen.[126] Dabei zeigt das auf Johannes Chrysostomus zurückgehende Bild vom „Sakrament des Bruders“ (bzw. der Schwester) und dessen Verbindung mit dem „Sakrament des Altars“ den

[125] Grundlegende Einordnungen bei Philippe Bacq, Vers une pastorale d'engendrement, in: Ders./Christoph Theobald (Hrsg.), Une nouvelle chance pour l'Évangile. Vers une pastorale d'engendrement, Brüssel 2004, S. 7–28, hier: S. 25 sowie Christoph Theobald, C'est aujourd'hui le „moment favorable“. Pour un diagnostic théologique du temps présent, in: ebd., S. 47–72, hier: S. 67.

[126] Nicht zuletzt darin liegt der besondere Wert des „Communio“-Motivs, das die außerordentliche Bischofssynode von 1985 hervorgehoben hat, s. Walter Kasper, Zukunft aus der Kraft des Konzils. Kommentar von Walter Kasper zur außerordentlichen Bischofssynode von 1985, in: Ders., Die Kirche Jesu Christi. Schriften zur Ekklesiologie I (WKGS 11), Freiburg i.Br. 2008, S. 153–199; Gilles Routhier, L'assemblée extraordinaire de 1985 du synode des évêques. Moment charnière de relecture de Vatican II dans l'Église catholique, in: Philippe Bordeyne/Laurent Villemin (Hrsg.), Vatican II et la théologie, a.a.O., S. 61–88.

Weg ins Weite an, der wie im Falle des barmherzigen Samariters beim ganz Konkreten beginnt.[127]

Die Communio kann zu einer einzelnen Tat ermutigen, sie in einen größeren Zusammenhang einbetten, und auch durch Anfechtungen und Zweifel hindurch bezeugen, dass im Akt der Barmherzigkeit Gott gegenwärtig ist. Die Betonung der je konkreten samaritanischen Selbstlosigkeit der Christinnen und Christen darf in diesem Sinn nicht darüber hinweg täuschen, dass die Kirche als „Sakrament" der Gemeinschaft und Gemeinschaft im Sakramentalen auch eine biographie(-heils-)geschichtliche Verantwortung hat: sie muss ständig neu darum ringen, wie sie Menschen dabei helfen kann, in die „Mentalität des barmherzigen Samariters" hineinzuwachsen und aus dieser heraus Leben zu schenken (im Sinne von GS 42). Dies schließt Fragen wie Gebets- und Gottesdienstformen, religiöse Sozialisierung, Verortung im Gemeinwesen und vieles mehr ein – mithin macht es „institutionelle" zu „spirituellen" Fragen.[128] Schließlich gilt auch in der Kirche, dass christliche Spiritualität nicht allein aus „Spontaneität und Zufälligkeit bestehende Religiosität" sein kann, „die nicht immer ganz zu trennen ist von den Anmutungen eines frommen Gemüts"[129].

Als Gemeinschaft, die Institution ebenso braucht wie Inspiration, lernt die Kirche das Ganze vom Naheliegenden her, das Einzelne oder kleinere und größere Gemeinschaften wahrnehmen und tun, ebenso, wie sie Einzelne und kleinere und größere Gemeinschaften aufmerksam machen kann auf Weiterführendes. Weil diese Lerngeschichte eine solche der Christgläubigen mit allen Menschen guten Willens ist, kommt dem vom II. Vaticanum grundgelegten[130] und von Papst Franziskus neu entfalteten Verständnis der Kirche als Volk Gottes[131] eine besondere Rolle zu. So kann

[127] Entfaltet bei Christine Aulenbacher, La ‚sacramentalité' du frère, in: Dies. (Hrsg.), Spiritualités et théolgoie. Questions, enjeux, défis, Münster ²2013, S. 51–60.

[128] Dass hier gerade die hochkomplex organisierte Kirche in Deutschland eine besondere Verantwortung hat, zeigt am Beispiel der Caritas Isidor Baumgartner, Pastoral an den Orten der Armen und Bedrängten, in: Johannes Först/Heinz-Günther Schöttler (Hrsg.), Einführung in die Theologie der Pastoral. Ein Lehrbuch für Studierende, Lehrer und kirchliche Mitarbeiter, Münster 2012, S. 213–238, hier: S. 228–230 (Abschnitt „Sakramentalität von Caritas – Zeichen der Nähe Gottes").

[129] Karl Lehmann, Anhang zum Hirtenwort Warum ich in der Kirche bleibe, in: Ders., Was im Wandel bleibt. Christsein in der Kirche heute, Freiburg i.Br., S. 107–118, hier: S. 115.

[130] Einen Überblick über die konzilshermeneutische wie ekklesiologische Bedeutung des II. Kapitels der Kirchenkonstitution, das sich der Kirche als Volk Gottes widmet, bietet Peter Hünermann, Theologischer Kommentar zur dogmatischen Konstitution über die Kirche Lumen gentium, in: HThK.Vat II 2 (2004), S. 263–582, hier: S. 371 f., 557 f.

[131] Besonders hervorzuheben ist dabei neben den zahlreichen Reflexionen über „Volk" und „Volk Gottes" der das dritte Kapitel leitende Gedanke, dass das gesamte Volk Gottes durch sein Leben und Denken das Evangelium verkündet (s. besonders EG 110–134). Vgl. dazu die

beispielsweise das Volk Gottes als Ganzes von den Einsichten einzelner Getaufter bzw. kleinerer und größerer Gemeinschaften hinsichtlich eines missionarischen Glaubensstils lernen, muss aber nicht beispielsweise jedem Getauften die vollumfängliche Aufgabe missionarischen Sprechens zuweisen oder von jeder christlichen Vergemeinschaftungsform erwarten, dass an ihr immer gleich unmittelbar abgelesen werden kann, was Christsein alles bedeutet. Damit die Kirche „ad extra“ Zeichen und Werkzeug sein kann, muss „ad intra“ kirchliche Spiritualität als sakramentale Volk-Gottes-Spiritualität beispielsweise im sensiblen Zusammenspiel von Nähe und Distanz den Einzelnen wie den kleineren und größeren Gemeinschaften an ihrem jeweiligen Platz die Gewissheit geben, nicht allein zu sein, aber auch, nicht von der Gemeinschaft erdrückt zu werden. Kurz: Sakramentales Kirchenverständnis beinhaltet einen Realismus, der Begeisterungsfähigkeit mit Nüchternheit verbindet und umgekehrt.

Entscheidend ist, dass das Volk Gottes bei aller Differenzierung gemeinsam unterwegs ist. In einem evangeliumsgeschichtlich-sakramentalen Verständnis einer „samaritanischen Kirche“ folgen dabei auf den ersten, meist individuellen Schritt weitere, idealerweise gemeinschaftliche Schritte. Umgekehrt ermutigen die gemeinschaftlich gegangenen zu individuellen Schritten. Dieser Wegcharakter christlichen Lebens und Denkens ist auch von eminent hermeneutischer Bedeutung. Auf diesem Weg des Gottesvolkes kann jedes Bild, jedes Motiv, jeder Gedanke, jede Anregung Inspiration für den nächsten Schritt sein. Aber kein Bild, kein Motiv, kein Gedanke, keine Anregung, keine Inspiration allein genügt, um den Weg durch die Zeit zu finden. Christliche Spiritualität bedarf einer Multiperspektivität, die sie nicht zuletzt zur Vorsicht mit den eigenen Inspirationen anleitet. So hat auch das Motiv des barmherzigen Samariters seine Grenzen, kann es doch etwa nicht dahingehend interpretiert werden, dass der Pfarrer und die Pastoralreferentin deswegen vorbeilaufen dürfen, weil ja auch ehrenamtliche SamariterInnen unterwegs sind. Umgekehrt gilt dies natürlich auch. Vielmehr muss gefragt werden, wie sich im Heiligen Geist „Evangeliumsgeschichte“ und „Apostelgeschichte“ zueinander verhalten, damit das Volk Gottes als solches in der Geschichte „Sakrament“ der Barmherzigkeit sein kann.[132]

Ausführungen von Carlos María Galli, Die Ekklesiologie von Papst Franziskus, a.a.O. Dass eine Volk-Gottes-Ekklesiologie keine Engführung auf die Kirche bedeutet, zeigte bereits Yves Congar, Ecclesia ab Abel, in: Heinrich Elfers/Fritz Hofmann (Hrsg.), Abhandlungen über Theologie und Kirche (FS Karl Adam), Düsseldorf 1952, S. 79–102.

[132] Die Frage nach dem Zusammenhang von Volk-Gottes-Ekklesiologie und der Leitidee der Kirche als Sakrament stellt Bernd Jochen Hilberath, Zwischen Wirklichkeit und Vision. Beobachtungen zur Ekklesiologie nachkonziliarer Synoden, in: Joachim Schmiedl/Robert Walz (Hrsg.), Die Kirchenbilder der Synoden. Zur Umsetzung konziliarer Ekklesiologie in

Selbstverständlich erwächst von hierher der Taufgnade aller Christinnen und Christen ein besonderes Gewicht. Allerdings können missionarische und spirituelle „Passagen", wie sie die „pastorale d'engendrement"[133] zu Recht in den Mittelpunkt christlichen Lebens und Denkens stellt, auch nicht einfach ohne „Passeurs" gedacht werden.[134] In der Communio des Volkes Gottes gibt es dem II. Vaticanum zufolge jeweils Zusammenspiele zwischen „allen", „einem" und „einigen"[135], das den Einzelnen weder über- noch unterfordert, aber auch die jeweilige Gemeinschaft weder über- noch unterfordert. So kommt, wie es auch im Aufbau der Kirchenkonstitution *Lumen gentium* deutlich wird, im Volk Gottes dem Dienstcharakter des notwendigen und unverzichtbaren Amtes eine besondere Aufgabe zu, die sich übrigens auch in einer spezifischen Spiritualität der Leitung ausdrückt.[136] Freilich besteht das Besondere des Amtes gerade auch darin, alle notwendigen und unverzichtbaren Dienste und Ämter im guten Sinn zu relativieren: Wenn Papst Franziskus auf die Gefahr des Klerikalismus als „Frucht einer falschen Form [...], die vom Zweiten Vatikanischen Konzil aufgezeigte Ekklesiologie zu leben"[137] verweist, liegt die eigentliche Pointe gerade darin, dass er es als oberster Kleriker tut. Übrigens sieht er den Klerikalismus auch dort am Werk, wo man eine „Elite von Laien"[138] mit dem gesamten Volk Gottes in der Welt verwechselt. Man könnte im Sinne des oben genannten „sakramentalen Paradoxons der Katholizität" auch fragen, wie viele und welche Kleriker nötig sind, um den Klerikalismus unter

---

teilkirchlichen Strukturen (Europas Synoden nach dem Zweiten Vatikanischen Konzil 3), Freiburg i.Br. 2015, S. 35–65, hier: S. 40 f.

[133] Michael Quisinsky, Lebenschenkender Glaube. Eine pastorale Konzeption aus dem französischen Sprachraum, in: Ders., Katholizität der Inkarnation, a.a.O., S. 419–428.

[134] Vgl. in diesem Zusammenhang auch die fragenden Anmerkungen zur „pastorale d'engendrement" von Henri-Jérôme Gagey, Les ressources de la foi, Paris 2015, S. 149, 157, 161 (!), 173–175, die nicht zuletzt der „institutionellen" Dimension von Glaube und Kirche gelten.

[135] Vgl. Hervé Legrand, Le rôle des communautés locales dans l'appel, l'envoi, la réception et le soutien des laïcs recevant une charge ecclésiale, in: Maison-Dieu 215 (1998), S. 9–32, hier: S. 13–17. Ausführlich zwischenzeitlich die im Internet zugängliche Dissertation des nunmehrigen Weihbischofs in Montréal, Alain Faubert, „Tous", „un", „quelques-uns". La présidence, expression de l'interdépendance entre pasteurs et Ecclesia, Québec/Paris 2010 (www.theses.ulaval.ca/2010/27444/27444_1.pdf [13.03.2017]).

[136] „La spiritualité de la présidence se veut non seulement communionnelle mais également missionaire *dans* la communion" (Alain Faubert, Présidence du curé et leadership paroissial, in: Marc Pelchat [Hrsg.], Réinventer la paroisse, Montréal 2015, S. 103–120, hier: S. 119 f.).

[137] Schreiben von Papst Franziskus an den Präsidenten der Päpstlichen Kommission für Lateinamerika, Kardinal Marc Ouellet, 19. März 2016 (https://w2.vatican.va/content/francesco/de/letters/2016/ documents/papa-francesco_20160319_pont-comm-america-latina.html [13.03.2017]).

[138] Ebd.

Priestern wie Laien möglichst klein zu halten. Schließlich geht es um ein spezifisches und je konkretes Miteinander, wie es etwa im Dekret über Dienst und Leben des Priesters zum Ausdruck kommt, wenn die Interpretation der Zeichen der Zeit im Licht des Evangeliums als gemeinsame Aufgabe von Priestern und Laien (PO 9, s. o.), die ungeachtet der bischöflichen Verfasstheit der Teilkirche (Diözese) durch die ekklesiogenetische Funktion der Eucharistiefeier vor Ort (vgl. LG 26) konstitutiv miteinander verbunden sind, gefasst wird.[139] Wohl auch von daher erklärt sich übrigens auch die Lanze, die Papst Franziskus für die derzeit außer- wie innerkirchlich angefochtenen Pfarreien bricht, deren spirituelles Potential für missionarisches Christsein in und als Teil der Welt von heute m. E. unterschätzt wird bzw. lange Zeit so unterschätzt wurde, dass heute Grundlagen ihrer spezifischen spirituellen Leistungsfähigkeit zu entschwinden drohen.[140] Dass neben territorial verfassten Pfarreien mit ihren oft unter-

---

[139] Eine Beeinträchtigung der missionarischen Sendung durch weniger werdende Eucharistiefeiern macht aus François Wernert, Le dimanche en déroute. Les pratiques dominicales dans le catholicisme français au début du 3e millénaire. Préface de Mgr Albert Rouet, archevêque de Poitiers, Paris 2010, S. 453.

[140] Es lohnt sich, die „Mission", „Evangelisierung" und „Spiritualität" zusammendenkenden Ausführungen des Papstes in Erinnerung zu rufen: „Die Pfarrei ist keine hinfällige Struktur; gerade weil sie eine große Formbarkeit besitzt, kann sie ganz verschiedene Formen annehmen, die die innere Beweglichkeit und die missionarische Kreativität des Pfarrers und der Gemeinde erfordern. Obwohl sie sicherlich nicht die einzige evangelisierende Einrichtung ist, wird sie, wenn sie fähig ist, sich ständig zu erneuern und anzupassen, weiterhin ‚die Kirche [sein], die inmitten der Häuser ihrer Söhne und Töchter lebt'. Das setzt voraus, dass sie wirklich in Kontakt mit den Familien und dem Leben des Volkes steht und nicht eine weitschweifige, von den Leuten getrennte Struktur oder eine Gruppe von Auserwählten wird, die sich selbst betrachten. Die Pfarrei ist eine kirchliche Präsenz im Territorium, ein Bereich des Hörens des Wortes Gottes, des Wachstums des christlichen Lebens, des Dialogs, der Verkündigung, der großherzigen Nächstenliebe, der Anbetung und der liturgischen Feier. Durch all ihre Aktivitäten ermutigt und formt die Pfarrei ihre Mitglieder, damit sie aktiv Handelnde in der Evangelisierung sind. Sie ist eine Gemeinde der Gemeinschaft, ein Heiligtum, wo die Durstigen zum Trinken kommen, um ihren Weg fortzusetzen, und ein Zentrum ständiger missionarischer Aussendung. Wir müssen jedoch zugeben, dass der Aufruf zur Überprüfung und zur Erneuerung der Pfarreien noch nicht genügend gefruchtet hat, damit sie noch näher bei den Menschen sind, Bereiche lebendiger Gemeinschaft und Teilnahme bilden und sich völlig auf die Mission ausrichten" (EG 28). Vgl. auch seine Antwort auf eine entsprechende Frage von Weihbischof Leszek Leszkiewicz: „[…] Die Neuheit suchen und die Pfarrstruktur ändern? Was ich Ihnen sage, mag vielleicht wie eine Häresie erscheinen, aber es ist, wie ich es erlebe: Ich glaube, dass sie etwas Ähnliches wie die bischöfliche Struktur ist, sie ist anders, aber ähnlich. An die Pfarrei darf man nicht rühren: Sie muss bestehen bleiben als ein Ort der Kreativität, als Bezugspunkt, als ein mütterlicher Hort… Und dort diesen Erfindungsgeist walten lassen. Und wenn eine Pfarrei so weitermacht, verwirklicht sich das, was ich – in Bezug auf die missionarischen Jünger – ‚eine Pfarrei im Aufbruch' nenne […]" (Begegnung mit den polnischen Bischöfen. Ansprache des Heiligen Vaters, 27. Juli 2016: https://w2.vatican.va/content/francesco/de/speeches/2016/july/documents/papa-francesco_20160727_polonia-vescovi.html [13.03.2017]).

schwellig wirkenden Möglichkeiten, wie sie v. a. in lange Zeit volkskirchlich geprägten Gebieten nach wie vor gegeben sind,[141] nicht nur in „säkularisierten"[142] Gebieten neue Spiritualitäts- und Vergemeinschaftungsformen dringend nötig sind, versteht sich ebenso von selbst, wie es diesbezüglich nicht nur auf einer appellativen Ebene verbleiben darf, die in den bestehenden Gemeinden und Gemeinschaften demotivierend wirken und somit deren kreative geistliche Transformation faktisch blockieren kann. Vielmehr sollte m. E. der Akzent darauf gelegt werden, in welchem Geist wir – bestehende und neue – Strukturen und Institutionen „sakramental" in den Dienst nehmen. Spiritualität und Institutionalisierung, die immer wieder und gerade auch in Krisenzeiten oft einander gegenübergestellt werden, sind im Sinne des oben genannten Paradoxons untrennbar miteinander verbunden, bedürfen freilich der je neuen wechselseitigen Unterbrechung. Die Konzilshermeneutik der Barmherzigkeit mit ihrer Struktur der wechselseitigen Unterbrechungen zeigt, dass und wie einerseits notwendige Institutionen und Strukturen der Organisation, der Kommunikation und der Communio „Zeichen und Werkzeug" der Barmherzigkeit sein können, aber auch, dass und wie andererseits die Barmherzigkeit je neu das Leben in Institutionen und Strukturen anspornen, hinterfragen und prägen muss.

5. Christsein im Modus von Krise und Konflikt – oder: Katholische Spiritualität als konkrete Universalität

Der spirituelle Aufbruch des Konzils liegt lange zurück. An seine Stelle ist heute die Grunderfahrung der Krise getreten, die gleichermaßen Gott und den Menschen, die Kirche und die Welt betrifft. Zwar gibt es durchaus einzelne überzeugende Antworten auf diese Krise, jedoch scheinen sie keine gesamtkirchlich spürbare und über die Kirche hinaus wirkende spirituelle Kraft zu entfalten. Vielmehr verstärken unterschiedliche Erfahrungen,

[141] Vgl. dazu explizit vom II. Vaticanum her Herbert Haslinger, Gemeinde – Kirche am Ort. Impulse des Zweiten Vatikanischen Konzils, Paderborn 2016. Vgl. auch Philipp Müller, Neues wagen, ohne das Potenzial parochialer Strukturen geringzuschätzen. Eine Positionierung in pastoraler Nüchternheit, in: Pastoraltheologische Informationen 36 (2016), Nr. 2, S. 65–75.

[142] Die für eine missionarische Spiritualität zentralen Aspekte der theologischen Analyse bei Hervé Legrand, Säkularisierung, in: Sekretariat der Deutschen Bischofskonferenz/CCEE Sekretariat (Hrsg.), Die europäischen Bischöfe und die Neu-Evangelisierung Europas. Rat der europäischen Bischofskonferenzen (CCEE). Oktober 1991 (Stimmen der Weltkirche Europa 32), o.O. o.J. [Bonn/St.Gallen 1991], S. 142–150 erhalten neue Dringlichkeit durch die Einordnung in größere Zusammenhänge, wie sie Charles Taylor, Ein säkulares Zeitalter, Berlin 2010 entfaltet.

Einschätzungen und Erwartungen ein Grundgefühl spiritueller Unzufriedenheit innerhalb wie außerhalb der Kirche. Kirchliche Spiritualität muss deshalb die damit verbundenen Spannungen erstnehmen und integrieren, sollen diese nicht ständig durch die Hintertür eindringen und die Christinnen und Christen in der Kirche daran hindern, durch die „Tür" des Konzils (Papst Franziskus, s. o.) „in alle Welt" hinein bzw. hinaus (Mk 16,15) zu gehen.

Kehren wir deshalb nochmals zurück zum Beginn von *Ad gentes*, wo betont wird, dass die Kirche als umfassendes Heilssakrament sich „gemäß dem innersten Anspruch ihrer eigenen Katholizität" (AG 1) dem Auftrag zur Evangelisierung widmen müsse, „evangeliumsgeschichtliches" Kirchesein mithin unterwegs zur Katholizität und zur von Gott geschenkten Fülle des Lebens ist. Im Horizont der „Mentalität des Barmherzigen Samariters" hat sich gezeigt, dass sich Katholizität im Zusammenspiel von Konkretion und Universalität je neu ereignet – weltweit vor Ort. Der Reichtum, der daraus für unser Verhältnis für Gott und Mensch, Kirche und Welt folgen kann, konnte nur ansatzweise aufgezeigt werden. Dass eine auf einer „Konzilshermeneutik der Barmherzigkeit" basierende „katholische" Spiritualität des barmherzigen Samariters gerade in Zeiten der Krise und auch der Konflikte hilfreicher Horizont für eine „missionarische" Kirche sein kann und konkret beginnend in die Weite der Katholizität hineinführt, sei abschließend an drei Aspekten gegenwärtiger Kirche- und Glaubenskrisen aufgezeigt.

Erstens stellt sich – in unserem Zusammenhang – die Frage nach der Mission in neuer Weise. Durch den Gedanken der „Katholizität", zu der die Kirche immer erst unterwegs ist, erweist sich ein eurozentrisches Kirchen- und Missionsverständnis als obsolet.[143] Gleichzeitig hat sich die seit der Vorkonzilszeit virulente Frage, inwiefern etwa Frankreich oder Deutschland Missionsländer sind, verschärft. Klassische Fragekategorien, etwa ob es sich in manchen Regionen um eine De-Christianisierung oder eine nie stattgefundene Christianisierung handelt,[144] wurden um neue Analyseinstrumente wie etwa jene der „Exkulturation"[145], aber auch der „Exchristianisation" oder

[143] Christoph Böttigheimer (Hrsg.), Globalität und Katholizität. Weltkirchlichkeit unter den Bedingungen des 21. Jahrhunderts (Quaestiones disputatae 276), Freiburg i.Br. 2016.

[144] So immer noch aufschlussreich Marie-Dominique Chenu, Dé-christianisation ou non-christianisation [1960], in: Ders., La parole de Dieu. Band 2: L'Évangile dans le temps (Cogitatio Fidei 11), Paris 1964, S. 247–253.

[145] Vgl. Danièle Hervieu-Léger, Catholicisme, la fin d'un monde, Paris 2003, S. 97; Nicolas Bremond d'Ars, Catholicisme, zones de fracture. Que devient le catholicisme en France?, Paris 2010, S. 9 f.

der „Abchristianisation“[146] ergänzt. Natürlich sind hier vielgestaltige Prozesse am Werk, konnten doch etwa Ergebnisse einstiger Inkulturation ihrerseits Exkulturationsprozesse freisetzen oder umgekehrt fehlendes Inkulturationsgespür die Exkulturation beschleunigen. Nicht zuletzt die Analyse der nachkonziliaren Synoden[147], aber auch anderer Rezeptionsprozesse des II. Vaticanums hilft dabei, hier je neue Inspiration mit Nüchternheit zu verbinden.[148] Für das Christsein weltweit wie vor Ort gilt freilich bei der Suche nach einer neuen Inkulturation auch, dass nach dem Missionsdekret die Nachfolger der Apostel dazu verpflichtet sind, der Verkündigung des Evangeliums „Dauer zu verleihen“ (AG 1). Sollen für eine notwendige Institutionalisierung der Inkulturation (die freilich den Begriff der Institutionalisierung neu perspektiviert) weder eine idealisierte Vergangenheit noch eine erträumte Zukunft blickleitend sein, müssen die Gegebenheiten vor Ort – Vorerwartungen und Außenwahrnehmungen, Verpflichtungen und Prophetie, Naheliegendes und Schwierigkeiten – in besonderer Weise berücksichtigt werden. Zugleich ist es eine große Chance der Katholizität vor Ort, durch ein überörtliches und überindividuelles Koordinatensystem inspiriert zu sein. Dabei ist weltkirchliches Lernen ein un-

---

[146] Für die beiden letztgenannten Begriffe s. Yvon Tranvouez, Feu les chrétientés, in: Ders. (Hrsg.), La décomposition des chrétientés occidentales (1950–2010), Brest 2013, S. 11–19, S. 17 f.

[147] Vgl. dazu aus dem französischen und deutschen Sprachraum v. a. Arnaud Join-Lambert, La liturgie des synodes diocésains français 1983–1999 (Liturgie 15), Paris 2004; Sabine Demel/Hanspeter Heinz/Christian Pöpperl, „Löscht den Geist nicht aus“. Synodale Prozesse in deutschen Diözesen, Freiburg i.Br. 2005; Dominik Burkard, Diözesansysnoden und synodenähnliche Foren sowie Kirchenvolksbegehren der letzten Jahrzehnte in den deutschsprachigen Ländern, in: Römische Quartalschrift 191 (2006), S. 113–140; Dominique Barnérias, La paroisse en mouvement. L'apport des synodes diocésains français de 1983 à 2004, Paris 2011; Reinhard Feiter/Richard Hartmann/Joachim Schmiedl (Hrsg.), Die Würzburger Synode. Die Texte neu gelesen. Mit einem Vorwort zur Neuauflage von Karl Lehmann, Freiburg i.Br. 2012; Joachim Schmiedl (Hrsg.), Nationalsynoden nach dem Zweiten Vatikanischen Konzil. Rechtliche Grundlagen und öffentliche Meinung (Theologische Berichte 35), Fribourg 2013.

[148] Dies ist ein unüberschaubares Feld. Beispielhaft sei auf zwei Einschätzungen zu nachkonziliaren spirituellen Optionen französischer Katholiken verwiesen: während das Modell des Sauerteigs als „généreux et (...) suicidaire“ kritisiert wurde (Jean-Pierre Denis, Indifférence et disponibilité, in: Penser l'inscription de l'Église. Regards croisés sur la participation des catholiques à la société. Colloque de l'observatoire Foi et Culture de la Conférence des Évêques de France [4 décembre 2010], Paris 2011, S. 94–100, hier: S. 98), wird dem Alternativmodell der Kirche als Gegenentwurf zur Gesellschaft bescheinigt, das zu verstärken, was es beklage (Hervé Legrand, Introduction. L'articulation entre annonce de l'Évangile, morale et législations civiles à l'ère post-constantinienne, in: Joseph Famerée/Pierre Gisel/Ders. [Hrsg.], Évangile, moralité et lois civiles. Gospel, Morality and Civil Law. Proceedings oft he Colloquia at Bologna [2013] and Klingenthal [2014] [Christianity and History 13], Wien/Zürich 2016, S. 23–33, hier: S. 23).

verzichtbarer Blick von außen, der die eigene Kreativität stimuliert und den weiten Horizont eröffnet, den es oft genug braucht, um Naheliegendes überhaupt zu sehen. Den Blick für Naheliegendes kann man allerdings nicht nur in Manila oder Poitiers schärfen, sondern auch vom jeweils Nächsten her, und so sollte weltkirchliches Lernen nicht dazu führen, die Verantwortung für die eigene Situation aus dem Blick zu verlieren. Dies zeigt etwa eine schick gewordene, aber vielleicht doch voreilige Kritik an in der Tat transformationsbedürftigen, aber eben auch perspektivenreichen Aspekten deutscher Pastoral – die Stichworte „flächendeckend“ oder „jahrgangsbezogen“ mögen zur Illustration genügen, wenngleich die entsprechenden Herausforderungen und Möglichkeiten selbstverständlich regional zu nuancieren sind. Das situationsgebundene Handeln des barmherzigen Samariters sollte man gerade in der deutschsprachigen Welt nicht gegen Fragen der Institutionalisierung ausspielen, und die Entschiedenheit des Barmherzigen Samariters sollte man nicht einfach in einer etwas schnellen Weise mit einem Verständnis von Entscheidungschristentum verwechseln, das z. B. in einst kirchlich geprägten Regionen an der „unbekannten Mehrheit“[149] von „Taufscheinchristen“ und „Weihnachtschristen“[150] vorbeigeht.[151] Aufs Ganze gesehen würde ein solches Vorbeigehen im Übrigen auch jene geistlichen Leerstellen in der Gesellschaft befördern, denen wir dann „missionarisch“ begegnen wollen – mit der Gefahr, unter der Hand auf ein überholtes Verständnis des Missionarischen zurückgeworfen zu werden. „Missionarisches“ Kirchesein in postchristlich-postsäkularer Kultur aber hat immer auch eine Verantwortung für die je eigene Gesamtsituation, was man nicht so schnell als Wille zur Kontrolle, als Versorgungsdenken oder als Besitzstandswahrung missdeuten sollte, sondern als echte Herausforderung einer christlichen Spiritualität in der Welt von heute.

Zweitens ist nicht das Selbstverständnis der Kirche, Sakrament zu sein, das Entscheidende, sondern das, wofür sie Zeichen und Werkzeug ist. Anders gesagt, heißt sakramentales Kirchesein, Mittel und Zweck nicht zu

[149] Johannes Först/Joachim Kügler (Hrsg.), Die unbekannte Mehrheit: mit Taufe, Trauung und Bestattung durchs Leben? Eine empirische Untersuchung zur „Kasualienfrömmigkeit“ von KatholikInnen – Bericht und interdisziplinäre Auswertung (Werkstatt Theologie 6), Berlin/ Münster 2006; dazu auch Ottmar Fuchs, Sakramente – immer gratis, nie umsonst, Würzburg 2015.

[150] Jan Loffeld, Das andere Volk Gottes. Eine Pluralitätsherausforderung für die Pastoral (Erfurter Theologische Studien 99), Würzburg 2011, S. 48.

[151] Dies gilt übrigens auch für Frankreich, vgl. die ein bestimmtes Frankreichbild deutschsprachiger Theologie nuancierenden Untersuchungen von Yann Raison de Cleuziou, Une revanche du catholicisme festif? Les rites catholiques sur le marché du rituel en France aujourd’hui, in: La Maison-Dieu 283 (2016) 1, S. 125–138.

verwechseln.[152] Dies gilt für die persönliche wie für die gemeinschaftliche Spiritualität. Konkretion und Katholizität von Kirche können sich deshalb nicht ereignen, wenn sich die Kirche nicht ganz umfassend immer auch von außen betrachtet. Nur so besteht überhaupt die Chance, als Zeichen und Werkzeug von den Mitmenschen erkannt und anerkannt zu werden. Heute ist allen in der Kirche klar, dass neue Situationen neue Zugänge erfordern. Allerdings zeigt sich recht schnell, dass diese nicht einfach von den innerhalb wie außerhalb der Kirche wirksamen Vorverständnissen abstrahieren können. In manchen Regionen wurden diese von früheren Zugängen mit ihren Chancen und Grenzen (Stichwort „Volkskirche") generiert, in anderen Regionen ist die auch kulturelle Neuartigkeit und Fremdheit des Christlichen stärker bestimmend.[153] Der „sakramentale" Blick von außen verweist hier u.a. auch auf das große Kreativitätspotenzial der Kirche in ihren verschiedenen rituellen und institutionellen, individuellen und strukturellen Äußerungsformen. Sind hier mit Kreativität gegangene erste Schritte nicht vielleicht oft sehr viel leichter als theorielastiges Grübeln, wie wir denn nun – das auch noch! – „missionarisch" sein können und dabei tatsächlich „dienen"? Der „sakramentale" Blick von außen bewahrt vor einer spirituellen, in Pastoral und Theologie häufig auch unbemerkt wirkenden Tendenz, die Dinge nur aus einer christlichen Binnenperspektive heraus zu sehen – an die Stelle einer umfassenden Inkulturation träte dann eine wohlige christliche Binnen- und Subkultur, sei es in nostalgischer oder in erträumter Form. Der barmherzige Samariter, der ganz vom Anderen her dachte und sich von ihm zum ersten Schritt unterbrechen ließ, ist in diesem Sinn auch Grundmodell für die Spiritualität, derer das Ringen um die Zukunft der Kirchengestalt bedarf: es geht nicht um die glänzenden Aussichten des Samariters, sondern um die glänzenden Aussichten dessen, der ihm begegnet.[154]

Drittens stehen alle Fragen, denen wir uns als Kirche widmen, „sakramental" im Horizont der Frage nach dem Menschen und nach Gott und nach ihrer gemeinsamen Geschichte. Hier gibt das Gleichnis vom barmherzigen Samariter einen Hinweis auf die faktisch ungeheuer schwierige Frage, wie denn die Zeichen der Zeit im Licht des Evangeliums zu deuten

[152] Paul Wehrle, Theologische Perspektiven für die pastoralen Strukturprozesse in Deutschland, in: Hilary Anne-Marie Mooney/Karlheinz Ruhstorfer/Viola Tenge-Wolf (Hrsg.), Theologie aus dem Geist des Humanismus (FS Peter Walter), Freiburg i.Br. 2010, S. 432–446, S. 434 f., bietet eine grundsätzliche Einordnung der missionarischen Dimension der Sakramentalität in die theologisch-pastorale Situation der Gegenwart.

[153] Dazu EG 69.

[154] Vgl. Christian Hennecke, Glänzende Aussichten. Wie Kirche über sich hinauswächst, Münster 2010.

seien und was daraus für das Sakrament Kirche, die im Heiligen Geist natürlicher Ort dieser Deutung ist, folgt.[155] Das Zusammenspiel von erstem Schritt und weiteren Schritten in der Geschichte vom Barmherzigen Samariter lässt sich vielleicht so deuten, dass hier ein notwendiger, z. B. mit Hilfe soziologischer Methoden objektivierbarer Begriff der Zeichen der Zeit durch konkrete Unterbrechungen zu konkretisieren ist: wie wäre denn eigentlich unsere Begegnung innerhalb oder außerhalb der Kirche mit der netten Frau Meier und mit dem aufdringlichen Herrn Müller, der verzweifelten Frau Schulz und dem ehrgeizigen Herrn Schmidt im Licht des Evangeliums zu deuten? Wie unterbricht diese Begegnung unseren Glauben? Wie unterbricht unser Glaube diese Begegnung? Wie schreibt dabei Gott heute Evangeliumsgeschichten mit uns? Was können wir als Einzelne und als Kirche dazu beitragen? Wo stehen wir als Einzelne und als Kirche im Weg? Was können wir davon lernen, über den Menschen und über Gott? Was können wir darin einbringen an Erfahrungen mit Mensch und Gott? Und nicht zuletzt auch: Was bedeutet „apostelgeschichtlich“ und „missionarisch“ bei alledem das „Wir“, d. h. unser gemeinsames Christsein als Kirche „in der Welt von heute“, auf örtlicher, überörtlicher, regionaler, weltlicher Ebene?

Diese Beispiele mögen genügen, um zu zeigen: Christliche Spiritualität kann den Krisenerfahrungen und ihrem Konfliktpotential nicht ausweichen. Fünfzig Jahre nach dem Konzil stimmen sicherlich die meisten dem Papst zu, dass die „Mentalität des barmherzigen Samariters“ eine unverzichtbare Voraussetzung für christliche und kirchliche Spiritualität ist. Wie aber diese Mentalität gefördert werden kann und was jeweils aus ihr vor Ort, auf diözesaner, nationaler und weltweiter Ebene folgt, darüber dürften die Meinungen auseinander gehen. So fragen die einen: „Aus, Amen, Ende?“[156] – und die anderen rufen: „Himmel – Herrgott – Sakrament“[157]. Die gemeinsame Suche nach Lösungen im Sinne eines konziliaren „Vorangehens“[158] muss deshalb als Teil christlicher Spiritualität betrachtet werden. Zentral jedenfalls ist der von Kardinal Lehmann angemahnte wechselseitige

[155] Für die Schwierigkeit, eine „konsensfähige Kriteriologie“ für die Benennung und Interpretation der Zeichen der Zeit zu entwickeln, vgl. Richard Hartmann, „Zeichen der Zeit“ – Relevanz für das Selbstverständnis einer synodalen Kirche, in: Joachim Schmiedl/Robert Walz (Hrsg.), Die Kirchenbilder der Synoden, a.a.O., S. 251–271, bes. S. 255. Vgl. allerdings auch 50 Jahre nach dem II. Vatikanischen Konzil. Theologen der Welt beraten, a.a.O., S. 687–691 (Kapitel 1, Abschnitt 7 und 8) sowie S. 702–725 (Kapitel 2).

[156] Thomas Frings, Aus, Amen, Ende? So kann ich nicht mehr Pfarrer sein, Freiburg i.Br. 2017.

[157] Rainer Maria Schießler, Himmel – Herrgott – Sakrament. Auftreten statt austreten, München 2016.

[158] Papst Franziskus, s. o. Anm. 47 und 91.

Zusammenhang von Kirchenreform und Spiritualität.[159] Und vielleicht erklärt sich gerade von daher, dass Papst Franziskus im Zusammenhang mit der Barmherzigkeit so eindringlich auf das liebende Erbarmen Gottes in Gewissenserforschung, Umkehrbereitschaft und Sündenvergebung hinweist.[160]

Eine „Konzilshermeneutik der Barmherzigkeit" steht letztlich im Dienst einer Spiritualität „in der Welt von heute", zu der das Konzil auch heute – gerade heute – ermutigen will. Dabei sind Barmherzigkeit und Mission nicht zwei Bereiche, die nebeneinander gestellt werden können. Die Spiritualität des barmherzigen Samariters zeigt vielmehr: Barmherzigkeit *ist* die Mission. Sie verbindet Bodenhaftung und Ruf ins Weite, Sorge um das Naheliegende mit Offenheit für das Ganze. Sie ist konkrete Universalität. Das II. Vaticanum, dem wir diese Einsicht neu zu verdanken haben, antwortet nicht auf alle unsere heutigen Fragen, aber gibt uns Rückenwind, wenn wir „evangeliumsgeschichtlich" um des Heils und der Heilung der Menschen in der Nachfolge Jesu vorangehen, einen Schritt nach dem anderen. Wichtig, und darin besteht vielleicht missionarische Spiritualität zuallererst, ist es, den ersten Schritt zu tun – mal in kreativer, mal in vertrauter Weise, mal begeistert, mal nüchtern. Ebenso wichtig ist es allerdings, und darin besteht die kirchliche Verantwortung, diesen Schritt nicht versanden zu lassen, damit weitere Schritte folgen. Dazu notwendig ist die Bereitschaft, die Augen offenzuhalten: „‚Wir müssen die Stadt' – und somit alle Räume, wo das Leben unseres Volkes sich abspielt – ‚von einer kontemplativen Sicht her, das heißt mit einem Blick des Glaubens erkennen, der jenen Gott entdeckt, der in ihren Häusern, auf ihren Straßen und auf ihren Plätzen wohnt. […] Er lebt unter den Bürgern und fördert die Solidarität, die Brüderlichkeit und das Verlangen nach dem Guten, nach Wahrheit und Gerechtigkeit. Diese Gegenwart muss nicht hergestellt, sondern entdeckt, enthüllt werden. Gott verbirgt sich nicht vor denen, die ihn mit ehrlichem Herzen suchen'."[161]

[159] Karl Lehmann, Anhang zum Hirtenwort „Warum ich in der Kirche bleibe", a.a.O., S. 115.

[160] Vgl. besonders auch Papst Franziskus, Der Name Gottes ist Barmherzigkeit. Ein Gespräch mit Andrea Tornielli, München 2016. S. auch Karl Lehmann, „Barmherzigkeit", in: Ders., Was im Wandel bleibt, a.a.O., S. 20–27.

[161] Schreiben von Papst Franziskus an den Präsidenten der Päpstlichen Kommission für Lateinamerika. Das um einen entscheidenden Einschub präzisierte Zitat im Zitat entstammt Evangelii gaudium Nr. 73.

Michael Triegels „Barmherziger Jesus"

Bildbetrachtung im Kontext der Frage nach einer missionarischen Haltung[1]

Thomas Hoogen

Das Bild

Ein Mensch tritt ein.

Oder war er schon da und kommt auf uns zu? Oder tritt er heraus statt herein?

Ist es wirklich ein Mensch, oder deuten die Strahlen, die von ihm ausgehen, auf einen Über- oder Außerirdischen hin? Oder sowohl als auch?

Das sind nur zwei von vielen von Mehrdeutigkeiten dieses Bildes.

Hände, Arme, Oberkörper und Füße der frontal abgebildeten Gestalt machen einen sehr irdischen, menschlichen Eindruck. Die nackten Hände und Füße wirken eher grob und fallen durch vier deutlich erkennbare, relativ frische Wunden ins Auge. Einige Zehen weisen Blutspuren auf. Eine Hand mit im Schatten der angewinkelten Finger liegender Wunde ist zum klassischen Segensgestus erhoben und setzt sich vor dem schwarzen Hintergrund im türlosen Türrahmen ab, der mit Ausnahme der Füße die gesamte Person umgibt und in seinem einheitlichen Tiefschwarz wie ein Fremdkörper in der ansonsten betont naturgetreuen Gesamtkomposition wirkt.

Sehr naturalistisch erscheinen auch der hölzerne Türrahmen (mit rostbraunen Türangeln und ebensolchem, offenem Vorhängeschloss ohne Schlüssel) samt Schwelle und der geflieste Fußboden, auf dem die Gestalt steht. Da er unmittelbar an den Bildrand stößt, übernimmt der Türrahmen an drei Bildseiten optisch die Funktion eines Bilderrahmens, der sich am unteren Bildrand durch eine steinerne Türschwelle, den davor liegenden Fußboden und die darauf stehenden Füße öffnet und nur durch den Schatten am rechten unteren Seitenrand und einige wenige Strahlen räumlich in den Hintergrund tritt. Der Fußboden besteht aus kleinen quadratischen und halbierten, dreieckigen Fliesen, die teilweise im Muster verlegt sind, und weist deutliche Gebrauchsspuren und Schäden auf. Die drei Fliesenfarben korrespondieren mit anderen Bildteilen: die Hauptfarbe

---

[1] Das Gemälde war eines der Werke, die beim Besuch der Tagungsteilnehmenden am 17. März 2017 im Leipziger Atelier von Michael Triegel standen. Das Bild war, wie der Künstler erläuterte, unmittelbar vorher vollendet worden. Vgl. zum Atelierbesuch auch in dieser Publikation Marliese Klees, „Die Inspiration existiert, aber sie muss dich bei der Arbeit finden." Zu Besuch im Atelier Michael Triegel, S. 185–188.

Elfenbein mit dem Gewand, das Blassrot mit den Wunden und der am Boden liegenden Mohnblüte. Das Graugrün ist eine Mischung aus dem Grün der Akelei und dem schwarzen Hintergrund im Türrahmen. Die wenigen graugrünen Rauten sind jeweils von kleinen hellen Dreiecken umgeben, um die zu Grunde liegende Quadratform der Fliesen zu erreichen. Drei der dunklen Rauten sind kreuzförmig von vier blassroten Quadraten umgeben; eines dieser Kreuze ist gut sichtbar zwischen den beiden Füßen.

Der untere Bildrand ist rechts durch eine aus Fliesenboden und Bildrand herauswachsende Akelei mit blauvioletten, gelbadrigen Blüten unterbrochen. Wo die Akelei aus dem Boden wächst, fehlen einige Fliesen(teile); zwei liegen unmittelbar daneben. Eine dieser aufgebrochenen Fliesen hat der Künstler für sein Signet genutzt. Auf ihr sitzt ein Schmetterling[2] mit zusammengeklappten Flügeln, der in seiner schwarzgelben Zeichnung an Arten aus der Familie der Ritterfalter erinnert. Der vordere Flügel ist nicht mehr vollständig.

Obwohl die Akelei nur in einer Bildecke erscheint, schiebt sie sich zwischen die Betrachtenden und die dargestellte Person und verleiht dem ansonsten durch Frontalität geprägten Bild zusätzlich Tiefe. Als weiteres florales Element liegt schräg hinter der leicht gehobenen Ferse des Spielbein-Fußes eine einzelne rote Mohnblüte[3] in der Ecke der Türschwelle. Während der Türrahmen die Person bis auf die Füße quasi zweidimensional umrahmt (mit Ausnahme einiger Strahlen und des rechts unten verschatteten Rahmens), öffnen die Pflanzen und der Fliesenboden einen dreidimensionalen Raum, den die Person betritt. Die Akelei[4] lässt wegen ihrer „Vorzeige"-Position an Wappenschilde der spätmittelalterlichen Malerei denken, mit denen sich Stifter in ihre Bilder „einschreiben" ließen.

Wie eine Namenstafel der frühneuzeitlichen Portraitmalerei wirkt ein kleiner weißer Zettel der neben der Akelei im Zwischenraum vor den Füßen auf dem Boden liegt. Er trägt die Aufschrift „Jesus ich vertraue auf Dich".

[2] Der seit der Antike als Symbol verwandte Schmetterling gilt in der christlichen Kunst als Sinnbild für die Auferstehung. Vgl. Gerhard Seib, Art. Schmetterling, in: LCI Bd. 4 (SA 1994), Sp. 96.

[3] In der spätmittelalterlich-frühneuzeitlichen Malerei wird die Mohnblüte wegen ihrer Farbe als Symbol für die Passion Jesu genutzt. Vgl. Peter Schmersahl, Mohn in der bildenden Kunst. Eine Pflanze zwischen Traum und Tod, in: DAZ Jg. 143 (2003), Nr. 5 (26. 1. 2003), S. 451–459.

[4] Die Akelei erscheint in der spätmittelalterlichen Malerei als mehrdeutiges religiöses Symbol, unter anderem für das göttliche Wirken und die Dreifaltigkeit. Vgl. U[te] Braun, Art. „Akelei", in: LCI Bd. 1 (SA 1994), Sp. 89 f. Auch die gängige Deutung der Akelei als Mariensymbol setzt Michael Triegel in einem seiner Bilder ein, das stilistisch die spätmittelalterlich-frühneuzeitliche Miniaturenmalerei aufgreift, wie sie vor allem für Andachtsbücher verwandt wurde.

Michael Triegel, Andachtsbild des barmherzigen Jesus, 2017 (Mischtechnik und Blattgold auf MDF-Tafel, 220 x 100 cm, Foto: Martin Url, Frankfurt/Main)

Das elfenbeinfarbene, gesäumte Tuch, in das die Gestalt gehüllt ist, wirkt einerseits, vor allem aufgrund der Ärmel, wie ein langes Hemd oder eine Albe. Die weit ausgestellten Ärmel sind umgeschlagen bzw. hochgeschoben.

Andererseits entsteht durch die von einer Schulter bis zum gegenüberliegenden Knie in üppigen Falten fallende Partie der Eindruck einer aus einer langen Stoffbahn bestehenden Toga. Dies wird durch die unterhalb des Segensarms sichtbare Fortsetzung des Stoffes auf dem Rücken und den umgeschlagenen Saum am Unterschenkel des Spielbeins unterstrichen, der die Verlängerung der Stoffbahn sein könnte, die sich um den Oberschenkel des Standbeins legt. An der Taille ist links ein gürtelartiger Streifen des gleichen Stoffes erkennbar.

Unterschiedliche Assoziationen weckt auch der Zustand des Stoffes. Während die Falten um das Spielbein und an den Ärmeln wie Gebrauchsspuren wirken, gibt es auf der Stoffpartie am Unterschenkel des Standbeins Falten, wie sie nur zusammengelegte, ungenutzte, beziehungsweise frisch genutzte Textilien haben.

Der Kopf des Dargestellten ist ganz leicht geneigt, was die Bewegung unterstreicht, die von der Körperhälfte mit Segenshand und leicht angewinkeltem Spielbein ausgeht.

Das Gesicht des bärtigen Mannes mit schulterlangem welligem, hellbraunem Haar (mit einzelnen silbergrauen Haaren) ist sehr naturalistisch dargestellt. Es zitiert unübersehbar die gängige spätmittelalterlich-frühneuzeitliche Darstellungsform Jesu, die auch spätere Epochen, vor allem die Nazarenerkunst des 19. Jahrhunderts, aufgriffen, und durch deren Popularisierung „im Zeitalter [der] technischen Reproduzierbarkeit"[5] eine bis in unsere Zeit dominierende Jesustypisierung entstand.[6]

Das Gesicht ist samt unmittelbar angrenzenden Haaren in ein goldenes Licht getaucht, das aus ihm herauszukommen scheint und sich durch einen

---

[5] Walter Benjamin, Das Kunstwerk im Zeitalter seiner technischen Reproduzierbarkeit. Drei Studien zur Kunstsoziologie (Edition Suhrkamp Bd. 28), Frankfurt a.M. [18]1990, S. 7–44.

[6] In dieser Tradition steht auch das Gnadenbild des Barmherzigen Jesus, das auf der Grundlage von Visionen der polnischen Ordensschwester Faustyna Kowalska in mehreren Versionen entstand, deren populärste, durch Adolf Hyła 1943 gemalte und 1954 überarbeitete weltweite Verbreitung fand. Diese Verehrungstradition erhielt kirchenamtliche Anerkennung durch die Kanonisierung Schwester Faustynas 1993/2000 sowie durch die Aufnahme des Sonntags der göttlichen Barmherzigkeit am zweiten Sonntag der Osterzeit in den Römischen Generalkalender im Jahr 2000. Mit der Bildinschrift „Jesus ich vertraue auf Dich" und der Zahl und Anordnung der Herzstrahlen zitiert Michael Triegel am deutlichsten diese Bildtradition. Sie war vom Auftraggeber des Bildes, so der Künstler am 15. März 2017, als Bezugsrahmen eingebracht worden. Vgl. zur Genese des polnischen Gnadenbildes Guido Horst, Der König der Barmherzigkeit, in: VatMag Jg. 2 (2008), Nr. 4 (April 2008), S. 26–31.

an den Ohren beginnenden Nimbus aus sehr feinen goldenen Strahlen vor dem schwarzen Hintergrund der Türöffnung und dem oberen Türbalken fort- und absetzt. Die goldene Farbe lenkt die Aufmerksamkeit auf das Gesicht und macht es zu einem zentralen Teil des Bildes. Die Wirkung wird dadurch verstärkt, dass das Bild zum unmittelbaren Blickkontakt einlädt, also nicht nur angeschaut werden kann (und will), sondern auch selbst anschaut.[7] Augen und Mund strahlen eine merkwürdige Mischung aus Gelassenheit und Fokussierung aus. Der abgeklärte Anteil des Gesichtsausdrucks steht in gewissem Widerspruch zu den offenen Wunden, was erneut nahelegt, dass es sich hier nicht um einen normalen Menschen handelt.[8] Die Klarheit der Augen unterstreicht die Leuchtkraft des Gesichts, die abgeschwächt auch auf den angrenzenden Oberkörper[9], die obere Gewandpartie und die vor der Brust liegende Hand abstrahlt, die am Übergang von Haut zu Gewand die Herzgegend bedeckt.

Unterhalb dieser Hand breiten sich zwei weitere feine Strahlenbündel aus je sieben Strahlen schräg nach unten aus. Sie haben ihren Ursprung in einem gemeinsamen Punkt hinter der Hand, also im Herzbereich, und changieren in Beige-, Weiß- und Rottönen, bevor sie vor der schwarzen Türöffnung und dem Türrahmen auslaufen. Oberhalb der Herzhand verlängern einige sehr eng liegende Falten des linken Ausschnitts und etwas versetzt der kragenartige Stoffstreifen an der gegenüber liegenden Schulter die Linien der Strahlen nach oben, so dass andeutungsweise eine Art X entsteht. Durch all dies stellt die verdeckte, abstrahlende Herzregion ein weiteres Bedeutungszentrum des Bildes dar.

Licht geht aber nicht nur von den Strahlen, also von der dargestellten Person aus. Eine weitere Lichtquelle beleuchtet von vorne links vor allem den Segensarm, das Spielbein und den Türrahmen, aber auch große Teile des Gewandes und die Füße und sorgt ebenfalls für entsprechende Schatten, besonders deutlich zwischen den Beinen.

[7] Beim oben genannten Atelierbesuch erwähnte Michael Triegel die von ihm bei der Darstellung der Augen verwandte Technik des Silberblicks, um bei den Betrachtenden den größtmöglichen Eindruck des angeschaut Werdens zu erwecken. Dass dies schon mindestens einmal mit nachhaltigem Erfolg gelungen ist, dokumentiert der Zettel am Boden mit der Aussage einer/eines Betrachters/in, der eine Interaktion vorausgegangen sein muss.

[8] Bemerkenswert an Gesicht und Kopf ist, dass sie keine Wunden der Dornenkrone aufweisen.

[9] Die Haut vom Hals bis zu den Schlüsselbeinen weist zusätzlich eine Art Grauschleier auf, der einen kleinen Gegenakzent zum Abglanz des Goldgesichtes und zu den übrigen Hautpartien setzt.

Der Kontext

Der Titel des Bildes und die Aufschrift auf dem kleinen Zettel lassen keinen Zweifel daran, dass es sich hier um eine Jesusdarstellung handelt:

Jesus tritt ein.

Oder war er schon da und kommt auf uns zu? Oder tritt er heraus statt herein?

Was sagt dieses Bild über die Botschaft(en) und die Art der damit verbundenen Mission jener Glaubensgemeinschaft aus, die sich nach dem Beinamen des Dargestellten benennt?

Der irdische Jesus, wie auch der auferstandene, hat nach biblischer Auskunft seine Anhängerschaft immer wieder ermutigt, seinem Beispiel zu folgen und so aus seiner von Gott initiierten Sendung ein „Missionsprojekt" aller Menschen zu machen, die an den von ihm verkündeten Gott glauben.[10] Umgekehrt wird ein nicht durch eigene Praxis gedeckter Glaube im Neuen Testament als untauglich kritisiert (vgl. Mt 7,26 f. parr.;23,3 f. parr.; Jak 2,14–17). Deshalb macht es Sinn, Inhalte der christlichen Botschaft, die in diesem Bild zum Ausdruck kommen, und die Art ihrer Verlebendigung und Weitergabe[11], die im besten Fall positiv ansteckend wirkt,[12] miteinander in Verbindung zu bringen. Für die Bischöfe Frankreichs[13] und Papst Franziskus ist dieser Zusammenhang nicht nur möglich, sondern konstitutiv: „Ich bin eine Mission auf dieser Erde, und ihretwegen bin ich auf dieser Welt." (EG 273). Dies gilt besonders angesichts eines Bildes, das direkt zur intensiv(er)en Betrachtung von oder Begegnung mit Jesus einlädt: „Jeder Christ

[10] Vgl. zum Beispiel Mt 7,24 f. parr.; Mk 16,15 parr.; Lk 10,37; Joh 14,12; 20,21. Vgl. auch EG 20: „Alle sind wir aufgefordert, den Ruf Jesu anzunehmen, hinauszugehen aus der eigenen Bequemlichkeit und den Mut zu haben, alle Randgebiete zu erreichen, die das Licht des Evangeliums brauchen."

[11] Giancarlo Collet, Missionarisches Handeln, in: Ders., „...bis an die Grenzen der Erde". Grundfragen heutiger Missionswissenschaft, Freiburg i.Br./Basel/Wien 2002, S. 234–245, hier S. 234, beschreibt den Zusammenhang von Glaubensannahme und -weitergabe so: „Missionarisches Handeln kann als kommunikatives Geschehen verstanden werden, in dem Menschen, die das Evangelium vernommen haben und es sich gefallen ließen, dieses auch anderen zur Sprache und zur Erfahrung bringen."

[12] Vgl. die große Betroffenheit unter den Zuhörenden bei der Pfingstpredigt des Petrus (Apg 2,37) und Michael Meyer, Missionarisch Kirche sein (TiF. Pastoraltheologischer Kurs, Ergänzungsprogramm Lehrbrief 4), Würzburg 2015, S. 21: „Menschen sind vom Glauben fasziniert, wenn sie auf überzeugte und überzeugende Christen treffen."

[13] Vgl. Den Glauben vorschlagen in der heutigen Gesellschaft. Brief an die Katholiken Frankreichs, in: Hadwig Müller/Norbert Schwab/Norbert Tzscheetzsch (Hrsg.), Sprechende Hoffnung – werdende Kirche. Proposer la foi dans la societé actuelle/Den Glauben vorschlagen in der heutigen Gesellschaft, Ostfildern 2001, S. 16–74, hier S. 73: „Die Weite der Mission kann von der Tiefe des Glaubens nicht getrennt werden."

ist in dem Maß Missionar, in dem er der Liebe Gottes in Jesus Christus begegnet ist" (EG 120).[14]

Michael Triegels Bild lädt zum verweilenden Betrachten ein; es ist als Kunstwerk aber eine „Momentaufnahme". Deshalb können die nachfolgenden Beobachtungen nur einzelne Mosaiksteine für einen Zugang zum Missionarischen sein. Sie sind nicht als Gesamtdarstellung einer Missionsspiritualität gedacht sondern als Anregung, die eigene Aufmerksamkeit für Zeichen der Zeit zu schulen, die uns ermutigen und lehren, eine missionarische Grundhaltung zu entwickeln und einzuüben.

Die erste Beobachtung betrifft keinen Bildinhalt sondern die im ersten Teil angewandte Methode der Bildbetrachtung. Aufmerksamkeit und Interesse (beides im Niederländischen mit *aandacht* übersetzt) sind nicht nur hilfreich beim Betrachten eines (Andachts-)Bildes. Aufmerksamkeit für das Gegenüber und unvoreingenommenes Interesse an Anderen gehören zu den Grundvoraussetzungen einer missionarischen Haltung, die Begegnung auf Augenhöhe ermöglicht, indem sie das Anderssein der Anderen anerkennt.[15] Nur wer im Lebens- und Glaubenskontext eines anderen Menschen angekommen ist, nachdem er bei ihm gastfreundliche Aufnahme gefunden hat, kann seinerseits eine Einladung aussprechen, die beide Beteiligten auf einen neuen Glaubensweg führen kann.[16]

Ein solcher Weg zum Anderen kann einen inneren und äußeren Ortswechsel bedeuten, wie die Beispiele vieler herausragender Gestalten der Missionsgeschichte zeigen, er ist aber nicht die einzige Möglichkeit.[17] Die

[14] Vgl. zur missionstheologischen Einordnung dieses Zusammenhangs bei Papst Franziskus Michael Meyer, Missionarische Spiritualität im lateinamerikanischen Kontext. Von den Missionshandbüchern des 16. Jahrhunderts bis Evangelii Gaudium (ScRK Bd. 22), Freiburg i.Ü. und Stuttgart 2016, S. 268–270.

[15] Vgl. Ders., Missionarisch Kirche a.a.O., S. 17: „Interesse und Wertschätzung für die anderen und für das Fremde sind missionarische Grundvoraussetzungen."

[16] Vgl. Klaus Hemmerle, Was fängt die Jugend mit der Kirche an? Was fängt die Kirche mit der Jugend an?, in: Ders., Spielräume Gottes und der Menschen. Beiträge zu Ansatz und Feldern kirchlichen Handelns (Ders., Ausgewählte Schriften Bd. 4), Freiburg i.Br./Basel/Wien 1996, S. 324–339, hier S. 329, geht noch einen Schritt weiter beziehungsweise zurück: „Lass mich dich lernen, dein Denken und Sprechen, dein Fragen und Dasein, damit ich daran die Botschaft neu lernen kann, die ich dir zu überliefern habe." Vgl. auch Leonardo Boff, zitiert bei Eduard Achermann, Schrei, geliebtes Afrika. Ein Kontinent braucht Hilfe, Solothurn/Düsseldorf 1993, Klappentext: „Evangelisieren heißt: geschwisterlich zusammenleben, die Arbeit teilen, das Leben des andern mitverantworten, seine Kultur wertschätzen, denn jede Kultur birgt Keime der ewigen Wahrheit. Evangelisieren heißt: leben, weinen, lachen, arbeiten, sterben in der Welt des andern, um mit ihm gemeinsam erlöst zu werden."

[17] Das Diktum von Joseph Ratzinger, Gott und Welt. Glauben und Leben in unserer Welt. Ein Gespräch mit Peter Seewald, Köln 2000, S. 240: „Es gibt so viele Wege zu Gott, wie es

Geschichte zeigt auch, dass das aufeinander Zugehen immer die Möglichkeit des Scheiterns birgt. Im missionarischen Kontext der Evangelien wird als Beispiel dafür die Verweigerung der gastfreundlichen Aufnahme trotz Friedensgruß beschrieben (vgl. Mk 6,11 parr; Lk 10,5–11).[18]

Alle vier folgenden Beobachtungen zu Bildinhalten verbindet, dass sie eine Ambivalenz oder Mehrdeutigkeit zum Ausdruck bringen.

Die im ersten Teil beschriebene Mischung aus naturgetreu dargestellten und anderen Bildelementen weist darauf hin, dass Jesus Christus uns als Gott und Mensch zugleich erscheint. Er ist, auch als Auferstandener, Gott zum Anschauen und Anfassen (vgl. Lk 24,36–43; Joh 20,20–29) und gleichzeitig ein Mensch, der sich durch seine Göttlichkeit mehr als alle anderen unserer Anschauung und Verfügbarkeit entzieht[19]. Ein schwer nachvollziehbarer Zusammenhang, weil in ihm nach menschlichem Ermessen Widersprüchliches zusammenfällt.[20] Ein Zusammenhang, der sich wohl nur im Zusammenspiel von vertrauensvoller Offenheit, redlicher Auseinandersetzung und Lebenserfahrung nachvollziehen lässt.[21]

Menschen gibt." könnte in diesem Zusammenhang lauten: Es gibt so viele missionarische Wege, wie es Begegnungen zwischen Menschen gibt.

[18] In kafkaesker Form beschreibt Reinhard Lettau, Auftritt, in: Ders., Alle Geschichten, München/Wien 1998, S. 111, das Scheitern einer Begegnung schon beim Eintreten, wie es auch Joh 1,11 meditiert: „Ein Herr tritt ein. ‚Ich bin's', sagt er. ‚Versuchen Sie es noch einmal', rufen wir. Er tritt erneut ein. ‚Hier bin ich', sagt er. ‚Es ist nicht viel besser', rufen wir. Wieder betritt er das Zimmer. ‚Es handelt sich um mich', sagt er. ‚Ein schlechter Anfang', rufen wir. Er tritt wieder ein. ‚Hallo', ruft er. Er winkt. ‚Bitte nicht', sagen wir. Er versucht es wieder. ‚Wiederum ich', ruft er. ‚Beinahe', rufen wir. Noch einmal tritt er ein. ‚Der Langerwartete', sagt er. ‚Wiederholung', rufen wir, aber ach, nun haben wir zu lange gezögert, nun bleibt er draußen, will nicht mehr kommen, ist weggesprungen, wir sehen ihn nicht mehr, selbst wenn wir die Haustür öffnen und links und rechts die Straße schnell hinunterschauen." Das Scheitern von Verkündigung kann drastischere Konsequenzen haben als nur das Nichtankommen. Vgl. dazu Hildegard Wustmans, Mission als Evangelisierung oder: Alles beginnt mit Jesus, in: Klaus Krämer/Klaus Vellguth (Hrsg.), Evangelisierung. Die Freude des Evangeliums miteinander teilen (ThEW Bd. 9), Freiburg i.Br. 2016, S. 105–117, hier S. 110: „Jedoch war und ist diese Verkündigung in Wort und Tat gefährlich. Sie schreibt auch die Geschichte von Martyrer/-innen."

[19] Dies gilt vor allem für den Auferstandenen, der nach biblischer Auskunft durch Wände und verschlossene Türen ein- und ausgeht (vgl. Lk 24,31; Joh 20,19). Aber auch vorher scheint es immer wieder auf, so etwa bei Heilungen und wenn ihm Wind und Wasser gehorchen (vgl. Mk 4,35–41) oder er unbehelligt durch die gegen ihn aufgebrachte Menge weggeht (vgl. Lk 4,30).

[20] Vgl. in neutestamentlicher Beschreibung Phil 2,6–11. Bezüglich der Verkündigung von Kreuzestod *und* Auferstehung Jesu vgl. die von Paulus in 1Kor 1,18–25 beschriebene Kontroverse mit Juden und Griechen.

[21] Dass die ganze Wahrheit über Jesus nur denen aufleuchtet, die sich auf den Weg machen, und auch dann nur in einzelnen „Höhepunkt"-Momenten erfahren werden kann, entfaltet die Erzählung von der Verklärung Jesu (vgl. Mt 17,1–9 parr.). Die große Übereinstimmung des

Auf der Basis dieses Bildes kann es weder eine Glaubenspraxis noch -verkündigung geben, die eine der beiden Naturen Jesu Christi völlig ausblendet. Beide Elemente hat der Künstler in eine Balance gebracht, indem er die irdisch-menschlichen Bildanteile proportional überwiegen lässt, die göttliche Dimension aber in den Bedeutungszentren des Bildes im wörtlichen Sinn zum Aufscheinen bringt und zusätzlich mit Symbolen illustriert, die eine Brücke zwischen Immanentem und Transzendentem schlagen.

Wechselnde religiöse und kulturelle Kontexte mögen wechselnde Betonungen der menschlichen oder der göttlichen Seite Jesu Christi nahe legen und haben in der Geschichte des Christentums immer wieder zu entsprechenden Akzenten (und Kontroversen) geführt. Aber beide Aspekte sind erforderlich, wenn es darum geht, sich selbst und anderen einen Gott zu erschließen, der menschenfreundlich und erfahrbar ist, gleichzeitig aber vom Menschen nie völlig erfasst werden kann.

Der Auferstandene tritt auf in einer Mischung aus statischen und dynamischen Anteilen. Das Bild lässt ihn weder triumphalistisch vorpreschen noch untätig verharren. Wie die Natursymbole und die Lichtregie (inklusive schwarzem Hintergrund) verdeutlichen, hat Jesus die Schwelle zwischen Tod und Leben unmittelbar hinter sich. Die Mohnblüte der Passion und das Schwarz des Grabes liegen zwar in seinem Rücken. Aber er trägt die meisten der Kreuzigungswunden deutlich sichtbar als handfeste Beweise seines Übergangs vom Leben zum Tod und versucht, mit Ausnahme der Herzwunde, auch nicht, sie zu verbergen. Am beeindruckendsten wird die Ambivalenz von Statischem und Dynamischem durch die Körperbewegung Jesu ausgedrückt, deren Zielrichtung eindeutig erkennbar ist, die aber auch etwas Verhaltenes hat.

Für die Verkündigung eines solchermaßen vom Tod gezeichneten Auferstandenen eignen sich weder Aktionismus noch Beharren auf Regelwerks-Schablonen oder spirituelle Verharmlosung.[22] Wer „das Evangelium unter die Leute bringen"[23] will, muss damit auftreten, aber seinem/ihrem Gegenüber auch die Chance geben, auf je eigene Weise auf diese besondere Botschaft und ihre/n Überbringer/in zu reagieren. Er/Sie steht dabei vor der

---

von ihm dargestellten Auferstandenen mit der Beschreibung des verklärten Jesus bei den Synoptikern kommentierte Michael Triegel am 15. März 2017 als glückliche Fügung.

[22] Eine ähnliche Bandbreite klingt an bei Michael Sievernich, Welt-Kirche und Welt-Mission vor den Zeichen der Zeit, in: ZMR 94 (2010), S. 201–210, hier S. 202, wo Mission als „kunterbunte Mischung von der Peinlichkeit bis zur Polemik" charakterisiert wird.

[23] Das Evangelium unter die Leute bringen. Zum missionarischen Dienst der Kirche in unserem Land, hrsg. von der Evangelischen Kirche in Deutschland (EKD-Texte Bd. 68), Hannover 2001.

Aufgabe, im Lutherschen Sinne den andern auf's Maul zu schauen, ohne ihnen nach dem Mund zu reden.[24]

Nicht nur Jesu Wunden und die Mohnblüte sind sichtbare Zeichen für Unvollkommenheit, Leiden oder Sterben. Auch die einzelnen silbrig glänzenden Haare deuten an, dass Jesus zu Lebzeiten genug Anlass hatte, graue Haare zu bekommen. Die Falten und Schatten seines Gewandes weisen auf Versprünge und Untiefen hin, mit denen menschliches Leben immer verbunden ist und von denen Jesus offensichtlich nicht verschont blieb.

Auch der Raum, in den Jesus nach seiner Auferstehung tritt,[25] erzählt von dieser Dimension, etwa durch das rostige Türschloss und die ebensolchen Türangeln, den brüchigen Fliesenboden oder den lädierten Schmetterlingsflügel. Jesus ist sich nach seiner Auferstehung nicht zu schade, (erneut) ein solches Ambiente aufzusuchen.

Wer den Glauben Jesu und den Glauben an Jesus annimmt, so deutet das Bild durch diese Details an, ändert zwar seine Einstellung zu Gott und zu allem, was ihm in dieser Welt und an Perspektiven darüber hinaus begegnet, von Grund auf, weil er/sie Gott die Auferstehung zutraut.[26] Aber er/sie verwandelt damit noch nicht umgehend alles in ein Paradies. Entsprechend fatal ist es, in der Verkündigung zu behaupten, dass mit der Annahme des christlichen Glaubens alle Fragen und Zweifel schwinden. Und negativ noch gesteigert wird dieser falsch verstandene Glaubensoptimismus, wenn im missionarischen Überschwang Fragen beantwortet werden, die gar nicht gestellt wurden – wie es das Diktum „Christ is the answer – what was the question?“ auf den Punkt bringt.

Nichts desto trotz, so sagt das Bild auch, kann der Glaube, wenn er, wie die Unterschrift zeigt, auf echtem Vertrauen beruht, Menschen und mehr zum Leuchten bringen und so auch die Welt verändern. Jesu Auferstehung ist kein „Egoismus Gottes“ zur Abgrenzung vom Menschen, sondern ein Akt der Zuneigung und Solidarität,[27] um den Menschen das anfanghaft auf Erden erfahrbare Reich Gottes ganz zu eröffnen.

Deshalb sollte sich eine glaubwürdige Verkündigung, um es mit Paulus zu sagen, immer sowohl der Hoffnung, zu der wir berufen sind, (vgl. Eph

[24] Relativ erfolgreich ist diesbezüglich Paulus mit seinen Auftritten auf dem Athener Markt und Areopag (vgl. Apg 17,16–34), er erntet aber auch Widerspruch und Desinteresse.

[25] Offen bleibt, ob es sich um einen Innen- oder Außenraum handelt.

[26] Vgl. zu der seit den Anfängen der Kirche geführten Debatte über die Bedeutung der Auferstehung 1Kor 15,1–58.

[27] Vgl. Claude Rault, Die Wüste ist meine Kathedrale, St. Ottilien 2011, S. 103: „Mission ist Solidarität, die ihren Ursprung in der Solidarität Gottes zum Menschen findet.“

1,17–21) als auch der Zerbrechlichkeit der Gefäße (vgl. 2Kor 4,7) bewusst sein, in denen wir unsere Glaubensschätze zu den Menschen tragen.

Die Wunden des Auferstandenen bestätigen am eigenen Leib eine seiner zentralen Botschaften: Dem barmherzigen Jesus kann begegnen, wer selbst den auf vielerlei Weise Verwundeten dieser Welt, den Geringsten, wie Jesus sie in Mt 25,40.45 nennt, barmherzig begegnet.

Wer also „im Sinn Jesu evangelisiert, kann konsequentermaßen nicht an der existentiellen Lage von Menschen, den Fragen und Problemen, die an Orten auftreten, vorbeigehen."[28] Papst Franziskus geht noch einen Schritt weiter, wenn er davon ausgeht, „dass die Armen uns vieles zu lehren haben und zählt dazu die Offenheit für das Evangelium, die Spontanität [sic], die Solidarität und die wirkliche Freude (vgl. EG 7 und EG 198). So sind die Armen nicht nur die ersten Adressaten der Evangelisierung sie sind auch die ersten Missionare."[29]

Jesus übermittelt auf dem Bild Botschaften ohne Worte.[30] Sein Mund ist geschlossen; aber er kommuniziert nonverbal mit den Betrachtenden.

Der stärkste Impuls geht von seinen Augen aus, die es, wie schon beschrieben, nahezu unmöglich machen, übersehen zu werden. Die erhobene Segenshand ist ein ähnlich starkes Signal des wohlwollenden Entgegenkommens an das Gegenüber. Der Bewegungsimpuls nach vorne in der Körperhälfte der Segenshand unterstreicht diese Botschaft zusätzlich.

Auch in den anderen, eher verhaltenen Körpersignalen des Gesichtes, des Oberkörpers und der Herzhand, die sowohl die Herzwunde als auch die Strahlenquelle verbirgt, liegt eine Botschaft: Es geht nicht um Kontaktaufnahme und Heilswirken um jeden Preis; Jesus drängt sich nicht auf.[31]

---

[28] Hildegard Wustmans, a.a.O. Vgl. auch Klaus Krämer, Die missionarische Dimension diakonischen Handelns, in: Ders./Klaus Vellguth (Hrsg.), Theologie und Diakonie. Glaube in der Tat (ThEW Bd. 3), Freiburg i.Br. 2013, S. 123–132, hier S. 130: „Diakonisches Handeln besitzt gerade in unserer Zeit ein besonders missionarisches Potential, weil in ihm ein authentisches und glaubwürdiges Zeugnis für die eigene Grundhaltung und die Motivation des eigenen Handelns zum Ausdruck kommen kann."

[29] Michael Meyer, Missionarische Spiritualität, a.a.O., S. 272.

[30] Die wenigen Bildbotschaften in Wort-, respektive Schriftform liefern nur indirekt oder gar keine Aussagen zur Botschaft Jesu. Das „Jesus ich vertraue auf Dich" auf dem Zettel am Boden wurde bereits als die Reaktion eines/einer Betrachtenden identifiziert. Die Initiale „T" ist eine Aussage über den Künstler als Ausführenden. Bezüglich der Formenvielfalt von Jesusbotschaften sei an die Vielzahl seiner Symbolhandlungen erinnert und mit Blick auf die Auferstehung an Apg 1,3, wo von vielerlei Beweisen die Rede ist, mit denen Jesus den Aposteln gezeigt hat, dass er lebt.

[31] Vgl. diesbezüglich die Nachfrage Jesu vor der Heilung (vgl. Mk 10,51 parr.) und seine nicht zustande kommenden Wunder (vgl. Mk 6,5).

Weitere nonverbale Aussagen übermitteln die Pflanzen- und Tiersymbole. In der Bildsprache der Malerei der vergangenen Jahrhunderte sind, wie bereits erwähnt, hiermit die Passion und die Auferstehung Jesu durch göttliche Wirkmacht versinnbildlicht. Auch das offene Schloss, dem der Schlüssel fehlt, und der für die Akelei aufgebrochene Fliesenboden enthalten diese Botschaft unmissverständlich.[32]

Damit ruft das Bild die Bedeutung nonverbaler Kommunikation bei der Glaubensweitergabe in Erinnerung. Nach der Einführung des Logos in christliche Denkmuster und Glaubensvollzüge und nach Jahrhunderten der Dominanz verbaler und schriftlicher Zugänge ist diesbezüglich im Zeitalter neuer, vor allem visueller Medien und eines fortschreitenden Akzeptanzverlustes verfasster Formen des Christlichen ein Umdenken weit über das in den letzten Jahrzehnten Geleistete hinaus erforderlich.[33] Gemeint ist weder die Abkehr von der Bibel als Heiliger Schrift noch ein Bildersturm mit umgekehrten Vorzeichen, sondern eine neue, durch eigene Vergewisserung gedeckte Balance bei der Verkündigung des Fleisch gewordenen Wortes, deren (Bilder-)Sprache für die zeitgenössische Wahrnehmung glaubwürdig ist.[34] Als Beispiel seien die Symbolhandlungen von Papst Franziskus genannt, die medienwirksam Aspekte der christlichen Botschaft als Gegenakzent in der Schönen Neuen Bilderwelt vermitteln.

Die gegenständlichen Symbole des Bildes erinnern auch daran, dass ich bei meiner eigenen Mission nicht alles selber beziehungsweise alleine machen kann und muss. Meine (belebte und unbelebte) Umgebung wird mir dabei helfen, wenn ich dies zulasse – sei es durch Bestärkung oder durch Fremdprophetie.

---

32 Die aufgebrochenen, zur Seite geschobenen Bodenfliesen wirken wie Miniaturausgaben von Grabplatten, wie sie auf vielen Auferstehungsbildern der christlichen Kunst neben dem Grab liegen, aus dem der Auferstandene steigt oder über dem er schwebt.

33 Schon die nicht bullierte Regel des hl. Franz von Assisi relativiert die Bedeutung des Wortes im missionarischen Kontext: „Verkündet das Evangelium und, wenn es nötig sein sollte, auch mit Worten." (NbR 16,5–7). Papst Paul VI. weist in EN 41 darauf hin, dass die große Zeit der Wissensvermittlung als Erstansatz der Verkündigung vorbei ist: „Der heutige Mensch hört lieber auf Zeugen als auf Gelehrte, und wenn er auf Gelehrte hört, dann deshalb, weil sie Zeugen sind."

34 Vgl. Rainer Bucher, Neuer Wein in alte Schläuche? Zum Innovationsbedarf einer missionarischen Kirche, in: Matthias Sellmann (Hrsg.), Deutschland – Missionsland (QD 206), Freiburg i.Br. 2004, S. 249–282, hier S. 272: „Sicher, die Kirche besitzt mit der Offenbarung in Schrift und Tradition eine authentische Geschichte der Entdeckung des Glaubens, aber sie hat damit nicht die Aufgabe abgenommen bekommen, diese Entdeckungen heute selbst machen zu müssen." Vgl. auch Michael Meyer, Missionarisch Kirche, a.a.O., S. 29: „Es geht […] um ein sinnstiftendes Angebot, das die Freiheit des modernen Menschen voraussetzt und gleichzeitig seine Verantwortung einfordert."

Der barmherzige Jesus von Michael Triegel lässt sich trotz oder gerade wegen aller Rückgriffe auf traditionelle Ausdrucksformen nicht auf althergebrachte Allgemeinplätze reduzieren. Die Mehrdeutigkeiten, Zwischentöne und Spannungsbögen, die hier mit den Themen Gott und Mensch, Statik und Dynamik, Vollkommenheit und Unvollkommenheit, verbale und nonverbale Kommunikation angeklungen sind, fordern zu einer differenzierten Betrachtung auf. Diese Differenzierung ist mehr als die Vermeidung unzulässiger Verallgemeinerungen. Christlicher Glaube und seine Vermittlung leben aus Ambivalenz und Vielstimmigkeit,[35] aus der, in Anlehnung an Hans Urs von Balthasar, symphonische Wahrheit werden kann.[36]

In aller Vielschichtigkeit trägt ein Aspekt jedoch durch: Jesus zeigt sich uns als personales Angebot des menschenfreundlichen, (mit)leidensfähigen Gottes (vgl. Joh 14,7–11). Er ist der lebendige Schlüssel zum Reich Gottes, das nicht hier oder dort ist, sondern mitten unter uns (vgl. Lk 17,21), und der Türöffner, ja die Tür selbst (vgl. Joh 10,7.9)[37] zum Haus des Vaters, in dem es viele Wohnungen gibt (vgl. Joh 14,2).

In all dem einen Vertrauensbeweis und die Unterstützung des lebendigen Gottes zu erkennen, ist Geschenk und Herausforderung zugleich – etwas, das im missionarischen Kontext und in Sprachbildern Jesu nur mit der Arglosigkeit der Tauben angenommen und mit der Klugheit der Schlangen (vgl. Mt 10,16) umgesetzt werden kann.

---

[35] Vgl. LS 86 mit Verweis auf STh I, q. 47, a. 1: „Der heilige Thomas von Aquin hob weise hervor, dass die Vielfalt und Verschiedenheit ‚aus der Absicht des Erstwirkenden' entspringen, der wollte, dass ‚das, was dem einen zur Darstellung der göttlichen Güte fehlt, ersetzt werde durch das andere', weil seine Güte ‚durch ein einziges Geschöpf nicht ausreichend dargestellt werden kann'. Deshalb müssen wir die Verschiedenheit der Dinge in ihren vielfältigen Beziehungen wahrnehmen."

[36] Vgl. Hans Urs von Balthasar, Die Wahrheit ist symphonisch. Aspekte des christlichen Pluralismus, Einsiedeln 1972.

[37] Mit Jesus als Schlüssel und Tür braucht weder das Schloss einen metallenen Schlüssel noch der Rahmen einen hölzernen Türflügel.

Seht, da der Weltbürger Mensch!
Globale Perspektiven

Zeit für Mission!

Die mutmachende Spiritualität von Papst Franziskus

Bernd Hagenkord SJ

Es war einmal ein Papst. Dieser Papst war so ganz anders als all die anderen Päpste vor ihm. Während die lange Briefe schrieben, sprach dieser Papst seine Botschaften als Video in ein mitgebrachtes Mobiltelefon. Während jene ausführliche Predigten hielten, sprach er frei, immer wieder, und eckte oft genug an mit Vergleichen und Metaphern. Zur Einführung in diesen Text erlaube ich mir diesen kleinen rhetorischen Trick. Wir haben uns ja schon fast an diesen Papst gewöhnt und vergessen dabei, wie ungewöhnlich und anders seine Amtsführung immer noch ist. Nehmen wir zum Beispiel die Gesten: Papst Franziskus an der Mauer, die Israel gegen Palästina errichtet, und einen Tag später an der Westmauer des Tempels, die wir die Klagemauer nennen: identische Gesten der Klage, nicht der Anklage, die so mächtig sind, gleichzeitig religiös und politisch, menschlich, getragen von mehr als nur einer Religion. Nehmen wir die Auswahl seiner Reisen: Sein Schwerpunkt für Europa sind Bosnien Herzegowina, Albanien, Lampedusa und das Flüchtlingslager auf Lesbos. Mit diesen Gesten, Worten, Zeichen macht er sich, sein Amt und das wofür er steht, sichtbar, und so erregt Papst Franziskus auch immer wieder mediale Aufmerksamkeit. Das Narrativ ist viel zu schön, als dass die Medien davon lassen könnten. Der Papst ist vor allem anderen ein Kommunikator, theologisch gesprochen ein Verkünder, biblisch gesprochen ein Zeuge. An dieser Stelle möchte ich zusammen mit ihnen den Fragen nachgehen: Was treibt ihn an? Was ist seine Spiritualität, seine geistliche Haltung? Was sagt uns das? Was können vielleicht sogar wir lernen von diesem Papst?

Die Überschrift lautet „mutmachende Spiritualität“, machen wir uns also auf die Suche. Der Ausgangspunkt muss der Text sein, der wie kein anderer diesen Papst ausdrückt: Sein Schreiben *Evangelii gaudium* vom Herbst 2013. Immer und immer wieder ist es als „Programmschrift“ bezeichnet worden, und genau das ist es auch. In meinen Augen ist es sogar noch mehr, es ist eine Vision für das Christsein im 21. Jahrhundert. Hoch gezielt, zugegeben, aber ich möchte schon gleich zum Anfang eine Idee davon geben, wohin diese Gedanken führen möchten.

„Ich träume von einer missionarischen Entscheidung, die fähig ist, alles zu verwandeln“, heißt es in EG (27). „Brechen wir auf, gehen wir hinaus, um allen das Leben Jesu Christi anzubieten!", lesen wir später (EG 49). Diese zwei Zitate aus *Evangelii gaudium* geben die Grunddynamik an. Verwandeln, aufbrechen, hinausgehen, anbieten: Das sind alles aktive Verben. Der Papst liebt aktive Verben; wenn man sich seine Predigten und Schreiben anschaut, dann sind die voller aktiver Verben, voller Verben der Bewegung.

Das ist aber kein Selbstzweck, dahinter steckt die „missionarische Entscheidung", um die es hier gehen soll. Das Leben Jesu Christi anbieten, wie er es nennt. Um nachzuvollziehen, was das genau heißt, möchte ich einige Schritte anbieten.

Schritt 1: Erst mal ehrlich sehen, wovon wir aufbrechen müssen. Zu Beginn und als ersten Schritt darf ich einen kleinen Umweg machen.

Pater Jorge Mario Bergoglio hatte einen Text über einen Kirchenvater geschrieben, über Dorotheus von Gaza, den ich sehr hilfreich für unser Unterfangen finde.[1] Zuerst war der für die Ordensausbildung gedacht, dann hatte er ihn 2005 noch einmal für sein Bistum Buenos Aires veröffentlicht. In diesem Text nimmt er Ausgang von einem uns mittlerweile von Papst Franziskus vertrauten Thema: dem bösen Reden über andere. Wir nähmen Zuflucht bei den Fehlern der anderen und würden sie herausposaunen, weil wir uns dann besser fühlten. Das zerstöre dann die Einheit unter den Menschen, die Beziehungen und Bindungen: Dagegen setzt der Papst ein geistliches Handeln, das den Argwohn anderen gegenüber schwächt und das gute alte Wort der ‚Demut' wieder erweckt.

In dieser sehr kurzen Schrift zeigt uns Pater Bergoglio/Papst Franziskus sein Vorgehen: Er will dem auf den Grund gehen, was uns antreibt, dem Guten wie dem Schlechten. Diese inneren Antriebe kann man entdecken, man kann ihnen auf die Spur kommen. Sie zeigen sich im Wollen, in den Emotionen, sie zeigen sich in Sehnsüchten und Träumen. Und sie zeigen sich besonders dann, wenn im Menschen etwas in Bewegung kommt. Um diese inneren Bewegungen geht es dem Papst. Wenn ich aufmerksam bin auf das, was in mir drin steckt, was sich für Wünsche regen, Zorn oder Zufriedenheit, Aufregung oder Ruhe, wie sich mein Wille ändert und sich zeigt, dann gehe ich mir selber auf den Grund. In der Tradition benennt man das mit dem schwierig gewordenen Wort „Gewissensrechenschaft". Lassen wir das Wort weg, denn allein „Rechenschaft" klingt zu sehr nach Gericht. Mit Papst Franziskus ist ein anderes Wort aus der Tradition wieder modern geworden, das diesen Vorgang bezeichnet: Unterscheidung. Es soll hier um diese inneren Bewegungen gehen, sie sollen „unterschieden" werden. In diesen

[1] Vgl. Jorge Mario Bergoglio (Papst Franziskus), Über die Selbstanklage. Eine Meditation über das Gewissen, Freiburg i.Br. 2015.

inneren Regungen begegne ich nämlich Gott. Warum? Weil die Kommunikation mit Gott in uns selbst stattfindet. Der Geist regt mich an zu Reue und Freude, zu Wünschen und schlechtem Gewissen. Was sind meine Sehnsüchte, was hakt sich fest, wo bleibe ich stecken, was will ich eigentlich, was rührt mich an, wo fühle ich mich ertappt: All das bezeichnet diese inneren Bewegungen, in denen ich Gottes Willen für mich entdecken kann, wenn ich dem auf die Spur gehe.

In *Evangelii gaudium* legt uns der Papst einen Meditationstext zu einer solchen inneren Erforschung oder Unterscheidung vor, aber auch viele andere Texte und Predigten sind dies. Die schönste für mich ist vielleicht die Palmsonntagspredigt 2014: Wer bin ich vor Christus?

„Wenn das innere Leben sich in den eigenen Interessen verschließt, gibt es keinen Raum mehr für die anderen, finden die Armen keinen Einlass mehr, hört man nicht mehr die Stimme Gottes" (EG 2–3). Kurz: Wer sich innerlich gegen die inneren Bewegungen abschottet und diese durch Konsum zuschüttet, der verspürt nicht mehr, wie sich Gott an uns wendet. Ganz klar wird das auch bei seinen zornigen Worten über die Wirtschaft, die tötet. Ganz deutlich wird das auch bei seinen Anklagen über den Karriere-Christen, den Bürokraten-Christen, den Gesellschafts-Christen, die er drastisch beschreibt; auch hier können wir gar nicht anders, als innerlich zu reagieren, mit Ablehnung, mit Faszination, mit Distanz, mit irgendwas, aber wir reagieren. Und damit kommen wir dem auf die Spur, was Gott uns in all dem sagen will, wo unsere eigenen Schwächen – nicht die der anderen, unsere eigenen – liegen.

Mit dem Zitat eben habe ich elegant auch schon den zweiten Schritt gemacht, denn über weite Strecken – und über die literarisch unterhaltsamsten – benennt der Papst ja Schattenseiten. Nie ist der Papst so klar und deutlich, wie wenn es um Schattenseiten geht, um Krankheiten der Seele, um Sünde und Schwäche, auch bei sich selber. Damit sind wir wieder bei Dorotheus und der Selbstanklage, ich muss über diese Schattenseiten heran an mich selber. Dahinter steckt noch ein weiterer Gedanke: Nicht nur mich selber erkenne ich in den Schattenseiten, sondern auch Christus. Wenn ich wirklich an Erlösung und an Heilung glaube, dann finde ich Christus dort, wo etwas zu heilen ist. In meinen Schattenseiten erkenne ich – wenn ich Sünde, Schwäche und so weiter zugebe – den mir begegnenden und mich erlösenden und heilenden Christus.

Oder theologisch ausgesprochen: Das Kreuz ist Ort der Begegnung mit Christus, mit der Mensch gewordenen Liebe Gottes. Nicht in der Stärke, sondern in der Schwäche erkennen wir ihn, weil er dort ist, um zu heilen, zu vergeben. Kurz ein Blick zur Orientierung: Es geht ja um die missionarische

Dynamik, die den Kern der Spiritualität von Papst Franziskus ausmacht. Da kommen wir auch noch hin, lassen Sie mich nur diesen Gedanken noch zu Ende führen.

An dieser Stelle aber auch ein Wort der Warnung: Die vom Papst vorgelegten Texte sind nicht zur Analyse der Situation oder der Schwächen der Anderen gedacht, auch wenn es verführerisch ist und in den Medien etwa anhand der berühmten 15 Krankheiten der Seele, vorgelegt 2014 in der Ansprache an die Kurienmitarbeiter, durchexerziert wird. Es ist einfach, in diesen Listen der Kritik die Anderen zu erkennen, die Fehler der Anderen, das was mich immer schon an den Anderen genervt hat, da wo ich mich vernachlässigt, an den Rand gedrängt sehe, da wo meine Arbeit und meine Liebe für die Kirche durch Andere geschädigt wird. Das kann ich alles wunderbar in dem erkennen, was der Papst sagt. Aber darum geht es nicht. Es geht um mich und es geht um uns. Individuell und gemeinschaftlich. Wenn man auf diese Dynamik schaut, die Begegnung mit dem barmherzigen Christus in den Schattenseiten unseres Lebens, dann hat man den größten Teil der Spiritualität Papst Franziskus' schon verstanden. Aber leichter wird es dadurch nicht, das muss man immer wieder neu angehen. Wir können das auch mit einem klassischen biblischen Begriff benennen: Bekehrung. Das gilt für jeden von uns, aber auch für uns als Kirche.

„Der Bürger lässt die Religion nicht mehr an sich heran, er bedient sich ihrer, wenn er sie ‚braucht'." Das ist kein Satz von Papst Franziskus, der Satz stammt vom Theologen Johann Baptist Metz, aus dem Buch mit dem bezeichnenden Titel „Jenseits bürgerlicher Religion"[2]. Das Feindbild für Kirche ist also klar: Die verbürgerlichte Kirche. Es ist auffällig, dass Armut der Kirche abstrakt gut ist und immer wieder eingefordert wird; die Worte des Papstes von einer „armen Kirche für die Armen" haben eine politische und kirchliche Wucht entwickelt. Wenn es aber konkret wird, dann schieben sich immer wieder Gründe ein, weswegen gerade dieses Projekt oder jene Institution dann doch sein muss, sparen und arm sein sollen die Anderen, vor allem die Bischöfe. Man mag dann doch lieber im Abstrakten bleiben. Das ist ein Effekt der verbürgerlichten Kirche. „Die bürgerliche Gesellschaft ruht nicht, bis die Religion zu ihr und zu ihren Plausibilitäten passt" [3], sagt Metz.

Zum Thema „missionarische Entscheidung" heißt es bei Metz: „Haben wir nicht selbst die Betreuungskirche so sehr verinnerlicht, dass wir meinen, alles an kirchlicher Erneuerung hinge schließlich davon ab, dass die Be-

---

[2] Johann Baptist Metz, Jenseits Bürgerlicher Religion. Reden über die Zukunft des Christentums, Mainz 1980.

[3] Ebd., S. 214.

treuer, also vorweg der Papst und die Bischöfe, sich ändern? Tatsächlich geht es darum, dass die Betreuten sich ändern und sich nicht einfach wie Betreute benehmen. Deshalb sollten wir auch jenen Mangel an Bußfertigkeit und Selbstkritik, den wir in der Kirche, speziell bei unseren kirchlichen Amtsträgern, beklagen, wenigstens bei uns selbst überwinden."[4] Wohlgemerkt, das stammt aus dem Jahr 1980. Das ist Bekehrung. Ich zitiere Metz so ausführlich, weil er in meinen Augen die beste Übersetzung von Franziskus-Gedanken in unsere Realität hier ist. Auch wenn er das lange vorher geschrieben hat und die beiden sich nicht kennen, jedenfalls nicht soweit ich weiß. Aber er bezieht eben dieses nicht auf die eigenen Schattenseiten, sondern auf DEN Gegner der missionarischen Entscheidung, die Franziskus will: auf die bürgerliche Kirche. Auf die verbürgerlichte Kirche.

Wir müssen und sollen den Glauben selber in die Hand nehmen, und uns nicht mehr wie „Betreute" benehmen, auch wenn wir uns und der Kirche dabei die berühmten Beulen einfangen. Das Rezept von Metz ist dasselbe wie das von Franziskus: „Hier hilft nur eine bis an die Wurzeln gehende Umkehr."[5] Das ist ein genuin religiöser Ansatz. Hier geht es nicht um pastorale Modelle, nicht um Kirchenstrukturen oder Kirchensteuern, hier geht es um religiöse Begriffe. Und billiger sollten wir das auch nicht machen.

Umkehr ist nicht rein spirituell und innerlich zu verstehen, sondern hat gesellschaftliche Wucht. Umkehr betrifft nicht nur mich und meinen Gott im Gebet, Umkehr hat Folgen in meinem und unserem Leben. Das nimmt dem Begriff auch die etwas angestaubte Bedeutung, die wir manchmal damit verbinden. Und es zeigt, dass Umkehr keine Verharmlosung von Problemen ist, indem ich sie ins Innere hinein verlagere. Metz nennt es „bürgerliche Kirche", ich nehme jetzt wieder einen Franziskus-Begriff, um zum Thema zurück zu kommen. Franziskus nennt das die „spirituelle Weltlichkeit".

„Wer in diese Weltlichkeit gefallen ist, hat den Bezugspunkt des Herzens verkrümmt auf den geschlossenen Horizont seiner Interessen, mit der Konsequenz, dass er nicht aus seinen Sünden lernt, noch wirklich offen ist für Vergebung. Es ist eine schreckliche Korruption mit dem Anschein des Guten. Man muss sie vermeiden, indem man die Kirche in Bewegung setzt, dass sie aus sich herausgeht, in eine auf Jesus Christus ausgerichtete Mission, in den Einsatz für die Armen. Gott befreie uns von einer weltlichen Kirche unter spirituellen oder pastoralen Drapierungen!" (EG 97).

Das war der erste Schritt: Bekehrung. Der zweite Schritt lautet nun „Hoffnung". Hoffnung ist im Augenblick [der Text wurde im Frühjahr 2017 geschrieben] das Katechesethema des Papstes; seit Dezember 2016 spricht er

---

[4] Ebd., S. 213.
[5] Ebd., S. 220.

jeden Mittwoch darüber. Aber es ist schon älter, man findet es immer wieder bei ihm. Es ist an dieser Stelle für die Mut machende Spiritualität wichtig, weil Hoffnung mehrere Elemente vereint: Erstens schaut sie nach vorne, ist also dynamisch. Zweitens gibt es ein grundsätzliches Vertrauen auf Gott und drittens ist mit der Hoffnung immer eine positive Grundstimmung verbunden. Das auch theologisch Wichtigste dabei: Was ich erhoffe, kommt eben nicht von mir. Darin unterscheidet sich christliche Hoffnung. Sie ist kein Optimismus, wie der Papst sagt, sondern Erwartung Christi.

Ich darf den Papst aus einer Predigt zitieren: „Es ist nicht leicht zu verstehen, was die Hoffnung ist. Man sagt, dass sie die niedrigste der drei Tugenden ist, da sie sich im Leben versteckt. Den Glauben sieht man, spürt man, man weiß, was er ist. Die Liebe tut man, man weiß, was sie ist. Aber was ist die Hoffnung? Worin besteht diese Haltung der Hoffnung? Um dem ein wenig näher zu kommen, können wir in einem ersten Moment sagen, dass die Hoffnung ein Risiko ist, eine risikoreiche Tugend, eine Tugend, wie der heilige Paulus sagt, des sehnsüchtigen Wartens auf das Offenbarwerden des Sohnes Gottes. Sie ist keine Illusion." (Predigt, gehalten am 1. November 2013). Und damit ist ein weiteres und vielleicht sogar das entscheidende Element der Hoffnung genannt: Sie geht Risiken ein. Der Papst benutzt das spanische Wort „Lío", Unruhe – um es vorsichtig zu übersetzen. „Macht Unruhe!" ruft er Jugendlichen immer wieder zu. Der Gegner der Hoffnung ist also die Bequemlichkeit oder das Sich-eingerichtet-Haben, etwa im Klerikalismus.

Wenn man durchblättert durch all das, was der Papst zum Thema Hoffnung bereits gesagt hat, dann findet man auch andere Worte. Das „Lächeln" etwa fuße in der Hoffnung. Lachen könne man auch so, zum Lächeln brauche man aber Hoffnung. Und auch der Traum gehört zur Hoffnung, und damit sind wir dann wieder bei der Mut machenden Spiritualität, ich darf wieder *Evangelii gaudium* zitieren:

„Ich träume von einer missionarischen Entscheidung, die fähig ist, alles zu verwandeln, damit die Gewohnheiten, die Stile, die Zeitpläne, der Sprachgebrauch und jede kirchliche Struktur ein Kanal werden, der mehr der Evangelisierung der heutigen Welt als der Selbstbewahrung dient. Die Reform der Strukturen, die für die pastorale Neuausrichtung erforderlich ist, kann nur in diesem Sinn verstanden werden: dafür zu sorgen, dass sie alle missionarischer werden, dass die gewöhnliche Seelsorge in all ihren Bereichen expansiver und offener ist, dass sie die in der Seelsorge Tätigen in eine ständige Haltung des ‚Aufbruchs' versetzt und so die positive Antwort all derer begünstigt, denen Jesus seine Freundschaft anbietet" (EG 27). Da steckt das alles drin, ohne dass das Wort „Hoffnung" ausgesprochen wird: Risiko, Dynamik, Traum, das Positive.

Den zweiten Schritt habe ich nach dem ersten, dem wichtigsten wie ich finde, kürzer gefasst, so dass wir auch noch Zeit haben für den dritten: Das alles geht nur gemeinsam. Gott „hat die Wahl getroffen, [uns] als Volk und nicht als isolierte Wesen zusammenzurufen" (EG 113), als Volk Gottes, nicht als Einzelwesen, erlangen wir das Heil. Da lohnt sich ein Blick in die Volk-Gottes-Theologie, in die Psalmen, die Propheten: Wir werden sein Volk sein und er wird unser Gott sein, es geht um ein „Uns", nicht um ein „Ich".

Spiritualität ist hier in Europa gerne etwas Individuelles oder, schlimmer noch, etwas Individualistisches. Damit komme ich aber nicht an Papst Franziskus heran. Ich habe bewusst biblisch begonnen, mit den Psalmen und der Volk-Gottes-Theologie, um zu vermeiden, dass man gleich die Lateinamerika-Karte zieht. Ja, das ist in anderen Theologien anders und in anderen Kirchenverständnissen anders als bei uns, wo wir immer noch gerne fragen, wie das mit Gott und mir ist. Die Mut machende Spiritualität aber ist eine Spiritualität des „Wir". Dieses „Wir" ist immer kulturell geprägt, und muss es auch sein. Bewahre uns vor einem Glauben, der die Kultur nicht prägt und durch die Kultur nicht geprägt werden will, der schön separat und sauber bleiben will. Selbstumkreisung nennt das der Papst, das in sich selbst verkrümmte Herz nennt es Augustinus, unfruchtbarer Samen nennt es der HERR.

Es geht aber nicht darum – und Papst Franziskus warnt ausdrücklich davor –, mit dem Evangelium die eigenen Kulturformen durchsetzen zu wollen. Aber ohne dieses konkrete, gesellschaftliche, soziale, ökonomische, politische, kulturelle Wir gibt es keinen gelebten Glauben. Wenn wir über die Verkündigung sprechen, dann ist die Kirche das Subjekt, und zwar verstanden als die „Gesamtheit des evangelisierenden Gottesvolkes" (EG 17). Das ist nicht abstrakt gemeint, als theologische Aussage, sondern damit meint der Papst, wie er es einmal ausgedrückt hat, die „Kirche mit Vor- und Nachnamen", konkrete Menschen, diejenigen, die gerade um mich herum sind. Das wird deutlich, wenn der Papst davon spricht, dass eine Pfarrei dann fehl geht, wenn sie sich von anderen löst oder in ihr „Gruppen von Auserwählten" bestehen. Das wird vor allem deutlich, wenn Franziskus über den Glauben und die Kultur spricht und dabei auf die Volksfrömmigkeit zu sprechen bekommt, auf die Würde des Betens und Feierns der Gläubigen. Das ist auch ganz bewusst Kirchlichkeit: „Ein deutliches Zeichen für die Echtheit eines Charismas (einer Spiritualität) ist seine Kirchlichkeit, seine Fähigkeit, sich harmonisch in das Leben des heiligen Gottesvolkes einzufügen zum Wohl aller" (EG 130). Vor allem wird das aber auch in der Vorstellung deutlich, die sich in meinen Augen immer mehr als eine der zentralen Textstellen herausstellt: „Heute, da die Netze und die Mittel menschlicher Kommunikation unglaubliche Entwicklungen erreicht haben, spüren wir die Herausforderung, die ‚Mystik' zu entdecken und weiterzugeben, die darin liegt, zusammen zu leben, uns unter die anderen zu mischen, einander zu begegnen, uns in den Armen zu halten, uns anzulehnen, teilzuhaben an dieser etwas chaotischen Menge, die sich in eine wahre Erfahrung von Brüderlichkeit verwandeln kann, in eine solidarische Karawane, in eine heilige Wallfahrt" (EG 87)

Gott hat auch die sozialen Beziehungen zwischen den Menschen erlöst, sagt der Papst. Dazu gehört auch die Frage der Wahrheit, auch die kann es nur als Gemeinschaft geben. Klingt abstrakt, was ich aber damit meine, ist die Überzeugung des Papstes, dass man Wahrheit nicht haben kann, sondern ihr nur begegnen kann. Die Begegnung mit der Wahrheit, von der der Papst spricht, ist unglaublich konkret, ja physisch, körperlich. Sie ist zu sehen jeden Mittwoch, wenn der Papst auf dem Petersplatz umarmt und küsst und anfasst und sich anfassen lässt. Das ist kein „papa buono", kein universaler Dorfpfarrer, das ist die Suche dieses Papstes nach Wahrheit, die in der Begegnung mit Menschen liegt. Das ist ein Aus-sich-Herausgehen, bis hin zur „Versöhnung mit dem Leib der anderen" (EG 88), wie es an einer anderen Stelle von *Evangelii gaudium* heißt.

Wir alle haben die Bilder im Kopf: die Umarmungen von Menschen mit Behinderung, von einem Menschen, den wir alle mindestens in Gedanken „entstellt" nennen würden. Das ist Wahrheitssuche, denn da ist Jesus Christus. Und dann nennt der Papst das mehrfach Mystik. Mystik bedeutet im Normalverständnis vor allem etwas Nicht-Körperliches, etwas Innerliches, etwas zwischen mir und Gott, seelisch, geistlich, abgetötet und asketisch wohlmöglich, jedenfalls irgendwie ZEN und gegenstandslos. Nicht so bei Franziskus: Mystik ist körperlich, physisch, leiblich und wird dann in dieser Gemeinsamkeit eine „heilige Wallfahrt". Für mich der Kern der Stelle: Wer wir sind, bestimmen nicht wir selbst. Das ist eine Theologie, die der Papst in dieser Form aus Lateinamerika mitbringt. An Priester gesprochen liest sich das so: Wer wir als Priester sind, erfahren wir vom Volk Gottes, in der Begegnung, in der man aus sich heraus geht. An eine Gemeinde gesprochen klänge das so: Wer wir als verkündende Gemeinde sind, das bekommen wir von den anderen, vom Rand, von den Menschen gesagt.

Christen sind Verkünder und Zeugen. Aber nicht per Beschluss, sondern in der Begegnung, in den Augen der Anderen. Die Sprache ist auch hier nicht einfach; in den Predigten ist es die Sprache von Herde und Schafen und Hirten und so weiter. Es ist zwar eine zutiefst biblische Sprache, aber in unserer Gesellschaft ist das Sprechen von Gläubigen als Schafen eher hinderlich.

Trotzdem müssen wir da durch, auch wenn es nicht passt; das Bild von der Herde will erschlossen werden, sonst bleibt uns dieses Denken verschlossen oder wir legen es vorschnell auf den Stapel all der Dinge, die wir eh nicht ernst nehmen wollen. Jetzt haben wir also drei Schritte gesammelt: Die Bekehrung oder Umkehr, die Hoffnung und die Kirchlichkeit und Gemeinsamkeit aller Gläubigen. Es bleibt mir vielleicht nur noch übrig, dem Papst noch einmal das letzte Wort zu geben: „Mir ist eine ‚verbeulte' Kirche, die verletzt und beschmutzt ist, weil sie auf die Straßen hinausgegangen ist, lieber als eine Kirche, die aufgrund ihrer Verschlossenheit und ihrer Bequemlichkeit, sich an die eigenen Sicherheiten zu klammern, krank ist. Ich will keine Kirche, die darum besorgt ist, der Mittelpunkt zu sein, und schließlich in einer Anhäufung von fixen Ideen und Streitigkeiten verstrickt ist. Wenn uns etwas in heilige Sorge versetzen und unser Gewissen beunruhigen soll, dann ist es die Tatsache, dass so viele unserer Brüder und Schwestern ohne die Kraft, das Licht und den Trost der Freundschaft mit Jesus Christus leben, ohne eine Glaubensgemeinschaft, die sie aufnimmt, ohne einen Horizont von Sinn und Leben. Ich hoffe, dass mehr als die Furcht, einen Fehler zu machen, unser Beweggrund die Furcht sei, uns einzuschließen in die Strukturen, die uns einen falschen Schutz geben, in die Normen, die uns in unnachsichtige Richter verwandeln, in die Gewohnheiten, in denen wir uns ruhig fühlen, während draußen eine hungrige Menschenmenge wartet und Jesus uns pausenlos wiederholt: ‚Gebt ihr ihnen zu essen!' (Mk 6,37)" (EG 49).

Missionarische Spiritualität und globale Welt

Mission im Zeichen von Interkulturalität, Pluralismus und Dialog

Hermann Schalück OFM

Das Wort und die Praxis von Mission sind zahlreichen Missverständnissen ausgesetzt. Sendung (Mission) ist aber ein Grundwort der Bibel, der Kirche, der Theologie und Spiritualität. Wir können bei allen historisch bedingten Verlegenheiten nicht darauf verzichten. Im Gegenteil. Wir müssen es uns im heutigen Weltkontext, der von Indifferenz, pluralistischen Religionstheorien und nicht zuletzt von den Erfahrungen religiös motivierter Gewalt geprägt ist, neu aneignen. „Lange Zeit verdrängt, vielleicht sogar verdächtigt, oftmals verschwiegen, gewinnt das Wort Mission erneut an Bedeutung."[1] Es ist offenkundig, dass dies nicht in monologischer Selbstbehauptung geschehen kann, sondern nur in einer erneuerten sensiblen Praxis der Begegnung und des Dialogs mit einzelnen Menschen, mit Vertretern anderer Religionen und Kulturen. Beim ersten Friedenstreffen in Assisi (1986) sagte Papst Johannes Paul II. es folgendermaßen: „Mit den anderen glaubenden Menschen sind wir mitpilgernde Schwestern und Brüder. Wir alle befinden uns auf dem Weg zu dem Ziel, das Gott uns bereitet."

So gesehen befindet sich derzeit die Kirche in einer entscheidenden Phase der Neubesinnung auf ihre Mission. Dieser Prozess ist getragen von der Gewissheit, dass Mission kein Überbleibsel einer alten, vormodernen Mentalität ist, sondern Motor christlichen Lebens und christlicher Weltverantwortung, ein aktuelles Projekt einer Globalisierung der Hoffnung.[2]

Der Ausgangspunkt für interkulturelle Theologie ist das Faktum der globalisierten Welt mit ihren pluralistischen Sinnangeboten. Auch Christen leben heute fast überall in Kontexten konkurrierender Sinnangebote. Die neuere interkulturelle Missionstheologie blendet diese Situation nicht aus. Walter Hollenweger, einer ihrer Pioniere, ist der Meinung, bei der interkulturellen Theologie handle es sich um eine Denkform, die sich nicht ins Schneckenhaus ihrer Lokaltheologie zurückzieht, die aber auch nicht ihre einheimische Theologie als allgemeingültig anpreist, sondern die zwischen den mündlichen und den schriftlichen, den schwarzen und den weißen, den

---

[1] Karl Lehmann, in: Zeit zur Aussaat. Missionarisch Kirche sein (Die deutschen Bischöfe, Nr. 68), hrsg. von der Deutschen Bischofskonferenz, Bonn 2000, S. 35.

[2] Vgl. Franz Gmainer-Pranzl/Magdalena Holztrattner, Partnerin der Menschen – Zeugin der Hoffnung. Die Kirche im Licht der Pastoralkonstitution Gaudium et spes (Salzburger Theologische Studien), Salzburg 2010.

weiblichen und den männlichen Christen ständig unterwegs ist. Theologie, die in einem solchen Austausch geschieht, löst entsprechende gegenseitige Lernprozesse aus. Er bezeichnet sie als diejenige Disziplin, die im Rahmen einer gegebenen Kultur operiert, ohne diese zu verabsolutieren. Dies bedeute aber nicht, dass die universale Dimension des Glaubens aufgegeben werde. Vielmehr sei große Offenheit geboten.[3] Interkulturelles Verstehen hat aber auch eine Seite, die schmerzhaft ist. Wer sich ihr stellt, kann in Identitätskrisen und -konflikte geraten. Wer sich dem „Fremden" stellt, wird zudem nicht selten „amtlich" zur Umkehr aufgerufen. Interkulturelle Theologie will aber lehren, sich selber nicht absolut zu setzen, vielmehr die Welt und sich selbst „mit den Augen der anderen zu sehen".[4] Darin liegt eine Chance: Wir können nur in Begegnung und Erfahrung des Fremden unsere eigene Identität entwickeln. Diese wächst im Dialog mit dem Fremden, in der gemeinsamen Suche nach Wahrheit, in der gemeinsamen Verantwortung für die Gestaltung der Welt und die Bewahrung der Schöpfung.

Das Vorbild des Franz von Assisi

Als einen Vorreiter interkultureller Begegnung darf man, freilich im historisch kontingenten Rahmen seiner Epoche, Franz von Assisi bezeichnen wegen seiner Art, dem „Anderen" zu begegnen und dabei amtlich sanktionierte Grenzen zu überschreiten. Das so genannte „franziskanische Missionsstatut" (Kapitel 16 seiner „Ersten Regel") spricht ausdrücklich von einer „doppelten" Form der Mission: Die Brüder „können in zweifacher Weise vom Geist geleitet unter ihnen (den „Sarazenen und Andersgläubigen") leben. Die erste Art besteht darin, dass sie weder Streit noch Zank beginnen, sondern um Gottes willen jeder menschlichen Kreatur (1 Petr 2,13) untertan sind und bekennen, dass sie Christen sind." Die andere Art sei – „wenn sie sehen, dass es dem Herrn gefällt" –, das Wort Gottes ausdrücklich zu verkünden.

In Zeiten gewaltsamer Auseinandersetzungen zwischen Kirche und Islam setzte Franziskus auf die verwandelnde Kraft der Begegnung mit dem Sultan, auf Dialog. Franziskus gewann mitten in der Schlacht, die militärisch verloren ging, seine Freundschaft. Eine prophetische Haltung auch für heute: „Vertrauensvolle Zuwendung statt trennender Klischees, geschwis-

---

[3] Vgl. Walter J. Hollenweger, Erfahrungen der Leibhaftigkeit (Interkulturelle Theologie, Bd. 1), München 1979, S. 20.

[4] Vgl. Giancarlo Collet, Bis an die Grenzen der Erde. Grundfragen heutiger Missionswissenschaft, Freiburg/Basel/Wien 2002, S. 52 f.

terliche Grundhaltung und wohltuende Begegnungen, und religiöser Dialog aus der Vertrautheit mit der Kultur der anderen".[5]

Die katholische Kirche ist durch die Jahrhunderte bis heute auf der Suche nach einem Verständnis von Mission, das die eigene Glaubenserfahrung dem Anderen nicht in einer „one-way-Strategie" anträgt oder gar überstülpt, sondern zusammen mit ihm auf eine Reise des Lebens und des gemeinsamen Suchens geht: einer Suche, bei der das Proprium wie ein kostbarer Schatz gehütet, aber dennoch transzendiert und in einen neuen gemeinsamen Raum des Lebens eingebracht wird.

Nur wer sich selbst bekehrt, darf anderen predigen

Zum Missionsauftrag der Kirche gibt es noch eine weitere Aussage von Franziskus. Gefragt, was denn der Grundauftrag seiner Schwestern und Brüder sei, soll er geantwortet haben: „Dies ist eure Berufung: Verwundete zu heilen, Gebrochene zu verbinden und Verirrte zurückzurufen". Diese Definition ist ein Echo auf die Predigt Jesu in der Synagoge von Nazareth (vgl. Lk 4). Sie ist heute von der Kirche in den Kontext der Weltgesellschaft, das heißt in eine umfassende Praxis der Befreiung zu übersetzen, welche sowohl den einzelnen Menschen, die Zivilgesellschaft, unsere verwundete Mutter Erde, nicht zuletzt aber auch die Kirche selber mit der befreienden Kraft des Evangeliums Jesu neu in Berührung bringt. Denn nur eine Kirche, die auf Bevormundungen verzichtet und sich selber als erste bekehrt, darf anderen predigen.

Der entscheidende Anknüpfungspunkt für Mission, für Kirchesein überhaupt liegt in der Art und Weise, wie wir selber heute Gott erfahren und von ihm zu sprechen suchen. Ist er – simpel ausgedrückt – ein subtiler „Machtfaktor", der vorrangig durch die Kirche und ihre Vertreter die Welt zu ordnen gedenkt? Oder ist er einer, der „auf vielfache Weise gesprochen" (Hebr 1,1) hat und in vielerlei Gestalt, nicht nur in der Kirche, sondern in seiner Schöpfung anwesend ist, der uns aber in Jesus einen Zugang zu sich geschenkt hat? Der christliche Gott ist zudem keine abstrakte Monade, er ist in sich selber Gemeinschaft und Beziehung.

Für Franz von Assisi ist er in der „Armut" der Menschwerdung der „demütige" Gott. Er hat sich in Jesus „verwundbar" gemacht und ist ein Gott der Armen und Verwundeten. Es ist enorm wichtig, eine solche fundamentale spirituelle Ur-Intuition der christlichen Botschaft in der heutigen Weltkirche und Weltgesellschaft präsent zu halten, gerade in Zeiten, wo so

[5] Niklaus Kuster, Franziskus Rebell und Heiliger, Freiburg 2009, S. 184.

schmerzlich die Rede ist vom Missbrauch von kirchlicher Macht: Gott „herrscht“ nicht nur über seine Schöpfung, er „fügt“ sich selber in sie ein, er hebt in Jesus alle scheinbar absoluten „Differenzen“ auf: Weil er selber arm wurde (Phil 2), bleibt er nicht der Ferne und Fremde. Er ist solidarisch mit den Armen und Schwachen. In Jesus hat er sich selber verwundbar gemacht. Unter dem einen Herrn sind die Menschen zu neuen Beziehungen berufen, zu Respekt, Gerechtigkeit und Geschwisterlichkeit. Der Raum der Kirche ist dann nicht in erster Linie ein Gebäude oder ein hierarchisches Machtgefüge, sondern ein Raum der Anbetung, der freien Rede *(parrhesía)*, der Begegnung, nicht nur mit den eigenen Hausgenossen. Religiös und spirituell getarntes Herrschaftsgebaren innerhalb der Kirche Jesu macht Mission unmöglich. Auch durch die Zusage der bleibenden Gegenwart des Geistes kommt kein elitärer und exklusiver Herrschaftsanspruch in die Welt, vielmehr ein Angebot von „Leben in Fülle“ (Joh 10,10) für alle ohne Unterschied, von Heil und Heilung in einer gebrochenen und gefährdeten Welt.

Überhaupt erscheint im heutigen Weltkontext von Armut und Ausgrenzung die Verheißung vom „Leben in Fülle für die Welt“ unter den verschiedenen biblischen Definitionen von Mission als die aussagekräftigste. Sie ist inklusiv, grenzt nicht aus und bedroht nicht den, der anders ist. Sie zielt auf universale Versöhnung und Vollendung alles Geschaffenen.

Glaubensweitergabe in Begegnung

Es geht also um ein Missionsverständnis, das nicht nur für die klassische „Missio ad Gentes“, sondern auch für die Glaubensweitergabe in Familie und Gesellschaft Bedeutung hat. Es basiert auf der Grunderfahrung von Begegnung und Dialog. In diesem Zusammenhang ist zu fragen, ob die immer wieder betonte amtliche Unterscheidung von „Verkündigung“ und „Dialog“ nicht obsolet geworden ist. Denn wenn alles Leben Begegnung ist,[6] dann kann es Glaubenswelten, Mission, Gotteserfahrung, Glaubensweitergabe nur in einem Kontext von Beziehungen in Lebenswelten geben, in der Dialektik von Geben und Nehmen, Hören und Sprechen, Wort und Antwort, von Kontemplation und Aktion. Ein Mensch kann seine Würde und Kreativität ja nur entfalten, wenn er sich als Teil eines Netzes von Beziehungen erfährt. Er kann nur reifen, wenn er hören, antworten, beten, lieben kann. Wenn er gelernt hat, „in Relation“ und in einer „dialogischen Existenz“ sein Leben zu gestalten.

[6] Martin Buber, Das dialogische Prinzip, Gütersloh 1999.

Dieser Dialog ist also alles andere als ein bloßes Wortgeschehen. Er ist eine Lebenshaltung, die den Anderen und die Wirklichkeit wertschätzend wahrnimmt und Beziehungen wünscht. Ein dialogischer Mensch erfährt, dass er nicht nur Gebender ist, sondern immer auch Empfangender, und dass er umso besser und nachhaltiger „zu Wort kommt", je intensiver er hören kann: „Jede Rede ruht auf der Wechselrede" (Wilhelm von Humboldt). Diese Wechselrede ist in die menschliche Entwicklung eingebettet, ohne sie gibt es kein inneres Wachstum, keine schöpferischen Aktivitäten, keine soziale Kompetenz. Sie ermöglicht, was Emmanuel Levinas das „Der-Eine-für-den-Anderen" bezeichnet.[7]

Auch Werte und Tugenden lassen sich nicht durch „Leistungen" eines einzelnen Subjektes erreichen: Sie sind vielmehr die „Früchte" des Austausches, Ziele eines solidarischen Weges, Endpunkte auf dem Weg gemeinsamer Verantwortung. Die dialogische Struktur des Menschseins kommt nicht zuletzt in der Komplementarität und nämlichen Würde von Mann und Frau zum Ausdruck.

Spiritualität der Präsenz

In der heutigen Theologie der Mission und Inkulturation, aber auch des Ordenslebens kommt dem Lebenszeugnis eine eminente Bedeutung zu. Denn mitten in der säkularen westlich geprägten Gesellschaft, auch angesichts der Vielzahl von Religionen und Ideologien im globalen Kontext ist das christliche dialogische Lebenszeugnis, das andere Zeugnisse nicht ausschließt, sondern als Bereicherung annimmt, vielleicht der wichtigste Weg des Evangeliums und seiner Inkulturation. In der Haltung des Gehorsams Jesus (Phil 2) schafft es Räume für Überwindung von Gewalt und jeder Form von Exklusion, für Begegnung, Dialog, Gemeinschaft, Achtung, Vertrauen, Frieden.

Wie begegnete Jesus selber den Menschen? Wie war er unter ihnen präsent? Alle wollten ihn persönlich sehen oder doch wenigstens den Saum seines Gewandes (vgl. Mk 5,27–28 und par) berühren, wegen der Kraft, die von ihm ausging (vgl. Lk 16,19) und die so befreiend wirkte. Aber auch er selber hat in verschiedenster Weise Menschen berührt, um sie zu heilen (vgl. Lk 22,51). Eine ausdrückliche Umarmung schenkt Jesus nur einem Kind (Mk 9,36).

Eine typisch befreiende Umarmung und Rückführung in einen Lebenskontext sinnvoller Beziehungen findet sich aber vor allem in der Er-

[7] Emmanuel Levinas, Die Zeit und der Andere, Hamburg ^{3}1995.

zählung vom heimkehrenden Sohn (Lk 15,11–32), den der Vater in die Arme schließt. Sie steht stellvertretend für das Heilshandeln Gottes an einzelnen Menschen, aber wohl auch in und an der gesamten Geschichte: Dunkles und Absurdes soll hell werden, Krankes wird wieder heil, Menschen können aus der Isolation und Einsamkeit heimgeholt werden. In heilender Präsenz, in heilenden Begegnungen, Berührungen und Umarmungen sind Hinweise auf die Bewahrung und Vollendung der Schöpfung zu sehen. Und auch eine Erinnerung: Gott hat alles gut gemacht (Mk 7,37). Sie sind ein Akt des Glaubens an den Gott, der Partei für die Armen ergreift (Lk 4, 18) und auch heute Neues schafft – Lebensräume, Hoffnung, heilsame und eben nicht destruktive Beziehungen unter Menschen und in der Schöpfung. Ein Ausdruck jener befreienden Liebe, die Gott für das geknickte Rohr und den glimmenden Docht hat.

Dialogische Gesten, Haltungen und Beziehungen, die befreien, sind nie besitzergreifend oder erniedrigend. Sie sind einladend, respektvoll, gewaltfrei, behütend, beschützend, tröstend und versöhnend. Sie erinnern daran, wie sehr das Heil, das aus Gott kommt, menschliche Wege geht. Wege der Beziehung, Wege der Begegnung, Wege zum Mitgehen, Wege des vertrauten Gespräches wie in der Erzählung von Emmaus (Lk 24).

Im Angesicht des Anderen das Eigene besser verstehen

Franz von Assisi war überzeugt, dass das Evangelium nur dann „ankommt", wenn seine Botinnen und Boten die Armut und Demut Jesu bezeugen. Ein solches Zeugnis – man denke auch an das kontemplativ-missionarische Leben des Charles de Foucauld – ist ebenfalls nicht vom Wort abhängig. Es ist vielmehr die ganzheitliche Darstellung eines Bekenntnisses, wie es zu jeder Religion gehört, wenn es einen Menschen ergreift. Die Andersheit des Gegenübers, und sei sie noch so radikal, ist im authentischen Zeugnis kein Hindernis für eine anfanghafte Kommunikation. Bereits die Präsentation eigener Überzeugungen und „Wahrheiten", die schweigende, von Respekt getragene Achtsamkeit im Hören auf den Anderen sind wichtige Elemente im interkulturellen Dialog.

Interkulturell geprägte Mission ist von der Überzeugung getragen, dass im Angesicht des Anderen das Eigene besser verstanden wird und für alle Beteiligten Neues erschließt. Das Zeugnis ist wie eine „Mischung von Argumentation und Selbstevidenz eines Anderen, der oder das sich zeigen will"[8]. Es führt nicht unbedingt zu einem Konsens oder einer Bekehrung. Es

[8] Karl Lehmann, Notwenigkeit, Risiken und Kriterien für den interreligiösen Dialog heute und

kann dabei aber bei den Beteiligten zu wichtigen Momenten von Sinnerschließung („disclosure"), zur persönlichen Umkehr und gar „Offenbarung" kommen.

Es geht also um eine Mission, welche nicht aus einer vermeintlich sicheren Position heraus als Primärziel die „Bekehrung anderer" betreibt, sondern wertschätzende Begegnung ist, in Bewusstsein eigener unveräußerlicher Schätze, aber auch in Bescheidenheit und Lernbereitschaft. Denn „beim Anderen" werden Christinnen und Christen ihre eigene Berufung authentischer erfahren. Explizite Verkündigung und Taufe bleiben unverzichtbar, sind aber dem Lebenszeugnis nachgeordnet. Eine solche Grundhaltung ist ein Ausdruck grenzenlosen Vertrauens in die Kraft des Geistes und seiner verwandelnden missionarischen Präsenz. Sie ist getragen von der Überzeugung, dass der einzige und wahre Gott alle Grenzen von Theologie, Spiritualität und Kult übersteigt und dass die Suche nach ihm und seinem Reich alle Menschen auf eine gemeinsame Suche nach Wahrheit und gemeinsamer Verantwortung für die Schöpfung schickt.[9]

Reziprozität und Komplementarität

Eine missionarische Kirche lebt also in Beziehungen und im Austausch, in Gemeinden und Gemeinschaften, in denen alte Charismen lebendig bleiben und neue aufbrechen, in denen es Beziehungen auf Augenhöhe gibt und in denen Respekt, Lernbereitschaft sowie Kritikfähigkeit als echte Geistesgaben geschätzt werden. Es stellt einen Missbrauch dar, wenn – wie es mancherorts geschieht – das Wort von der „Notwendigkeit einer missionarischen Pastoral" für reine Restrukturierungsmaßnahmen und eine von oben verordnete Umverteilung von personellen Ressourcen in Anspruch genommen wird. Missionarität ist Hörbereitschaft für das, was der Geist den Kirchen heute an Neuem und auch Unerhörtem sagen will.

Missionarische Menschen gehen angstfrei auf Fremdes und Neues zu. Eine missionarische Kirche wird sich dem Ungewohnten öffnen, auch und gerade wenn es Risiken birgt. Eine missionarische Ortskirche wird neue Formen des Dienstes für Männer und Frauen fordern und fördern, auch in der Verkündigung und im sakramentalen Dienst. Sie ist nicht priester- und klerikerzentriert. Eine missionarische Ortskirche wird sich stark und

in der Zukunft (Stiftungsprofessur der Johannes Gutenberg – Universität Mainz), Vortrag am 7. Juli 2009, unveröffentlichtes Manuskript.

[9] Vgl. Sebastian Painadath, Der Geist reißt Mauern nieder. Die Erneuerung unseres Glaubens durch interreligiösen Dialog, München 2002.

dankbar von Gottes- und Glaubenserfahrungen, Spiritualitäten und Theologien anderer Kulturen inspirieren und bereichern lassen. Eine missionarische Kirche, Gemeinde oder Ordensgemeinschaft zielt nicht darauf, Kriseninstrumente gegen Entkirchlichung und Priestermangel zu propagieren, sondern darauf, Gottes universale Zusage von Frieden und Heil und Leben grenzüberschreitend sichtbar und erfahrbar machen zu helfen. Eine missionarische Kirche überschreitet Grenzen, von Kulturen und Sprachen und „Milieus", aber auch von Menschen gesetzte Grenzen in der Entwicklung theologischen Denkens und pastoralen Handelns. Mission darf nicht ekklesiologisch und konfessionell enggeführt werden. Sie sucht und findet Gott auch jenseits von Grenzen. Eine missionarische Kirche zeichnet sich durch eine Kommunikation aus, welche Partnerschaftlichkeit, Partizipation, Synodalität, Abbau von Klerikalismus, gendergerechte Umgangsweisen fördert. Denn, so sagt es eine bischöfliche Stimme aus dem Süden: „Dem Herrn hat es gefallen, der Kirche ein achtes Sakrament zu spenden – die Stimme des Volkes Gottes."[10]

Fähigkeit zur Relation oder Drang zur Expansion

Theo Sundermeier hat gezeigt, wie stark die missionarische Ausstrahlung der frühen Kirche gerade auf ihre Gastfreundschaft für die Migrantenströme der damaligen Zeiten zurückzuführen ist.[11] Gastfreundschaft (Lk 24) öffnet Räume für ein „Mehr" an Leben und Gotteserfahrung. Der Fremde engt die eigene Freiheit nicht ein. Er ist ein Geschenk für das eigene begrenzte Leben.

Mission wird sich in Zukunft überhaupt mehr durch die Fähigkeit zur Relation als durch einen Drang zur Expansion definieren.[12] Unbestritten bleibt, dass das Evangelium bis an die Grenzen der Erde getragen werden und auch die Tiefenschichten der menschlichen Existenz anrühren soll. Mission bleibt darin ein universales Projekt. Es ist jedoch dem Auftrag Jesu an seine Kirche nicht angemessen, den Erfolg dieser Sendung mit mehr oder weniger subtilen Machtmitteln sichern zu wollen und die erhoffte Fruchtbarkeit von Mission im Sinne territorialer Zuständigkeiten, in Besitzstän-

[10] Pedro Casaldáliga, zitiert von Victor Codina, in: Ignacio Ellacuria/Jon Sobrino, Mysterium Liberationis (Grundbegriffe der Theologie der Befreiung, Bd. 2), Luzern 1996, S. 913.

[11] Vgl. Theo Sundermeier, Den Fremden verstehen. Eine praktische Hermeneutik, Göttingen 1996.

[12] Vgl. Hermann Schalück, Von der Expansion zu Relation. Zum Grundparadigma des franziskanischen Missionsverständnisses, in: Zeitschrift für Missionswissenschaft und Religionswissenschaft 92 (2008) 3–4, 229–237.

den, Zahlen und Strukturen zu definieren. Es geht vielmehr darum, Gott und sein Reich mit seinen vielen Wohnungen bekannt zu machen. Wenn der Geist Gottes in der Schöpfung lebendig ist, dann wird die Kirche im Vertrauen auf diese „Missio Dei“ sich in ihren Diensten vor allem in Anspruch nehmen lassen als Zeugin und Anwältin eines Gottes, der zur Freiheit beruft, der allen Menschen Würde, Heimat und Leben zugedacht hat – nicht zuletzt auch als mutige Anwältin für den Schutz des Lebensraumes Erde und der Biosphäre.

Hermeneutik der Empathie

In jedem Verstehensvorgang ist es wichtig, etwas oder jemanden überhaupt verstehen zu wollen. Die elementare Bereitschaft zum Eingeständnis von Relativität und Grenzen der eigenen Identität ist offenbar in keiner Kultur und Religion naturgemäß vorgegeben. Sie kann aber eingeübt und vertieft werden.

Mission als Begegnung, im Verzicht auf Machtmittel, Glaubensweitergabe im Spiegel des Anderen ist heute in neuer Weise der Kirche aufgegeben. Neuere kulturanthropologische Arbeiten sprechen im Blick auf die ersten franziskanischen Missionare unter den Azteken vom „Verstehen-Wollen“, von „verstehender Brüderlichkeit“, von ihrer „Lust“ zum Fremd-Verstehen.[13] Eine solche Empathie befähigt zur Begegnung mit dem Ungewohnten und Anderen. Sie grenzt niemanden aus. Sie sieht in der Begegnung mit dem Fremden nicht die Gefahr, sondern die potenzielle Bereicherung. Sie ist von Sensibilität für das Kleine und Unscheinbare getragen.

Jede echte Begegnung hat eine bestimmte Form der Relativierung des eigenen Verstehenshorizontes zur Voraussetzung. Keineswegs eine Relativierung eigener Grundüberzeugungen und Werte als solcher, wohl aber das Eingeständnis, dass ein Mensch sie immer nur sehr begrenzt versteht und lebt. Deshalb bedarf es zum Verstehen eines Gegenübers einer ständigen Bereitschaft zum Verzicht auf irreversible eigene Vorverständnisse, einseitig deklarierte Interessen und „letzte“ Wahrheitsansprüche. Es bedarf vielmehr einer ständigen empathischen Annäherung, eines bestimmten Maßes an Sympathie und sensibler Aufmerksamkeit. Das ist und bleibt immer auch ein Wagnis. Es bleibt die Gefahr der Missverständnisse, der Manipulation, einer jener naiv trunkenen Begeisterung für Fremdes, das man sich, indem

[13] Vgl. Karl Braun, Sahagún Rodriguez oder: Das Bestellen des Feldes aus franziskanischer Hermeneutik, in: Gisela Welz/Ramona Lenz (Hrsg.), Von Alltagswelt bis Zwischenraum. Eine kleine kulturhistorische Enzyklopädie, Münster 2005, S. 118–120.

man es glorifiziert, umso unkritischer und im Grunde umso respektloser aneignen möchte. Denn eines bleibt festzuhalten: Sowohl im interkulturellen wie erst recht im interreligiösen Dialog bleibt die „Differenz“ eine Realität, behält sie ihren notwendigen hohen heuristischen wie hermeneutischen Stellenwert. Erst die partielle Loslösung aus absolut gesetzten Grenzen kultureller und religiöser Identität und Heimat befähigt dazu, Räume für neue Gotteserfahrungen zu erschließen.

Mission in solcher Perspektive wird mehr auf biblische „Früchte des Geistes“ wie Liebe, Friede, Versöhnung setzen statt auf „Effizienz“ im Sinne von Zahlen und territorialen Besitzständen. Pluralität und Pluralismus sind in dieser Perspektive weniger Gefahr als vielmehr ein Ausdruck eines von Gott selbst gewollten natürlichen mannigfaltigen Reichtums seiner Schöpfung. Differenzen können in einer solchen Sichtweise als Einladung zur Begegnung und zur Komplementarität erfahren werden.

Das wäre eine Mission, deren Dynamik mehr auf das Innen als auf das Außen zielt. Eine Reise in die Reichtümer und Tiefen der „Andersheit des Anderen“, eine Mission, die aus der Freude an der Begegnung lebt. Diese Mission wäre mehr Kunst als Strategie und Handwerk. Sie wäre die Kunst, gemeinsam einen weiten Horizont offen zu halten für das „Mehr“ an Leben und Hoffnung, derer auch die Kirche bedarf. Es wäre die Kunst, im komplexen heutigen Weltkontext und in den Begrenzungen der eigenen Existenz Erfahrungen von Verstehen und Verstandenwerden, von Versöhnung und Frieden zu machen, über Grenzen und Differenzen hinweg. Eine solche Mission unterläge keinem ständigen Rechtfertigungsdruck. Sie wäre der beste Beitrag der Kirche zum Dialog der Kulturen und Religionen und damit auch für die Entwicklung unserer Einen Welt in Gerechtigkeit und Frieden.

Folgerungen

(1) Aus einer Spiritualität der Begegnung und Relation mit Gott, untereinander und mit den Anderen und auch mit der Schöpfung kann für Christinnen und Christen jene Solidarität erwachsen, in der wir uns gemeinsam für einen neuen Himmel und eine neue Erde einsetzen. Befreiung der Armen und Solidarität ist niemals allein eine Leistung. Solidarität ist vielmehr die Frucht einer neuen Art von Begegnung, von Wahrnehmung der Wirklichkeit, einer Kultur des Hörens, des Gehorsams gegen den Geist des Herrn. Solidarität entsteht aus der Berührung mit einer Wirklichkeit, die der Geist Gottes schenken kann, aus der Verwandlung, die eine Frucht der Begegnung ist.

(2) Es sollten neue „Zellen“ und Laboratorien für eine Kirche entstehen, die in einer pluralen und religiös mehrsprachigen Welt ihre klare Identität behalten, gleichzeitig aber auch dialogwillig und dialogfähig bleiben. Es zeichnet sich ab, dass Mission, die sich dem missionarischen Gott selber verdankt, prinzipiell dialogisch sein muss. Dies bezeichnet eine Dynamik, eine Bewegung auf Transformation hin, in der alle Beteiligten sich verändern. Wo aber Menschen sich dieser Gotteserfahrung stellen, aus der die menschliche Teilhabe an Mission ihren Ursprung haben muss, wo immer Menschen in Wort, Sakrament und Leben die Gegenwart Gottes feiern und bezeugen und in heilenden und befreienden Begegnungen einander jenen Lebensraum verschaffen, zu dem alle Menschen und die gesamte Schöpfung berufen sind, da bricht die Wirklichkeit Gottes an, sein Reich.

(3) Unsere Kirche kann ein Programm anbieten, das versöhnt und heilt und statt Mauern Brücken baut. Sie wäre dann die in Christi Menschwerdung bereits Gestalt gewordene Realutopie von der universalen Versöhnung, vom Frieden für alle und von der Zusammenführung unterschiedlicher Wirklichkeiten in eine neue Einheit. Dieses Programm, von dessen voller Realisierung wir natürlich immer weit entfernt bleiben werden, könnte das Modell für eine menschliche Globalisierung werden, mit dem Ziel – wie es Papst Johannes Paul II. immer wieder gesagt hat –, „der Globalisierung des Profits und des Elends, eine Globalisierung der Solidarität entgegenzusetzen“.

Der französische Theologe Michel de Certeau hat geschrieben, dass das Christentum sich selbst nur dann treu sei, wenn es unter Beweis stellt, dass es sich – im radikalen Gegensatz zu einer imperialistischen und allumfassenden Religion – durch das „Fehlen“ definiert. Durch das Fehlen des Anderen und durch die Ausrichtung auf das, was es nicht ist.[14] Daraus folgt: „Als Christen sind wir Missionare nicht nur, weil wir Gott schon gefunden haben, sondern weil wir ihn noch suchen. Wir sind Missionarinnen und Missionare nicht nur, weil wir die Botschaft vom Gott Jesu Christi zu anderen Menschen tragen möchten, sondern weil wir Gott dort entdecken möchten, wo er anders wahrgenommen wird und wo er eine Sprache spricht, die noch zu entziffern ist“.[15] Und zuletzt das Wort einer Ordensfrau, die mir bei einem

[14] Vgl. Michel de Certeau, GlaubensSchwachheit (französisches Original: La faiblesse de croire), Suttgart 2009.

[15] Hadwig Müller/Hermann Schalück, Missionarisch leben – Begegnung wagen, in: Geistliches Wort im WDR (24.10.2004), in: http://archiv.katholisches-rundfunkreferat-nrw.de/index (02.05.2017).

Besuch in einem islamischen Land sagte: „Du kannst nur das evangelisieren, was Du auch liebst.“

Von „Dichte" und „Weite"

Bausteine zu einer Spiritualität missionarischer Christen und Christinnen

Bernd Werle SVD

Spätestens seit dem Jahr 2000, dem Jahr der Veröffentlichung von „Zeit zur Aussaat", dem Wort der Deutschen Kirche über das Missionsland Deutschland und unseren Auftrag, missionarisch Kirche zu sein, scheint ein „pastorales Tabu" in den Prozess einer langsamen und zähen Überwindung geraten zu sein.[1] Zaghafter mutet jedoch der Prozess der Überwindung eines weiteren Tabus an, nämlich das einer missionarischen Spiritualität, die nicht nur Berufsmissionaren, sondern auch jedem Christen und jeder Christin in Deutschland (und anderswo) gut zu Gesicht steht.

Da die Geschichte der christlichen Mission über viele Jahrhunderte hinweg von Berufsmissionaren getragen wurde, muss man, um eine allen Getauften zukommende missionarische Spiritualität zu entdecken, in die Frühzeit des Christentums zurückgehen.[2]

Missionarische Spiritualität am Ende des 1. Jahrhunderts ins Gebet genommen

Als das erste Jahrhundert sich seinem Ende zuneigt, kommt ein Mensch aus dem Freundeskreis jenes Apostels, der Jahre zuvor leidenschaftlich für eine Mission der Weite kämpfte und sie zu seinem Lebensinhalt machte, auf die Idee, den Gemeinden, die aus dessen unermüdlichem missionarischen Wirken entstanden waren, einen Brief zu schreiben. Exemplarisch widmet er diesen der Gemeinde in Ephesus.[3] Um so authentisch wie möglich zu wirken, lässt der Verfasser den Apostel Paulus sprechen, der aus der Enge des

---

[1] So der bezeichnende Titel eines Buches, das nach dem Erscheinen von „Zeit zur Aussaat" erschienen ist: Matthias Sellmann (Hrsg.), Deutschland, Missionsland. Zur Überwindung eines pastoralen Tabus (Quaestiones disputatae 206), Freiburg i.Br. 2004.

[2] Siehe zum Beispiel Bernward H. Willeke, Missionarische Spiritualität und Gestaltwandel der Mission, in: Horst Rzepkowski (Hrsg.), Allen alles werden. Beiträge zur missionarischen Spiritualität (Studia Instituti Missiologici Societatis Verbi Divini), Nettetal, 1978, S. 75–66, hier: S. 76–78.

[3] Vgl. zum Folgenden: Michael Gese, Der Epheserbrief (Die Botschaft des Neuen Testaments), Neukirchen-Vluyn 2013; Michael Theobald, Mit den Augen des Herzens sehen. Der Epheserbrief als Leitfaden für Spiritualität und Kirche, Würzburg 2000.

Gefängnisses den Gemeinden von seinem Herzensanliegen schreibt: der universalen Bedeutung der Christusbotschaft.

Auserwählt von Gott, sah er sich gedrängt, den Heilsplan Gottes, Juden und Heiden in der einen Kirche der Völker und Nationen zu vereinen, zu verwirklichen. In ihr sollte die Vision Gottes schon jetzt anfanghaft Gestalt annehmen: die Einheit der Menschheit mit ihm und untereinander. Er erinnert die Seinen an jene fundamentale Aufgabe, die allein ihre Existenz rechtfertigt: alle Menschen zur Erkenntnis des Geheimnisses Gottes zu führen. Sie sollen sich also die Vision Gottes zu Eigen machen, um ihr zu allen Zeiten und an allen Orten dieser Welt Gestalt zu geben.

Und so legt der Verfasser des Briefes dem Paulus ein fürbittendes Gebet für all jene in den Mund, die an Jesus Christus glauben, und bisweilen doch verzagt, kleinmütig im Glauben und in gebrochener Zuversicht ihren Weg in dieser Welt gehen:

> „Deshalb beuge ich meine Knie vor dem Vater,
> von dem jede Vaterschaft im Himmel und auf der Erden
> ihren Namen hat,
> dass er euch gebe nach dem Reichtum seiner Herrlichkeit,
> an Kraft stark zu werden durch seinen Geist am inneren Menschen
> und Christus durch den Glauben in euren Herzen Wohnung nehmen zu lassen,
> in Liebe eingewurzelt und gegründet,
> dass ihr im Stande seid zu begreifen mit allen Heiligen,
> was die Breite, die Länge, die Höhe und die Tiefe sei,
> und zu erkennen die alle Erkenntnis übertreffende Liebe Christi,
> dass ihr erfüllt werdet mit der ganzen Fülle Gottes.
> Dem aber, der da über alles zu tun vermag
> überschwänglich mehr als wir erbitten oder begreifen
> nach der Kraft, die in uns wirkt,
> dem sei Herrlichkeit in der Kirche und in Christus Jesus für alle Generationen des Äon der Äonen. Amen.“ (Eph 3,14–21)[4]

Wenn der das Knie zum Gebet für die Gemeinde gebeugte Paulus Gott als Vater anruft und diese Vaterschaft betont, ist nicht ein abstraktes Vatersein Gottes im Blick. Vielmehr klingt jene „Vision“ Gottes für die ganze Menschheit und Schöpfung an, in der der Schöpfergott selbst mit allem, was er erschaffen hat, eine innig familiäre Beziehung eingeht. Alles, sei es im

[4] Die Übersetzung des Textes ist übernommen aus Michael Gese, a.a.O., S. 82 f.

Himmel oder auf der Erde, ist nicht ein buntes Sammelsurium zusammenhangloser Einzelteile, sondern ist hineinverflochten in die familiäre Gemeinschaft mit dem „Vater der Herrlichkeit“ (Eph 1,17), der der „Vater aller“ (4,6) ist, dem alles sein Dasein verdankt und durch den und von dem alles Bestand hat. Im Anschluss an diese Skizze der Vision Gottes, in der ich das Fundament einer jeden missionarischen Spiritualität sehe, bittet der Missionar Paulus um drei Dinge, die der Vater der Gemeinde schenken möge.

Die erste Bitte nimmt den einzelnen Christen in den Blick und erbittet zunächst aus einer anthropologischen Perspektive, der innere Mensch, also der ganze Mensch in seiner Hinordnung auf Gott, möge wachsen und stark werden. Dies soll dadurch geschehen, dass die Kraft des Geistes sich mehr und mehr im Leben der Christen ausprägen und deren ganzes Leben durchformen soll.

Aus christologischer Perspektive geht es darum, dass Christus durch den Glauben in den Herzen der Gläubigen derart Wohnung nehme, dass sich deren ganzes Leben in seiner Liebe gründet und in ihr sich tief verwurzelt.

So erinnert die Rede vom „Christus in Euch“ an das, was in der Taufe begonnen hat und durch den Glauben immer mehr um sich greifen und fortdauern soll.

Über diese persönliche Ebene hinaus geht die zweite Fürbitte, bei der es um ein erkennendes Begreifen nicht nur des Einzelnen, sondern ein Zusammen-Innewerden mit allen Glaubensbrüdern und Glaubensschwestern, der Gemeinschaft der Kirche, geht. Ein solches existentielles Betroffensein von dem Erkannten ist immer dann vonnöten, wenn eine Gemeinde in die Krise gerät oder sich in eine Auseinandersetzung hineingezogen sieht.

Was aber ist der Gegenstand des erkennenden Begreifens? Im Ermessen von Länge und Breite, Höhe und Tiefe entsteht etwas Rätselhaftes vor unseren Augen, eine allseitige Entgrenzung hin zu einem Raum, der sich in alle Dimensionen hinein entfaltet und so alle Begrenztheiten, welcher Art auch immer sie sein mögen, sprengt.

In dieser „Explosion des Raumes“ soll sich vor unseren Augen der Staunen erregende Raum der Allgegenwart und Allwirksamkeit Gottes ausfalten. Es soll sich der geengte Blick weiten, hinein in jenen unermesslichen Raum, in den hinein sich maßlos die heilsame Liebe Christi so verströmt, dass Heils- und Lebensräume unbegrenzten Ausmaßes entstehen.

Wenn jene, die zu Christus gehören, zu begreifen beginnen, dass „Gottes Handeln […] größer, weiter und herrlicher [ist] als unser menschlicher

Verstand es je erahnen könnte“[5], werden sie nicht nur die Wirklichkeit neu verstehen, sondern auch beginnen, ihre missionarische Verantwortung für diese auszubuchstabieren.

Schließlich bittet Paulus darum, dass die Gemeinde erfüllt werde von der ganzen, Staunen erregenden Fülle Gottes. So scheint als Horizont die Vollendung jenes Heil schaffenden und Heil schenkenden Prozesses auf: das Teilnehmendürfen an Gottes eigener Fülle, die letzte Erfüllung schenkt. Der Missionar Paulus hat in seinem fürbittenden Gebet unterschiedslos alle im Blick, die zum Glauben an Christus gekommen und zum Zeugnis berufen sind. Damit wird es zu einem Schlüsseltext für eine missionarische Spiritualität aller Getauften.[6] In Anlehnung an diesen Text sollen im Folgenden vor dem Hintergrund des Kontextes, in den Christen hineingestellt sind, sowie angesichts einer erneuerten Missionstheologie einige Bausteine benannt werden, die meines Erachtens zu einer Spiritualität missionarischer Christen und Christinnen beizutragen vermögen.

Auf dem Weg zu einer erneuerten missionarischen Spiritualität

Die Suche nach einer missionarischen Spiritualität aller Getauften zu Beginn des 21. Jahrhunderts weiß darum, dass das große Jahrhundert der christlichen Mission unwiderruflich der Vergangenheit angehört. Das Gleiche gilt auch für das bis heute nachwirkende Missionsverständnis, das die damaligen Missionare beseelte und ihre Spiritualität prägte. Die Überzeugungen, was Mission ist und wie sie zu verstehen ist, haben sich radikal verändert.

So sprach Bernward Willeke 1975 im Rahmen der Missionswoche in Sankt Augustin, die dem Thema „Missionarische Spiritualität“ gewidmet war, von dem „größten Umbruch im Missionsdenken …, den es seit eineinhalbtausend Jahren gegeben hat“, einer Krise, die ihn fragen ließ, „ob wir heute nicht eine neue Missionsspiritualität brauchen“[7].

Die Umbrüche haben sich auch in die einschlägigen Dokumente der katholischen Kirche zum Thema Weltmission, beginnend mit dem Missi-

---

[5] Michael Gese, a.a.O., S. 87.

[6] Diese Sicht von Eph 3,14–21 geht zurück auf den niederländischen Seelsorger Bernard Rootmensen. Vgl. Bernard Rootmensen, Oasen in der Wüste. Lebensräume für den Glauben, Düsseldorf 1995.

[7] Bernward H. Willeke, a.a.O., S. 85. Willeke hatte in seinem Vortrag auf der Studienwoche, die sich mit *Evangelii nuntiandi* befasste, bei der Frage nach einer neuen missionarischen Spiritualität noch den Berufsmissionar, der sich den Umbrüchen in den jungen Kirchen gegenübersieht, im Blick.

onsdekret des Konzils *Ad gentes* (1965), *Evangelii nuntiandi* von Paul VI. (1975)[8], *Redemptoris missio* (1990)[9] Papst Johannes Pauls II. sowie dem Apostolischen Schreiben *Evangelii gaudium* von Papst Franziskus (2013)[10] eingeschrieben.

Trotz der Erneuerung des missionstheologischen Denkens ist in den letzten Jahrzehnten neben der rasanten Abnahme der Zahl der deutschen Missionare und Missionarinnen die Rede von der christlichen Mission selbst aus verschiedenen Gründen in die Krise gekommen und steht in engem Zusammenhang mit der Krise der christlichen Kirchen und des christlichen Glaubens[11]. Mit Robert L. Gallagher bin ich überzeugt, dass es ohne eine spirituelle Erneuerung auch keine Erneuerung der Mission, ihrer Theorie wie auch ihrer Pastoral, geben kann.[12]

Faktoren, die eine missionarische Spiritualität beeinflussen

In allen Epochen der Missionsgeschichte hatten jene Frauen und Männer, die sich in der missionarischen Verkündigung des Evangeliums engagierten, bewusst oder unbewusst Motive, Ziele und eine Inspiration, die die Basis ihres missionarischen Selbstverständnisses wie auch ihrer missionarischen Tätigkeit bildete.[13] Sie waren geprägt von einer festen persönlichen Spiritualität, die sie für diese Aufgabe ausrüstete.[14]

---

[8] Eine Analyse der missionarischen Spiritualität von *Evangelii nuntiandi* bietet Jakob Baumgartner, Missionarische Spiritualität im Wandel. Die Gestalt des Missionars nach Evangelii nuntiandi, in: NZM 32 (1976), S. 293–314.

[9] Zu *Redemptoris missio* und der missionarischen Spiritualität im 20. Jahrhundert: Marc Agostino, Le discours papal et la "spiritualité missionnaire" au XXe siècle, in: Marc Spindler/ Annie Lenoble-Bart (Hrsg.), Spiritualités missionnaires contemporaines. Entre charismes et institutions, Paris, 2007, S. 63–68.

[10] Für die katholische Kirche in Deutschland wären die folgenden Dokumente zu nennen: *Zeit zur Aussaat* aus dem Jahr 2000, gefolgt 2004 von *Allen Völkern sein Heil*.

[11] Michael C. Reilly listet Ende der 1970er Jahre eine Reihe von Gründen auf, die bis heute ihre Geltung nicht verloren haben, sondern sich z.T. sogar verschärft haben: Michael Collins Reilly, Spirituality for mission. Historical, Theological, and Cultural Factors for a Present-Day Missionary Spirituality (Logos 12), New York 1978, S. 13–18; Vgl. auch: Michael Meyer, Die missionarische Spiritualität im lateinamerikanischen Kontext. Von den Missionshandbüchern des 16. Jahrhunderts bis Evangelii gaudium, Fribourg/Stuttgart 2016, S. 29–32.

[12] Vgl. Robert L. Gallagher, Mission from the Inside Out: An Integrative Analysis of Selected Latin American Protestant „Writings" in Spirituality and Mission, in: Missiology: An International Review 40 (2012), S. 12.

[13] Vgl. hierzu und zum Folgenden: Michael C. Reilly, a.a.O., S. 19.

[14] Die je besondere Form missionarischer Spiritualität in den verschiedenen Epochen der Missionsgeschichte analysiert ausführlich Michael C. Reilly. Vgl. ebd., S. 46–116. Skizzen

Michael Collins Reilly vertritt die These, dass sich die Motivation, Inspiration und Spiritualität derer, die sich heute in der missionarischen Arbeit engagieren, erneuern muss, weil sich der Kontext missionarischen Wirkens wie auch die Theologie der Mission weiterentwickelt und geändert haben.[15] Daher muss das Nachdenken über eine missionarische Spiritualität den heutigen Kontext von Mission ebenso berücksichtigen wie die neue Missionstheologie. Missionarische Spiritualität lässt sich zunächst mit Reilly als jene Form von Spiritualität, die charakteristisch für jene Männer und Frauen ist, die hinausgehen, um Christus zu verkündigen und anderen zu helfen, vom Unglauben zum Glauben an Christus zu kommen, definieren.[16] Als gläubigen Christen und Christinnen ist ihnen ein Lebensstil zu eigen, der ihr alltägliches Leben prägt. Diesen eignet sich eine Person in einer bestimmten geschichtlichen Situation entsprechend ihrer Vision des Glaubens an, also entsprechend der Art und Weise, wie das Geheimnis Christi unter der Leitung des Hl. Geistes in ihr Gestalt angenommen hat.[17] Genährt wird sie aus der Hl. Schrift, aus theologischen Überzeugungen, den kulturellen Gegebenheiten einer Zeit, in der diese Person lebt sowie all dem, was ihr aus den christlichen Traditionen als Erbe mitgegeben wird.

---

finden sich bei Bernward Willeke, a.a.O., S. 76–85; Lawrence Nemer, Spirituality and the Missionary Vocation, in: Missiology: An International Review 11 (1983), S. 423–426. Für die neuere Missionsgeschichte Frankreichs seit der Französischen Revolution siehe: Jacques Gadille, L'évolution des spiritualités missionnaires catholiques, de la Révolution à nos jours, in: Marc Spindler/Annie Lenoble-Bart (Hrsg.), a.a.O., Paris 2007, S. 13–30. Für die spanische missionarische Spiritualität siehe: Juan Robles Diosdado, Fondements théologiques de la spiritualité missionnaire espagnole, in: Marc Spindler/Annie Lenoble-Bart (Hrsg.), a.a.O., Paris 2007, S. 49–61. Die missionarische Spiritualität im lateinamerikanischen Kontext von den Missionshandbüchern des 16. Jahrhunderts bis Evangelii gaudium ist Gegenstand der Studie von Michael Meyer, a.a.O.

[15] Ausgesprochen theologische Reflektionen über eine missionarische Spiritualität finden sich nach Lawrence Nemer erst spät. In der Bibliografia Missionaria taucht die Kategorie „Missionarische Spiritualität" erst in den späten 1970er Jahren auf. Schon früher erschienene Artikel waren in der Kategorie „Missionarische Zusammenarbeit" eingeordnet, in der „fromme" Literatur, die sich dem Thema der Unterstützung der missionarischen Bewegung durch Finanzen und Gebet widmete, aufgeführt wurde. Vgl. Lawrence Nemer, a.a.O., S. 419 f. In seinem Beitrag bespricht Nemer auch einige bedeutende Monographien aus den 1970er Jahren, die dem Thema gewidmet sind: Ebd., S. 421–423.

[16] Michael C. Reilly, a.a.O., S. 20: „A spirituality of mission or a spirituality of missionaries is that form of spirituality peculiar to men and women who are engaged in the activity of going forth to preach Christ and helping others to cross from non-belief to belief in Christ."

[17] Vgl. Ebd., S. 25.

Faktoren, die eine Entwicklung missionarischer Spiritualität erschweren

Betrachtet man den Raum, in den Christen und Christinnen, die auf der Suche nach einer missionarischen Spiritualität sind, gestellt sind, dann kann eine diese Suche erschwerende Verengung des Raumes anhand etwa folgender Faktoren diagnostiziert werden.

1. War es ein Markenzeichen des frühen Christentums, dass neben den Berufsmissionaren alle sich gesandt wussten, so verschwand dies in den nachfolgenden Etappen der missionarischen Tätigkeit der Kirche zunehmend aus dem Bewusstsein. Dies hatte zur Folge, dass dort, wo von missionarischer Spiritualität die Rede war, diese nur den Berufsmissionar im Blick hatte, wobei sie zudem den Hauptakzent auf den zum Priester geweihten Missionar legte.[18]

Selbst nach dem Zweiten Vatikanischen Konzil und den folgenden lehramtlichen Verlautbarungen *Evangelii nuntiandi* und *Redemptoris missio* dauerte es Jahre und Jahrzehnte, um ansatzweise diese Engführung zu überwinden.

2. Der Begriff der Mission ist negativ besetzt.[19] Die Mission, wie sie von den christlichen Kirchen des Nordens jahrhundertelang praktiziert wurde, ist und bleibt ein Stein des Anstoßes – nicht nur für unsere Nachbarn, die keiner der christlichen Kirchen angehören, sondern auch für Christen selbst. Tief ins kollektive Gedächtnis hat sich eingeschrieben, dass die erste Begegnung von Menschen mit dem Evangelium allzu oft gewalttätig war, individuelle wie auch kollektive Identitäten zerstörte oder unterdrückte und als „spirituelle Eroberung unzivilisierter Völker" durchgeführt wurde.[20]

Die Schattenseiten der Mission erzeugen bei vielen Christen eine ebenso spontane wie nachhaltige Ablehnung, so dass tunlichst vermieden wird, sich selbst als Missionar oder Missionarin zu verstehen und anderen gegenüber zu bekennen.

---

[18] Siehe beispielsweise: Horst Rzepkowski (Hrsg.), Allen alles werden. Beiträge zur missionarischen Spiritualität (Studia Instituti Missiologici Societatis Verbi Divini Nr. 21), Nettetal 1978; Jakob Baumgartner, a.a.O.; Karl Müller, Die Missionare, in: Johannes Schütte (Hrsg.), Mission nach dem Konzil, Mainz 1967, S. 268–293; vgl. Lawrence Nemer, a.a.O.

[19] Zu den Altlasten der christlichen Mission vgl. zum Beispiel Giancarlo Collet, „… bis an die Grenzen der Erde". Grundfragen heutiger Missionswissenschaft, Freiburg i.Br./Basel/Wien 2002, S. 60 ff.

[20] Vgl. hierzu den Überblick: Ebd., S. 124–131.

Daran ändert auch wenig, dass die christlichen Kirchen und in ihnen die Missionstheologie die Schattenseiten, die die Geschichte der Mission auf Schritt und Tritt begleiten, aufgearbeitet haben und sich eindeutig und unmissverständlich dazu bekennen.[21]

3. Als nachhaltig wirksam und damit auch eine Blockierung der Entwicklung einer missionarischen Spiritualität erweist sich zudem das klassische Bild von Mission als Ausbreitung des christlichen Glaubens in den anderen Kontinenten, die überwiegend Berufsmissionaren und Missionsorden anvertraut ist.

In den Köpfen und Herzen der Christen scheint sich bis heute die Überzeugung zementiert zu haben, Mission ginge den deutschen Normalchristen nichts an, sie sei wesentlich Sache von eigens dazu Berufenen. Vor allem aber beträfe sie uns Christen hierzulande nicht, weil sich Mission ja nur jenseits der Ozeane in Afrika, Asien, Lateinamerika und Ozeanien abspiele.

4. Vielerorts wird durchaus wahrgenommen, dass die Westkirche zur Weltkirche wurde, in der die ehemaligen Missionskirchen zu ebenbürtigen, vollwertigen, gleichberechtigten Mitgliedern einer weltweiten christlichen Gemeinschaft wurden, deren Beziehungen zueinander idealerweise von gegenseitiger Solidarität und wechselseitigem Voneinander-Lernen geprägt sein sollen.

So unmissverständlich die Theorie auch ist, bleibt die Ausgestaltung der von gegenseitiger Solidarität und Partnerschaftlichkeit geprägten Beziehungen bis heute dennoch von eingewöhnten Doppeldeutigkeiten geprägt wie die Rede von der „Lerngemeinschaft Weltkirche“. Eingewöhnte paternalistische Denk- und Verhaltensmuster prägen beiderseits die solidarischen Beziehungen.[22]

Nur schleppend lassen die alten und reichen Kirchen des Nordens davon ab, sich als den Nabel der Welt zu betrachten, und beginnen von den jungen Kirchen zu lernen. Theologische, pastorale, liturgische und spirituelle Aufbrüche dieser Kirchen werden nicht selten durch das europäisch west-

[21] Dies geschieht etwa im Dokument der Deutschen Bischofskonferenz: Allen Völkern sein Heil. Die Mission der Weltkirche. 23. September 2004 (Die deutschen Bischöfe 76), Bonn 2004. Hierzu auch Michael Meyer, a.a.O. S. 30 f.

[22] Eine kritische Analyse der Praxis internationaler Partnerschaften in den USA, die durchaus auch für die Situation in Deutschland gilt, bietet Kim Marie Lamberty, Toward a Spirituality of Accompaniment in Solidarity Partnerships, in: Missiology: An International Review 40 (2012), S. 181–193.

liche Interpretationsmonopol und eine misstrauische Zentrale gelähmt oder gar brutal ausgebremst.

5. Schwer zu vermitteln ist der Gedanke an Mission und eine missionarische Spiritualität auch dort, wo die Mentalität von Christen zutiefst geprägt ist von der Überzeugung, in Sachen Religion halte man sich besser zurück. Religion sei Privatsache eines jeden Individuums. Die Achtung und Toleranz gegenüber persönlichen Überzeugungen gebiete es, andere religiöse Überzeugungen nicht anzugreifen. Solch vornehme Zurückhaltung hat zudem den Vorteil, dass man die eigenen religiösen Überzeugungen nicht der Verspottung aussetzen muss. Vor diesem Hintergrund würde eine gelebte missionarische Spiritualität nur als „religiöser Hausfriedensbruch“[23] erscheinen und wäre damit in einer religiös pluralistischen Gesellschaft gänzlich fehl am Platz.

Wo darüber hinaus dem faktischen religiösen Pluralismus ein normativer Gehalt zugeschrieben wird, verliert der klassische Missionsbegriff, der auf die Bekehrung der Anhänger anderer Religionen zum Christentum abzielt, ausnahmslos seine Berechtigung. Dezidiert als missionarisch sich verstehende Christen wären Gift für das Zusammenleben in multireligiösen Gesellschaften und würden so nur dem friedlichen Zusammenleben schaden.

6. Seit Jahrzehnten schon sind wir Zeugen dafür, dass hierzulande die Mitgliederstände der christlichen Kirchen zurückgehen und Christen auf dem Weg sind, in die Situation einer Minderheit zu geraten. Bestürzt nehmen sie wahr, dass auch wir in Deutschland Teil jener „planetarischen Diaspora“ sind, mit der Karl Rahner schon 1954 die Zukunftsperspektive des Christentums weltweit beschrieben hat.[24]

Neben dem wachsenden religiösen und weltanschaulichen Pluralismus haben Säkularisierung und säkularistische Tendenzen dazu geführt, dass die christlichen Kirchen zunehmend ihre Macht, Gesellschaft und Politik maßgeblich zu bestimmen, verloren haben und auch weiter verlieren. Damit einher geht ein Glaubwürdigkeitsverlust, der sich zum guten Teil auch innerkirchlichen Gründen verdankt. Was lange als selbstverständlich galt, ging verloren. Plausibilitäten verdunsteten.

So hat an vielen Stellen die wie selbstverständlich eingewohnte Identität der Christen Risse bekommen. Und beschämt nehmen Christen wahr, wie sehr ihre Integrität gesellschaftlich infrage gestellt ist und bleibt. Dies ver-

[23] Vgl. Giancarlo Collet, a.a.O., S. 63.
[24] Vgl. hierzu ebd., S. 118–124, 121.

letzt und verunsichert, ernüchtert und macht empfindlich. Die Luft ist dünn geworden, Atemnot bedrängt, Ängste sind ausgelöst.

7. Wenn auch vor wenigen Jahrzehnten allseits der Tod der Religion vorhergesagt wurde, leben wir in Zeiten der Wiederkehr des Religiösen in vielen Formen und Gestalten. Es ist nicht zu übersehen, dass auch überzeugte Christen und Christinnen in der Ausgestaltung ihrer religiösen Überzeugungen und Lebensformen aus den Angeboten des religiösen „Supermarkts" jene Bausteine auswählen, die „passen". So prägt eine Patchworkreligiosität auch das Leben überzeugter Christen, die, bisweilen abgekoppelt von der Institution Kirche, empfindlich auf institutionelle Einflussnahmen und Vorgaben reagieren.

8. Angesichts der Globalisierung, die eine grenzenlose Welt vor uns entstehen lässt, ist eine zunehmende Regionalisierung und Provinzialisierung zu beobachten. Bewusst oder unbewusst mag dies auch auf die Mentalitäten in den Ortskirchen, in denen wir leben, wirken. Teil solcher Mentalitäten ist, dass man sich in den örtlichen Horizonten verschließt, sich nur noch mit sich selbst beschäftigt und in einem selbstbezogenen Provinzialismus den Kult der Selbstgenügsamkeit feiert, selbst dann, wenn es einem in den sicheren eigenen vier Wänden unbehaglich wird.

Im Extremfall führt dies zu einer „Territorialisierung" der Kirche, „die [...] eine ethnische Einheit zu werden droht"[25], in deren Gefolge sich eine „systematische Gleichgültigkeit gegenüber den Menschen in der Fremde"[26], gepaart mit einer emotionalen Überbetonung der Unterschiede zu den Fremden, einstellt. Andrea Riccardi ist davon überzeugt, dass das weit verbreitete Sich-Verschließen in der eigenen Welt „das Fehlen von Hoffnung"[27] verrät.

9. Erschwerend wirkt sich auf die Entwicklung einer missionarischen Spiritualität schließlich aus, dass trotz des Engagements der großen Hilfswerke und der immer noch hohen Spendenbereitschaft deutscher Christen ein schleichender Verlust des Bewusstseins für internationale Gerechtigkeit feststellbar ist. Als dessen Indizien können „die stille Verabschiedung von Gesellschaftskritik, das stumme Sich-Gewöhnen an das Elend der Mehrheit

[25] Andrea Riccardi, Gott hat keine Angst. Die Kraft des Evangeliums in einer Welt des Wandels, Würzburg [2]2004, S. 117.
[26] Ebd., S. 60.
[27] Ebd., S. 216.

der Weltbevölkerung, das Verkleinern der Maßstäbe unserer Wahrnehmungsmöglichkeiten und Handlungswilligkeit"[28] angesehen werden.

All die genannten Faktoren sollen nicht dazu verführen, sich der Resignation oder einem Defätismus anheimzugeben. Sie stellen Herausforderungen dar, die zum Wachsen anstiften. Exemplarisch markieren sie Engführungen in „Länge, Breite, Tiefe und Höhe", die dazu herausfordern, jenen Raum zu schaffen, in dem eine missionarische Spiritualität Gestalt annehmen kann, die den missionstheologischen Grundaussagen und Überzeugungen der Kirche heute ebenso gerecht wird wie den kontextuellen Herausforderungen, in denen wir heute leben.

Bausteine einer missionarischen Spiritualität der Dichte und Weite

Gläubige Christen und Christinnen im heutigen Deutschland reiben sich noch die Augen und sehen verschwommen, dass sie in einem Missionsland leben und von heute auf Morgen auf die Reise geschickt sind, um in ihren kleinen und großen Lebenswelten Missionar oder Missionarin zu sein. Ein Blick in die ihnen bereitete Tasche mit Proviant zeigt schnell, dass dieser der Reise nicht angemessen ist. Vorsorge für Proviant in Form einer missionarischen Spiritualität, die Kraft und Stärkung auf der herausfordernden Reise geben kann, war nicht getroffen worden. So stellt sich die Frage, was es braucht, um in Gemeinschaft und „unter der Führung und Leitung des Heiligen Geistes missionarisches Neuland zu betreten"[29].

In die Dichte: Teilhabe an der Vision und Mission Gottes

Mit was identifiziert sich der Christ, wenn er von Mission spricht, in deren Dienst er sich stellt und die seinen Lebensstil prägen soll?

Wenn die Kirche als Volk Gottes, als Gemeinschaft der Glaubenden, keinen anderen Auftrag hat, als sich die Mission des dreifaltigen Gottes, d. h. seinen Plan für Menschheit und Welt, ja für die gesamte Schöpfung, zu eigen zu machen, sich in diese einzupassen, an ihr teilzunehmen und deren Trä-

---

[28] Giancarlo Collet, a.a.O., S. 146.

[29] Susan Rakoczy, Missionarische Spiritualität: Auf den zwei Füßen der Liebe schreiten, in: Sekretariat der Deutschen Bischofskonferenz (Hrsg.), WeltMission – Internationaler Kongress der Katholischen Kirche. Dokumentation. 2–4. Mai 2006 (Arbeitshilfen), Bonn, S. 140–156, hier: S. 141.

gerin zu sein, betrifft dies unweigerlich auch das Selbstverständnis eines jeden Mitglieds dieses Volkes.

Worin besteht diese Menschheit und Welt umfassende Mission Gottes?[30]

Sie besteht darin, dass Gott will, dass sein Shalom in seinem Reich Wirklichkeit wird. In der Sprache der missionarischen Tradition des Paulus hört sich das so an: „Gott wollte mit seiner ganzen Fülle in ihm [Christus, dem ‚geliebten Sohn', dem ‚Bild des unsichtbaren Gottes, dem ‚Erstgeborenen der ganzen Schöpfung'] wohnen, um durch ihn alles zu versöhnen. Alles im Himmel und auf Erden wollte er zu Christus führen, der Frieden gestiftet hat am Kreuz durch sein Blut" (Kol 1,19–20; vgl. auch Eph 1,9–10).

Entsprechend diesem Plan soll die gesamte Menschheit, Welt und Schöpfung in Christus aus ihrer Zerrissenheit befreit werden. Alle sollen und alles soll in ihm, dem Vater aller, entdecken, dass sie als seine Söhne und Töchter eine einzige Familie sind, ursprünglich miteinander verbunden und daraufhin geschaffen, an der „Fülle des Lebens" (vgl. Joh 10,10), die er, ihr Gott ist, teilzuhaben.

Angesichts all unserer gebrochenen Erfahrungen von „Fülle des Lebens", der Mangelerfahrungen an Leben, geht es Gott um Heil und Heilung von allem und in allem, was Fülle des Lebens beeinträchtigt oder verhindert. Positiv ausgedrückt will Gott eine allseitige Neuschöpfung. Negativ gewendet, will er von Sünde, Tod und all den heimlichen und unheimlichen Mächten des Bösen befreien.

Entsprechend Plan und Mission Gottes besteht Jesu Mission darin, in Wort und Tat wirksam zu verkünden, dass in ihm das Reich Gottes angebrochen ist. Dort aber, wo Gott herrscht, geschieht nicht nur Heil und Heilung Einzelner. Auch „das Gesellschaftsleben [wird] für alle ein Raum der Brüderlichkeit, der Gerechtigkeit, des Friedens und der Würde sein" (EG 180). Unaufhaltsam und allen Widerständen trotzend breitet sich Gottes Reich wie ein Sauerteig in die ganze Schöpfung hinein aus, wächst wie das in den Boden gesenkte Senfkorn zu einem mächtigen Baum heran.

Das von Gott selbst angebotene Heil ist „ein Werk seiner Barmherzigkeit", ein unverdientes und unverdienbares Geschenk, eine Anziehungs-

[30] Die folgenden Ausführungen orientieren sich an Michael C. Reilly, a.a.O., S. 161–172. Zur Erneuerung des Missionsbegriffs seit dem Zweiten Vatikanischen Konzil vgl. auch den Überblick bei Michael Meyer, a.a.O., S. 32–38.

kraft, die sich „aus reiner Gnade“ mit Mensch und Welt vereinen will (EG 112).

Vor undenklichen Zeiten hat Gott selbst begonnen, seinen Plan zu verwirklichen. Schon immer durchwirkt ER allen Widerständen zum Trotz auf geheimnisvolle Weise die Geschichte der gesamten Menschheit und Welt und zielt auf endgültige Erfüllung für die gesamte Schöpfung, auf Heilung von all dem, was zerbrochen ist, und die Zerstörung von allem, was Mensch und Natur versklavt. Die endgültige, vollendete Erfüllung und Verwirklichung seines Reiches wird Gottes ureigenes Werk sein. Heil kommt allein von ihm. Allein er ist es, der rettet und erlöst, nicht der Mensch, auch nicht eine von Menschenhand geschaffene Institution.

Diese so skizzierte Mission Gottes hat eine personale, soziale und kosmische Dimension, ihr eignet eine materielle und eine spirituelle Komponente, sie bezieht sich auf die Gegenwart wie auf die Zukunft, sie ist zugleich weltbezogen als auch der Welt enthoben und steht, obwohl ihre Vollendung Gottes ureigenes Werk ist, in engster Verbindung mit der Geschichte von Mensch, Welt und Schöpfung.

Es ist diese Mission und Vision Gottes, die eine Kirche hat, die sich eine Gemeinschaft von Menschen schafft, ein Volk aus allen „Stämmen und Nationen, Sprachen und Völkern“ (Offb 5,9). Und dieses Volk Gottes ist nicht in eigener Mission unterwegs in der Geschichte. Unterwegs ist die Kirche, die Versammlung der an Christus Glaubenden, das Volk Gottes, als „Werkzeug der göttlichen Gnade“, einer Gnade, die „unaufhörlich und jenseits jeder möglichen Kontrolle wirkt“ und „durch ihr evangelisierendes Tun“ in die Mitarbeit mit Gottes Mission gerufen ist (EG 112).

Und wenn Gottes Mission und Vision etwas mit all den genannten Dimensionen und Komponenten zu tun hat, dann muss auch die Mission der Kirche diese im Blick haben. Lässt sie die ein oder andere außer Acht, läuft sie Gefahr, sich nicht mehr für den Dienst an der Mission Gottes zu eignen.

Auf die Vision und Mission Gottes ist die Kirche festgelegt. Diese Festlegung bestimmt auch ihre Natur: Sie ist wesentlich instrumental oder theologisch gesagt, sie ist sakramental: Sie ist Zeichen und Werkzeug. Dies bedeutet, dass es, will man das Ziel des missionarischen Wirkens der Kirche bestimmen, in erster Linie nicht darum geht, was die Kirche tun sollte. Entscheidend ist vielmehr, dass sie treu zu ihrer Rolle im Heilsplan Gottes steht, der Sendung, „die Liebe Gottes allen Menschen und Völkern zu verkünden und mitzuteilen" (AG 10), dass sie sich immer wieder auf Gottes Mission besinnt und diese ihrem Handeln zugrunde legt.

Wie und auf welche Weise erfüllt die Kirche Gottes Mission?

In der Geschichte der Mission der Kirche waren vor allem zwei Antwortversuche von größtem Gewicht:[31]

Wenn die Kirche den Sinn und Zweck der Mission Gottes wesentlich mit der persönlichen Bekehrung und dem Ja zu Christus verbunden sah, beantwortete sie die „Wie-Frage", indem sie das Evangelium verkündete und Individuen bekehrte.

Wenn sie dezidiert den Standpunkt vertrat, Erlösung sei ausschließlich in der institutionalisierten Kirche möglich, beantwortete sie die gleiche Frage, indem sie so viele wie möglich taufte und so schnell wie möglich die Kirche als Institution errichtete.

Doch es werden sowohl in der Missionsgeschichte als auch auf der Grundlage missionstheologischer Reflexionen auch andere Antworten auf die „Wie-Frage" gegeben.

Beide, hier in ihren Extremformen skizzierten Antworten, die in unterschiedlichsten Varianten konkrete Gestalt annahmen, beeinflussten jede auf ihre Art nicht nur die Spiritualität der Berufsmissionare, sondern auch die der Gläubigen. Vor allem aber prägten sie, meist gänzlich losgelöst von der Vision und Mission Gottes, nachhaltig das kirchliche wie das gesellschaftliche Bewusstsein – und prägen es bis heute. Dies wird vor allem da greifbar, wo Menschen, die keiner der christlichen Kirchen oder anderen Religionen angehören, der christlichen Mission in diesen beiden Formen skeptisch und radikal ablehnend gegenüberstehen. Aber nicht nur da. Auch Christen, die man nicht verdächtigen kann, sie hätten einen mangelnden Glauben oder seien unkirchlich eingestellt, tun sich schwer mit beiden Antwortversuchen und können eine an diesen orientierte missionarische Spiritualität für sich nicht mehr nachvollziehen.

Eine heutige Spiritualität missionarischer Christen und Christinnen bedarf daher der Verdichtung, das heißt, sie muss sich grundlegend in der Vision und Mission Gottes verankern. Eine missionarische Spiritualität, die ihr Fundament in der Vision und Mission Gottes sieht, wäre jene Form von Spiritualität, die charakteristisch ist für alle Mitglieder des Volkes Gottes,

[31] Vgl. Lawrence Nemer, a.a.O., S. 429 f.

Männer und Frauen, die sich in ihrem Selbstverständnis und Lebensstil an der Mission und Vision des dreifaltigen Gottes, seinem Heilsplan für Menschheit und Welt, ja für die gesamte Schöpfung ausrichten. Sie machen sich, um mit den Worten von Papst Franziskus zu sprechen, jene leuchtende *„Schönheit der heilbringenden Liebe Gottes, die sich im gestorbenen und auferstandenen Jesus Christus offenbart hat“* (EG 36), zum Herzensanliegen und nehmen als Mitglieder seines Volkes an ihr teil.[32]

Dermaßen gegründet und verwurzelt, wäre dann nach dem „Wie“ zu fragen, um in steter Rückbindung an die Mission Gottes aus den vielen möglichen Antworten jener Gestalt zu geben, die in einem bestimmten kulturellen und kirchlichen Kontext der Mission Gottes optimal dient.

Wegen der sehr unterschiedlichen Kontexte, in denen Mitglieder des Volkes Gottes heute weltweit leben, und wegen der theologischen Akzentsetzungen wird es eine Vielfalt verantworteter Antworten geben,[33] von denen jedoch keine sich als ausschließlich und alleingültige absolut setzen darf.[34] Jeder Versuch der Absolutsetzung würde der „ganzen Fülle Gottes“ (Eph 3,19), in deren erlösendes, befreiendes und heilendes Geheimnis hineinzuwachsen Christen angetragen ist, widersprechen. Niemals darf durch Anlegung eines menschlichen Maßes der „ganzen Fülle Gottes“ eine Grenze gesetzt werden.

Die der Kirche anvertraute Teilhabe an der Mission und Vision Gottes ist nicht einer bestimmten Klasse inmitten des Volkes Gottes reserviert, weder einer Klasse von abgesonderten Klerikern oder unter diesen noch einmal einer enger definierten Klasse von Angehörigen einer dezidiert sich als missionarisch verstehenden Ordensgemeinschaft. Dies würde angesichts dessen, dass über 95 % der gläubigen Christen diesen Gruppen nicht zuzurechnen sind und „die Laien […] schlicht die riesige Mehrheit des Gottesvolkes“ (EG 102) sind, die Mitwirkung an der Verwirklichung der Mission Gottes unzulässig schwächen und ihr vielleicht gar den Todesstoß versetzen.

In *Evangelii gaudium* bekundet Papst Franziskus unmissverständlich seine Überzeugung von „der tragenden Rolle eines jeden Getauften“, denn „kraft der empfangenen Taufe ist jedes Mitglied des Gottesvolkes ein mis-

---

[32] In der Missio Dei sieht auch Madge Karecki das Fundament einer missionarischen Spiritualität: Madge Karecki, Mission Spirituality in Global Perspective, in: Missiology: An International Review 40 (2012), S. 23–35; auch: Thomas G. Grenham, Discovering the Universal in the Particular. A Vision for Christian Mission Spirituality, in: Missiology: An International Review 40 (2012), S. 49–61; Juan Esquerda Bifet, Missionary Spirituality, wordpress.com/2010/06/missionary-spirituality.doc., S. 9. (05.03.2017).

[33] Darauf zielen auch Aussagen in den lehramtlichen Dokumenten, wie zum Beispiel AG 6, EN 24 f., RM 32–38.

[34] Vgl. Michael C. Reilly, a.a.O., S. 166.

sionarischer Jünger geworden (vgl. Mt 28,19). Jeder Getaufte ist [...] aktiver Träger der Evangelisierung", wobei dies „unabhängig von seiner Funktion in der Kirche und dem Bildungsniveau seines Glaubens" ist (EG 120).

Das Privileg des missionarischen Jüngers

Der missionarische Christ für heute kann über seine Rolle oder seine Funktion in der Kirche, über das also, was er tut, definiert werden. Wesentlich ist jedoch vielmehr, wer er oder sie ist. Der Schlüsselbegriff, um seine eigene missionarische Identität zu verstehen, ist, wie Michael C. Reilly betont, der des Privilegs: Jeder Christ ist eine Person, der das Privileg zuteil wurde, um die zuvorkommende Liebe Gottes zu wissen, ihr zu begegnen und sie zu erfahren. Aufgrund dieser liebenden Begegnung wurde er in die Gemeinschaft des Volkes Gottes berufen und hat dadurch das Privileg, Anteil zu haben an der Mission des dreieinen Gottes.[35] Nach Papst Franziskus ist jeder Christ „in dem Maß Missionar, in dem er der Liebe Gottes in Jesus Christus begegnet ist; wir sagen nicht mehr, dass wir ‚Jünger' und ‚Missionare' sind, sondern immer, dass wir ‚missionarische Jünger' sind" (EG 120).

In dem Privileg einer in der Begegnung und Wiederbegegnung mit dem liebenden Gott entstehenden „glücklichen Freundschaft [...] werden wir von unserer abgeschotteten Geisteshaltung und aus unserer Selbstbezogenheit erlöst" (EG 8). Genau hierin sieht Papst Franziskus die „Quelle der Evangelisierung", weil wir dann, wenn „wir Gott erlauben, uns über uns selbst hinaus zu führen, [...] zu unserem eigentlicheren Sein gelangen". Es ist die geschenkte und angenommene Liebe Gottes, die in uns bewirkt, dass wir unmöglich „den Wunsch zurückhalten [können], sie den anderen mitzuteilen" (EG 8).

Alle, denen diese Erfahrung geschenkt wurde, drängt es also, wo immer sie auch leben, dazu, Missionare zu sein. Missionar sein gehört unverzichtbar zu ihrer Identität.

Das Faktum, dass jemand in seinem persönlichen Leben schon längst von der Mission Gottes erfasst worden ist, sein Herz von ihr schon längst erreicht wurde und sie ihr heilsames Wirken in seiner Persönlichkeit entfaltet hat, ist nicht etwas, das jemand sich verdient oder selbst erworben hätte. Dass jemand Mitglied des Volkes Gottes ist und in der wohltuenden Freundschaft

[35] Vgl. zu dieser Definition: Ebd., S. 173.

mit Gott leben darf, ist unfassbares, unverdientes Geschenk. Der Begriff des Privilegs stößt den Christen jedoch unweigerlich darauf, seine eigene Armut wahrzunehmen,[36] eine Armut, die sich füllen lässt, so dass sich in ihr die Spuren Christi entdecken lassen, die Spuren seines Wirkens, die Spuren all dessen, was dem Geschenk des Glaubens verdankt ist.

Die Antwort: Liebe, Dankbarkeit und Freude

Missionarische Christen sind jene, die auf das Geschenk, hineingenommen zu sein in die Mission und Vision Gottes, dadurch antworten, dass sie großzügig der Mission Gottes ihr Herz geben,[37] dass sie Zeugnis geben für das Reich Gottes und sich in den Dienst des Kommens dieses Reiches stellen. Und weil die Kirche als Volk Gottes wesentlich wirksames Zeichen und Werkzeug des universalen Heiles ist, sind auch die Mitglieder dieses Volkes, dort, wo sie leben, antwortendes und effektives Sakrament der Mission Gottes.

Weil der Antwort ein Geschenk zugrunde liegt, kann es nicht sein, um es mit den Wortes von Papst Franziskus zu sagen, dass „ein Verkünder des Evangeliums […] ständig ein Gesicht wie bei einer Beerdigung“ hat (EG 10). Liebende Dankbarkeit und Freude sind wesentliche Elemente der missionarischen Motivation und Spiritualität. Nur so kommt „die Frohbotschaft nicht aus dem Munde trauriger und mutlos gemachter Verkünder […], die keine Geduld haben und ängstlich sind, sondern von Dienern des Evangeliums, deren Leben voller Glut erstrahlt, die als erste die Freude Christi in sich aufgenommen haben“ (EG 10).[38]

Die Gaben der Unterscheidung und Treue

Die Mitarbeit an der Mission Gottes kann, wie gesagt, vielfältige Formen annehmen. Nie kann eine der Formen als die einzig mögliche oder einzig

[36] Vgl. Juan Robles Diosdado, a.a.O., S. 60.

[37] „De cette expérience humble et reconnaissante, naît le désir de se consacrer à la mission, généreusement, et pour toute la vie“ (ebd.).

[38] Was Thomas Ohm 1951 über den Zusammenhang von Mission und Begeisterung schrieb, hat seine Geltung nicht verloren: „Nur Ergriffene und Begeisterte werden in diesen Zeiten der Gewohnheit und Erstarrung das eigentlich Religiöse zur Geltung, zur Wirkung und zum Klingen bringen, nur Begeisterte in einer Zeit, da der Sturm unheimlich über Asien und Europa braust, dem Wetter standhalten.“ Thomas Ohm, Begeisterung und Mission, in: NZM (1951), S. 161–172, hier: S. 171.

richtige hingestellt werden. Auch sind uns angesichts des Wirkens des Heiligen Geistes, der die „Hauptperson für die ganze kirchliche Sendung" ist (RM 21), keineswegs schon alle Formen der Teilnahme an der alle menschlichen Vorstellungen sprengenden Fülle des Mensch und Welt zugedachten Heilsplanes Gottes bekannt.[39]

Darum sind von missionarischen Christen des Weiteren die Gaben der Unterscheidung und Treue verlangt. Unterscheidung ist ein Teil des Prozesses einer ständigen Bekehrung und Hinkehr zu Gott. Im Hören auf ihn wird der Christ unter der Leitung des Hl. Geistes die Zeichen der Zeit, von denen das Konzil spricht, so lesen, dass er entdecken und entscheiden kann, wo und wie durch ihn im Hier und Heute die Mission Gottes am Besten in treuer Hingabe verwirklicht werden kann.[40] In diesen Unterscheidungsprozess, der jedem Christen aufgetragen ist, spielen die Nöte der Zeit ebenso eine Rolle wie auch die Charismen, die Vielfalt der persönlichen Begabungen und Fähigkeiten, die der Geist Gottes reichlich schenkt.[41]

Angesichts der Krise von Kirche, Glaube und Kultur hierzulande stellen sich Mitglieder des Volkes Gottes vorzüglich[42] durch missionarische Präsenz in den Dienst an der Mission Gottes und werden so zu „Zeichen der Gegenwart Gottes in der Welt" (AG 15).

Dies bedeutet, dass Christen und Christinnen in unseren gesellschaftlichen, kirchlichen und kulturellen Kontexten an der Mission Gottes dadurch teilnehmen, dass sie sich nicht aus diesen bedrängenden und bisweilen auch als feindselig erfahrenen Kontexten verabschieden, sich aussondern und in eine heile christliche Sonderwelt, abgeschieden von ihren Zeitgenossen, flüchten.

---

[39] Siehe RM 25: „Als die Verkünder der Botschaft aus Jerusalem hinausziehen, übernimmt der Geist noch mehr die Führerrolle, sei es in der Auswahl der Personen oder der zu beschreitenden Wege in der Mission."

[40] Hier wird die persönliche Ebene der Unterscheidung als Merkmal einer missionarischen Spiritualität eines gläubigen Christen betont. Gleiches gilt von der gemeinschaftlichen Ebene: der Gemeinde vor Ort, der Ortskirche wie auch der Universalkirche.

[41] Dies bedeutet auch, dass aus der Fülle der Möglichkeiten der Teilnahme sich auch notwendige Spezialisierungen ergeben. Hier wäre dann auch der klassische Berufsmissionar zu verorten.

[42] Mit Steve Bevans gehe ich davon aus, dass – wie Mission – auch missionarische Spiritualität immer kontextuelle Spiritualität ist, abhängig davon, wo eine Person sich für die Teilhabe an der Missio Dei entscheidet, in welchem Lebensabschnitt sie es tut, den Glaubenserfahrungen, den theologischen Perspektiven, die sich jemand zu eigen macht etc. Hierzu: Steve Bevans, Towards a Mission Spirituality, http://www.cppsmissionaries.org/download/mission/TOWARDS_A_MISSION_SPIRITUALITY_ Bevans.pdf, S. 1 f. (22.04.2017).

Bewusst entscheiden sie sich, in dieser ihrer Welt zu bleiben, am Leben ihrer Mitbürger teilzunehmen, um mit ihrem Leben selbst Zeugnis für Christus abzulegen. In ihrem gelebten Zeugnis, ihrer authentischen Glaubenspraxis halten sie das Geheimnis Gottes und seiner Vision von der Fülle des Lebens für alle in ihrer spezifischen Alltagswelt gegenwärtig.

Da in der Moderne „die persönliche Erfahrung [...] zum entscheidenden Maßstab der Vergewisserung von Wirklichkeit geworden ist“ und befreiende Erfahrungen mit dem Glauben „primär durch das *Leben* christlicher Werte vermittelt“ wird, „kommt [...] dem missionarischen *Lebenszeugnis* eine eminente Bedeutung zu.“[43]

Anmerkungen zur Geschichte des Konzepts der Mission durch Präsenz

Diese Form der Teilnahme an der Mission Gottes ist in der missionstheologischen Tradition wie in der Tradition missionarischer Praxis der Kirche bekannt.[44] Sie wurde aber nur als „Prä-evangelisation, als Voraussetzung und Vorstufe der ‚eigentlichen‘ Missionstätigkeit verstanden“.[45] Insofern besaß sie keine „eigenständige missiologische und theologische Dignität“[46]. Überzeugt davon, dass das gelebte missionarische Zeugnis eine größere Überzeugungskraft besitzt als „elegante Worte“[47], sollten missionsstrategisch die „Heiden“ in einem ersten Schritt angelockt werden, um ihre Herzen zu gewinnen und sie zu Freunden zu machen. Erst dann sollte die eigentliche Missionstätigkeit einsetzen: die Verkündigung des Evangeliums und die Taufe. Anton Peter zeigt auf, dass erst im 20. Jahrhundert, vor dem Hintergrund der erfahrenen Säkularisierung der modernen europäischen Gesellschaften dem Konzept der missionarischen Präsenz eine eigenständige Bedeutung für das missionarische Wirken zuerkannt wurde.[48] Bahnbrechend wirkte hier die Enzyklika *Quadragesimo anno* Pius’ XI., die vor allem in Frankreich das Projekt der Arbeiterpriester beflügelte. In der Folge

[43] Anton Peter, Christliche Präsenz als missionarisches Konzept, in: NZM 53 (1998), S. 241–320. Zum Thema der missionarischen Präsenz auch der Kommentar von Josef Neuner zu AG 10–12: Josef Neuner, Das christliche Zeugnis, in: Johannes Schütte (Hrsg.), Mission nach dem Konzil, Mainz 1967, S. 173–190.

[44] Vgl. den Überblick bei Anton Peter, a.a.O., 245.

[45] Ebd., S. 241.

[46] Ebd.

[47] So José de Acosta 1588 in seinem Werk De procuranda Indorum salute, zitiert ebd., S. 242.

[48] Über die Etappen der Entstehung des Konzeptes der missionarischen Präsenz im 20. Jahrhundert informiert Anton Peter, a.a.O., S. 247–250 (Literatur).

prägte das Thema der Präsenz in seiner kontemplativ-liturgischen Dimension dann auch maßgeblich die Gemeinschaft von Taizé. Über die französische christliche Studentenbewegung und den Christlichen Studentenweltbund wurde es schließlich zu einem Schlüsselbegriff der ökumenischen Missionsdebatte, büßte jedoch nach dem Verbot des Experiments der Arbeiterpriester im Jahr 1954 viel an seiner Kraft in der katholischen missionstheologischen Diskussion ein.[49]

Das missionarische Zeugnis in Äußerungen des kirchlichen Lehramtes

In den Verlautbarungen des kirchlichen Lehramtes war das Thema des missionarischen Zeugnisses seit dem Apostolischen Schreiben *Maximum illud* von Benedikt XV. (1919) nicht gänzlich abwesend.[50] Die entsprechenden Haltungen der Freundschaft und Güte, der dienenden Liebe und der sozial-karitativen Fürsorge wurden, wenn auch bezogen auf die Berufsmissionare, als hervorragendes Zeugnis gepriesen, wenn es galt, die „Herzen der Heiden" vorzubereiten, an Jesus Christus zu glauben und seine Gebote anzunehmen.

Erst das Missionsdekret des Zweiten Vatikanischen Konzils *Ad gentes* widmet dem Thema des christlichen Zeugnisses im zweiten Kapitel, das die Überschrift „Die eigentliche Missionsarbeit" trägt, einen eigenen Artikel. Hier kommen neben den Berufsmissionaren auch alle Christen in ihrer missionarischen Verantwortung in den Blick. „Alle Christgläubigen, wo immer sie leben, müssen durch das Beispiel ihres Lebens und durch das Zeugnis des Wortes den neuen Menschen, den sie durch die Taufe angezogen haben, und die Kraft des Heiligen Geistes, der sie durch die Firmung gestärkt hat, so offenbaren, daß die anderen Menschen ihre guten Werke sehen, den Vater preisen und an ihnen den wahren Sinn des menschlichen Lebens und das alle umfassende Band der menschlichen Gemeinschaft vollkommener wahrnehmen können." (AG 11)[51]

[49] Sucht man nach Persönlichkeiten, deren Spiritualität maßgeblich vom Konzept der Präsenz geprägt wurden, stößt man auf Charles de Foucauld und Madeleine Delbrêl und die von diesen inspirierten Gemeinschaften.

[50] Vgl. zum Folgenden ebd., S. 245 f.

[51] Vgl. auch AG 21: „Das Evangelium kann nicht in Geist, Leben und Arbeit eines Volkes tief Wurzel schlagen ohne die tätige Anwesenheit der Laien."

Der Gedanke des Beispiels des Lebens wird in der folgenden Nummer noch einmal aufgegriffen und unterstrichen, dass die Christen und Christinnen hoffen dürfen, dass sie „durch die enge Verbindung mit den Menschen in ihrem Leben und Arbeiten ein wahres Zeugnis“ ablegen und zum Heil dieser Menschen beitragen, selbst wenn sie auf diese Weise „Christus nicht ganz verkünden können“ (AG 12). Obwohl das Konzil hier dem missionarischen Zeugnis durch die Art und Weise, wie Christen leben, eine eigene Würde zuerkennt, weist es darauf hin, dass ihm dennoch etwas Wesentliches, nämlich die ausdrückliche Verkündigung des Evangeliums, fehlt.[52]

Papst Paul VI. widmet in seinem Apostolischen Schreiben *Evangelii nuntiandi* 1975 dem Thema zwei Abschnitte (Nr. 21 und 41). Er sagt, „die Verkündigung [müsse] vor allem durch ein Zeugnis erfolgen“. Ein solches „Zeugnis ohne Worte [sei] bereits stille, aber sehr kraftvolle und wirksame Verkündigung der Frohbotschaft“, es ist „der erste Weg der Evangelisierung“, weil der „heutige Mensch [...] lieber auf Zeugen [hört] als auf Gelehrte, und wenn er auf Gelehrte hört, dann deshalb, weil sie Zeugen sind“ (EN 41).

Doch auch hier wird darauf hingewiesen, dass, selbst wenn es „wesentliches Element [...] in der Evangelisierung“ ist, es nur „eine Anfangsstufe der Evangelisierung“ sein kann (EN 22). Darum muss das Evangelium, das „durch das Zeugnis des Lebens verkündet wird, [...] früher oder später durch das Wort des Lebens verkündet werden“ und muss sich entfalten als „klare und eindeutige Verkündigung des Herrn Jesus Christus“ (EN 22).

Die gleiche Sicht wird auch von Johannes Paul II. geteilt, der an *Evangelii nuntiandi* anknüpfend festhält, das Zeugnis des christlichen Lebens sei „die erste und unersetzbare Form der Mission“ (RM 42). Wer „nach dem Modell Christi“, der der Zeuge schlechthin ist, lebt, ist „ein Zeichen Gottes und der transzendenten Wirklichkeit“, wobei Johannes Paul II. ausdrücklich fest hält, dass dieses Zeugnis des Lebens „in vielen Fällen die einzig mögliche Form ist, Missionar zu sein“ (RM 42).

Papst Franziskus macht in *Evangelii gaudium* darauf aufmerksam, dass wir in der Teilnahme an der Mission Gottes immer „die Weise finden [müssen], die der Situation angemessen ist, in der wir uns befinden“. Er fährt fort: „In jedem Fall sind wir alle gerufen, den anderen ein klares Zeugnis der heil-

[52] Dies wird dann noch einmal in AG 15 unterstrichen: „Aber es ist nicht genug, daß das christliche Volk anwesend ist und in einem Volk Fuß gefaßt hat; es ist auch nicht genug, daß es das Apostolat des Beispiels ausübt. Dazu ist es gegründet und dazu ist es da, um den nichtchristlichen Mitbürgern in Wort und Werk Christus zu verkünden und ihnen zur vollen Annahme Christi zu helfen.“

bringenden Liebe des Herrn zu geben, der uns jenseits unserer Unvollkommenheiten seine Nähe, sein Wort und seine Kraft schenkt und unserem Leben Sinn verleiht." (EG 121). Er unterstreicht die herausragende Bedeutung des Lebenszeugnisses, wenn er sagt, Jesus suche „Verkünder des Evangeliums, welche die Frohe Botschaft nicht nur mit Worten verkünden, sondern vor allem mit einem Leben, das in der Gegenwart Gottes verwandelt wurde" (EG 259). Aus dieser Verwandlung durch die persönliche Begegnung mit Jesus erwachsen Begeisterung, Kraft und Leidenschaft. All dies ist unabdingbar für das persönliche Zeugnis, denn „ein Mensch, der nicht überzeugt, begeistert, sicher, verliebt ist, überzeugt niemanden" (EG 266).[53]

Präsenz als „Epiphanie des Reiches Gottes"

Die missionarische Präsenz als gelebtes Zeugnis von Christen hat in der Verwirklichung der Teilhabe an der Mission Gottes nicht nur einen vorübergehenden Wert. Ihr kommt vielmehr eine bleibende und damit grundlegende Würde zu. Nicht erst in der ausdrücklichen Verkündigung des Evangeliums, sondern schon in der authentischen Lebenspraxis des missionarischen Christen wird die Botschaft des Evangeliums transparent und glaubwürdig. Präsenz alleine ist schon eine Form der Verkündigung. Sie ist mit Anton Peter „in Analogie zur *sakramentalen* Heilspräsenz, sofern ‚Sakrament' eben ein repräsentatives Zeichen und Instrument des Heils bezeichnet", zu verstehen.[54] So wie Jesus das Evangelium nicht nur durch Worte verkündet, sondern durch sein ganzes Leben und Sein, ist die Präsenz des missionarischen Christen mitten in seiner Welt eine „Epiphanie des Reiches Gottes" (Pottmeyer).

Missionarische Präsenz und die Entgrenzung der Räume

Der missionarische Christ, „in der Liebe verwurzelt und auf sie gegründet" ist wie ein Baum, der heranwächst, um derart verwurzelt, vom lebendigen Wasser aus der Tiefe gespeist, unverkrümmt und ohne Angst umherzu-

---

[53] Wenn auch Papst Franziskus die Bedeutung des missionarischen Zeugnisses in seiner Enzyklika *Evangelii gaudium* herausstreicht, liegt ihm die Verkündigung des Evangeliums besonders am Herzen, wobei er bei dieser in den Beziehungen von Mensch zu Mensch die „informelle Verkündigung, die man in einem Gespräch verwirklichen kann", besonders unterstreicht (vgl. EG 127–129, hier: 127).

[54] Anton Peter, a.a.O., S. 251. Die besondere Bedeutung des missionarischen Zeugnisses entfaltet auch Josef Neuner, a.a.O., S. 176–182.

schauen und zu sehen, wie sich die Wirklichkeit für ihn in alle Dimensionen des Raumes hinein entfaltet.

Hier soll nur auf zwei Merkmale der missionarischen Präsenz, die einer Entgrenzung der Räume im Sinne der Schaffung von gemeinsamen Lebensräumen dient, hingewiesen werden.[55]

Zunächst verzichtet der missionarische Christ, präsent in seiner Gesellschaft als „einfacher Zeuge“ (EN 21), darauf, sein missionarisches Zeugnis aggressiv zu leben und durchzusetzen. Vielmehr lebt er eine dialogische Existenz, d. h. er begegnet anderen, auch Menschen anderer Religionen und Weltanschauungen, mit aufrichtigem Respekt, „nicht in der Position des Überlegenen, sondern des hör-, lern- und dialogwilligen Partners.“[56]

Des Weiteren wird der missionarische Christ bereit sein, unsere Wirklichkeit, die Mitmenschen, die Ungläubigen wie die Gläubigen, die Fernen wie die Nahen aus den Augen Gottes zu betrachten, um nicht der Versuchung zu erliegen, die Möglichkeiten der seit undenklichen Zeiten wirksamen Gegenwart Gottes unter den Menschen und in der Welt zu begrenzen. Gott ist immer schon vor dem Missionar da und hat seine Spuren hinterlassen „auf seine Weise und in sehr verschiedenen Formen“. Diese übertreffen, wie Papst Franziskus feststellt, „gewöhnlich unsere Prognosen“ und sprengen „unsere Schablonen“ (EG 22).

Darum stellen missionarische Christen die Gegenwart Gottes nicht her, sondern entdecken und enthüllen sie (vgl. EG 71). Um zu entdecken, dass er uns und der Kirche immer schon „in der Liebe zuvorgekommen“ ist (EG 22), dass er „in ihren Häusern, auf ihren Straßen und auf ihren Plätzen wohnt“, dass er „die aufrichtige Suche, die Einzelne und Gruppen vollziehen, um Halt und Sinn für ihr Leben zu finden“, begleitet, „unter den Bürgern [lebt] und […] die Solidarität, die Brüderlichkeit und das Verlangen nach dem Guten, nach Wahrheit und Gerechtigkeit“ fördert, braucht es jedoch eine „kontemplative Sicht“, den „Blick des Glaubens“ (EG 71) und „eine mystische, kontemplative Brüderlichkeit […], die die heilige Größe des Nächsten zu sehen weiß; die in jedem Menschen Gott zu entdecken weiß“ (EG 92).

---

[55] Über die Nennung dieser beiden hinaus wären auf der Grundlage der lehramtlichen wie missionstheologischen Aussagen zum missionarischen Zeugnis weitere Merkmale in ihrer ent-grenzenden Bedeutung für die Ausweitung und Schaffung von Lebensräumen zu entfalten.

[56] Vgl. im Anschluss an *Ad gentes* ebd., S. 181 f: auch Anton Peter, a.a.O, S. 255 f.

Vergegenwärtigt man sich abschließend das Gebet, das der Verfasser des Epheserbriefes dem Missionar Paulus für seine Gemeinde in den Mund legt, endet dies mit einem Lobpreis jenes Gottes, der alles, was man über ihn denken kann, dermaßen übersteigt, dass menschliches Denken und Erkennen mit ihm niemals an ein Ende kommt. Zum Lob dieser unermesslichen Herrlichkeit Gottes ist das Volk Gottes bestimmt. In dieses Lob werden all jene einstimmen, die Ja dazu gesagt haben, „eine Mission auf dieser Erde" zu sein, und erkannt haben, „dass man selber ‚gebrandmarkt' ist für diese Mission, Licht zu bringen, zu segnen, zu beleben, aufzurichten, zu heilen, zu befreien" (EG 273).

Aus den Workshops

Theologie an der Theke

Dominikanische Erfahrungen in Leipzig

Josef Kleine Bornhorst OP

Es gibt die üblichen missionarischen Verkündigungsorte, die Kirche und die Kanzel – es gibt aber auch ungewöhnlichere Orte. Ein solcher Ort kann eine Kneipe beziehungsweise eine Theke sein. Schon vom Heiligen Dominikus, der vor 800 Jahren den Dominikanerorden gegründet hat, wird berichtet, dass er einmal in einem Wirtshaus übernachtete und die Nacht über mit dem Wirt diskutierte. Dieser Wirt war jemand, der sich von Christus abgewandt hatte. Aber der missionarische Eifer, die Geduld, das Zuhören und die Überzeugungskraft des Heiligen schafften es, dass er wieder zum Glauben an Christus fand. Sie führten ein intensives, geistliches, missionarisches Gespräch auf Augenhöhe, an einem eher ungewöhnlichen Ort. Ja, auch die Theke und die Kneipe können Orte sein, an denen wir missionarisch wirken können. Nicht nur zur Zeit des Hl. Dominikus.

Ich kann selber aus meinen Erfahrungen bestätigen, dass gerade an der Theke und in der Kneipe oft über Gott und die Welt diskutiert wird. Und mancher Wirt ist dabei auch ein guter Gesprächspartner und Seelsorger. Die Theke, die Kneipe ein missionarischer Ort? Ja, das gibt es, auch heute. Unsere belgischen Mitbrüder des Kloster Blackfriars betreiben in Louvain-la-Neuve einen solchen Ort, in einem Studentenviertel. Sie bewirten in einem Pub die oft jungen Gäste und kommen mit ihnen ins Gespräch. Solch ein Kneipengespräch unter Beteiligung eines dominikanischen Mitbruders war auch ein Angebot beim Katholikentag 2017 in Leipzig: „Theologie an der Theke". Der Ort war ein Irish Pub, inmitten der Stadt, ein ungewöhnlicher Ort, aber ein lebendiger Ort, ganz nahe bei den Menschen und bei Gott. Vielleicht sind wir zu wenig kreativ und zu wenig mutig, auch an solch ungewöhnlichen Orten Gott zur Sprache zu bringen.

Die Stadt als missionarischen Ort zu entdecken, ist gerade in einer Stadt wie Leipzig, in der nur etwa 20 % der Menschen getauft sind, eine Herausforderung. Es ist auch für uns Dominikaner als Predigerbrüder, auch für mich, der ich jetzt zwei Jahre hier lebe, eine Herausforderung. Wie predige ich zu diesen Menschen, beziehungsweise wie rede ich hier von Gott in einer Sprache, die verstanden wird? In unserer Gemeinde St. Albert ist es verständlich, wenn ich von Gott spreche. Doch bei der Schulklasse, die zur Kirchen- und Klosterführung kommt, fallen mir die Sprache und die Antworten schwerer. Da sind Fragen: Was feiern Sie hier und leben Sie hier? Was ist überhaupt ein Kloster? Was ist ein Altar? Was ist ein Tabernakel und was passiert beim Empfang der Hl. Kommunion? Dies alles sind für die Schüler Fremdworte, und mein Ordensgewand, der Habit, ist erst recht fremd und doch interessant. Und dann brechen doch Fragen auf: Warum machen Sie das? Warum und wie sind Sie zum Orden gekommen? Und glauben Sie wirklich an Gott und an ein Leben nach dem Tod? Sind Sie glücklich? Hier sind keine klugen Patentantworten gefragt, sondern eine ehrliche Antwort und mein Zeugnis in einer Sprache, die verständlich ist. Und ich weiß, auch bei den Sakramenten und kirchlichen Feiern wie Taufe, Erstkommunion, Trauung und besonders auch bei der Begräbnisfeier sind bei den Besuchern viele Nichtgetaufte, die ich auch ansprechen möchte. Auch hier ist wieder die verständliche Sprache gefragt. Es gibt Insider, die vor mir sitzen, und die Fremden. Aber ich kann sagen, ich mache oft überraschende Erfahrungen, dass durchaus Interesse besteht und sich danach des Öfteren ein gutes Gespräch ergibt. Aber auch solch ein Gespräch danach braucht Zeit und die Bereitschaft zum Dialog auf Augenhöhe.

In unser Kloster kommen viele Gruppen und Übernachtungsgäste. Für viele ist es ein fremder, ungewöhnlicher Ort, ein Andersort. Aber vielleicht sind gerade ein Kloster und unsere Lebensform ein Angebot, bei dem Menschen in ihrer Suche nach Sinn und Erfüllung eine Antwort finden können. Aber es braucht auch die Bereitschaft, auf die Menschen zuzugehen und nicht nur zu warten, dass sie zu uns kommen. Das Gespräch über persönliche Lebensfragen und Krisensituationen ist dabei wichtig. Außerdem ist es wesentlich, für die Menschen Zeit zu haben. Weitere Orte für tiefgründige Gespräche sind das Krankenbett, die Medienarbeit, die Flüchtlingshilfe und vieles mehr. Ich sehe im Menschen den Menschen, den ich ernst nehme und annehme, den Bruder und die Schwester, aber in ihm auch das göttliche Antlitz. Bei einer missionarischen Kirche in Leipzig geht es nicht um große Zahlen, sondern um Bescheidenheit und kleine Zahlen. Und ich sehe im Menschen – auch im Menschen an der Theke und im Wirt – immer zunächst den Menschen. Was sich dann aus der Begegnung entwickelt, ist offen, und die Antwort überrascht häufig und ist zumeist ein Geschenk.

„Die Inspiration existiert, aber sie muss dich bei der Arbeit finden."

Zu Besuch im Atelier Michael Triegel

Marliese Klees

Achteinhalb Kilometer quer durch die Stadt oder rund 20 Minuten Busfahrt liegen zwischen dem Kloster der Dominikaner und dem Atelier von Michael Triegel in der alten Baumwollspinnerei in Leipzig. Es ist ein Ortswechsel, der hier stattfindet, aber gleichzeitig auch ein Wechsel der Welten. Das gilt für die Gebäude, aber auch für unsere Tagungsgruppe: weg von den Arbeits- und Sitzplätzen eines gut organisierten Bildungsbetriebes zum Thema „Seht da, der Mensch. Und Gott? Missionarische Spiritualität", in dem wir Kirchenleute quasi „unter uns" im Gespräch sind. Viel ist schon über Strukturen missionarischer Spiritualität gesprochen worden; einzelne haben aus ihren Arbeitsfeldern berichtet. Jetzt steht der Besuch bei einem Künstler an, der sich nicht explizit als Missionar versteht, dessen Werk aber immer wieder Anlass zu religiösen und spirituellen Diskussionen gibt. Dazu geht es auf besagte Busfahrt und hinein in die ehemalige Fabrik der Baumwollspinnerei Leipzig, einen Backsteingebäudekomplex, der Ende des 19. Jahrhunderts entstand und heute der Arbeitsplatz für zahlreiche Künstlerinnen und Künstler und Geschäftsraum für Künstlerbedarf, Galerien und innovative Unternehmungen ist. Vor der Halle 18 wird die Gruppe schon erwartet: von Michael Triegel.

In seinem Atelier gibt es Stehplätze für alle – mit der Chance und der ausdrücklichen Freiheit, sich im ganzen Atelier umzuschauen. Mittendrin zwischen fertigen und begonnenen Bildern, zwischen Farben und Pinseln, zwischen Büchern und Staffeleien, zwischen Objekten, die sich als Zitate auf den Bildern des Künstlers wiederfinden, und Plakaten von Ausstellungen des Malers steht Michael Triegel, erzählt von sich, von seiner Arbeit, seiner Haltung in der Malerei und seinen Themen. In der DDR aufgewachsen, dort schon gefördert in seinen zeichnerischen Talenten, hat er nach dem Abitur eine Ausbildung als Schrift- und Grafikmaler gemacht und sich danach an der Hochschule für Grafik und Buchkunst in Leipzig zum Studium beworben. Doch dann kommt ihm die Wende dazwischen und mit ihr und mit der Unterstützung von Familie und Bekannten die Chance, ein halbes Jahr später eine Reise nach Italien anzutreten.

„Ich hatte da wirklich so im Goetheschen Sinne meine zweite Geburt.“[1] Die Gemälde der großen Künstler der Renaissance in den Kirchen und Museen in Rom hinterlassen tiefe Eindrücke bei ihm. Als er sein Studium beginnt, wird diese Erfahrung prägend für seinen Stil und seine Malerei werden. Die Kunst der Renaissance und des Manierismus beeindrucken ihn nämlich so sehr, dass er sich die Techniken dieser Malereien aneignet und zu einer Grundlage seiner eigenen Arbeit macht.

Aber er bringt noch etwas aus Rom mit, das ihn beschäftigt und zutiefst irritiert: seine ganz persönliche Reaktion auf die Inhalte der Bilder dieser Zeit, die er in den Kirchen Roms zu sehen bekommt. „Als ich in Rom in der Jesuitenkirche war, hatte ich das Gefühl, einen Kniefall vor dem Hochaltar machen zu müssen. Gleichzeitig dachte ich mir: Ich armes Heidenkind glaube doch gar nicht. Was beeindruckt mich da also? Die Schönheit der Kunst? Oder transportiert diese großartige Form einen Inhalt, der für mich aber verloren gegangen ist? Seitdem suche ich danach, nach einer Poesie, einem Geheimnis in einer Welt, die entzaubert ist.“ [2]

Diese Suche spiegelt sich in seinen Bildern. Vielfach scheint es, als seien seine Bilder Werke aus der Zeit des Manierismus und der Renaissance, schaut man genauer hin, entdeckt man, dass er zwar stellenweise Zitate dieser Malerei verwendet, aber diese Zitate in neuer Weise komponiert. Seine Bilder zeigen viele religiöse Bezüge und stellen sie z.T. auch gleich schon wieder in Frage: z.B. eine Szene, die an Leonardos Abendmahl erinnert, aber nur noch einen Tischgast zeigt, verloren an einer langen Tafel. Oder ein Foto mit dem Bild einer Kreuzigung, auf dem das Gesicht des Gekreuzigten verhangen ist. Triegel stellt seine damalige Irritation dar und weckt so auch in der Betrachterin, dem Betrachter eine Irritation und Suche. Was vorher ein Ortswechsel war verbunden mit der Frage, was der Künstler mit missionarischer Spiritualität zu tun hat, wird jetzt auch zu einem Wechselspiel der Zeiten, einem Wechselspiel von scheinbarer Gewissheit und gewissenhafter Fragwürdigkeit und zum Wechselspiel von Sichtbarem und Unsichtbarem. Es gilt, genauer zu schauen und das Geschaute auf den Erlebnishintergrund zu befragen, den des Künstlers wie den eigenen.

Die Bilder sind stimmig durch die Komposition, doch wiederum neu und Fragen über Fragen hervorrufend: Was zeigt er im Bild und wozu zeigt er es? Was will das Bild, von dem er sagt, dass es etwas mit ihm zu tun haben muss, damit er es auf die Leinwand, das Papier, ins Glas bringen kann?

[1] Michael Triegel im Gespräch im Atelier in der Alten Spinnerei Leipzig, 15. März 2017.

[2] Michael Triegel im Interview mit der Thüringischen Landeszeitung vom 4. Mai 2015 und auch im Ateliergespräch am 15. März 2017.

Wieso ist er so genau in seiner Darstellung, wenn es ihm darum geht, etwas Nicht-Darstellbares zu zeigen?

Kunst, so sagt er an einer Stelle, hat auch immer eine Funktion; das hat er in der Kirche San Luigi dei Francesi und an den Bildern Carravaggios entdeckt. Was also ist die Funktion seiner Bilder? Für ihn, das wird aus dem Gespräch bald deutlich, besteht die Funktion auch darin, seinen eigenen Weg, den Weg seiner Glaubensgeschichte zu erzählen. Die Themen – und das sind in den früheren Werken oft die Themen der Passion – spiegeln seine Sehnsucht, sein Zweifeln, sein Fragen, die Abwehr und Anziehung, die theologische und religiöse Erfahrungen in ihm auslösen: Sind christliche Themen nicht eigentlich obsolet? Aber wieso sprechen dann die Bilder großer Maler der Renaissance so packend davon? Ist es nur seine, in seiner Lebensgeschichte nicht geschulte Kenntnis des Religiösen, dass er ergriffen und doch fremd und leer vor diesen Werken steht, oder gibt es die religiöse Welt tatsächlich? Kann er – wie Paulus – nicht auch ein „hollywoodreifes Damaskuserlebnis" für sich selbst haben, um sich vom „Heidenkind" zum gläubigen Christen zu wandeln und so die Wirklichkeit des Religiösen eindrucksvoll und mächtig mit seiner Erfahrung bestätigt bekommen? Heilsam an all seinem Suchen ist, dass es nicht das Erleben der glanzvollen, mächtigen Kirche ist, das ihn weiterführt, sondern sein redliches Mühen: das Studieren der biblischen Texte, Exerzitien, die Lektüre der Werke des Augustinus, die künstlerische Auseinandersetzung mit der Commedia Divina Dantes und die Begegnung mit dem Unperfekten in der Kirche, die ihn zum Glauben bringen. Der ältere, indische Priester, der während eines Gottesdienstes mit einer kleinen Gruppe von acht, neun Gläubigen in einer römischen Kirche in einem italienischen Messbuch immer wieder die passenden Messtexte für den Tag sucht und der am kommenden Tag doch zum Kardinal erhoben wird: Das beeindruckt ihn und hilft ihm glauben.

Die alltägliche Arbeit an den Bildern ist es denn auch, die die Fülle seines Glaubens auszumachen scheint. Ein Beispiel während dieses Besuches: prominent steht in seinem Atelier ein gerade fertiggestelltes Bild vom barmherzigen Jesus, gemalt nach den Visionen der heiligen Faustina Kowalska, einer polnischen Ordensfrau. Das erste Bild, das nach der Vision der Faustina gemalt worden ist, ist weltweit verbreitet und umstritten. Jetzt bittet man ihn, ein anderes zu malen. Und bringt ihn damit innerlich in eine Zwickmühle: Kann und will er persönlich das überhaupt malen und wenn ja, was will er dem – nicht nur in der Kunstwelt – als verkitscht geltenden Bild eines Malerkollegen entgegenstellen, ohne einen Sturm der Entrüstung bei denen hervorzurufen, die das alte Bild lieben? Wie kann er das Gesicht Christi zeigen, damit es nicht in eine falsche Sentimentalität abrutscht, sondern deutlich macht, dass das wahre Gesicht Christi, das vera ikon, kein Konterfei irgendwelcher Idole ist? Was tun?

Er studiert erst mal die Geschichte, wie Faustina selbst sie aufgeschrieben hat und entdeckt in ihrem Tagebuch, was sie kurz vor dieser Vision erlebt hat: wie sie einem Studenten weiterhilft in seiner Not. Nicht Wunderglaube, sondern geübte Nächstenliebe sind die Wurzeln der Erscheinung, die sie danach hat. Als er das entdeckt, findet er auch einen Zugang, der stärker ist als der erste spontane Widerstand gegen das alte Bild. Und das scheint überhaupt sein Weg zu sein: erkennen, was ihn innerlich bei einem Thema bewegt, und nachforschen und bedenken, was dem Thema, der Situation zugrunde liegt, und dann mit Pinsel und Farbe nach ihm möglichen Antworten suchen – auf der Leinwand wie auch in seinem persönlichen Glauben.

Der Besucherin und Betrachterin kommt während des Atelierbesuches ein kleines Gedicht aus dem Spätwerk von Bert Brecht in den Sinn: „Trau nicht deinen Ohren, trau deinen Augen nicht. Du siehst Dunkel, vielleicht ist es Licht.“ Die Arbeit, die der Künstler in sein Werk steckt, die bleibt auch der Betrachterin nicht erspart, weder im Blick auf die Darstellungen noch im Blick auf den Inhalt. Seine Fragen stellen sich auch ihr. Die Ästhetik der Bilder, das hohe künstlerische Können werden zu der Brücke, die Fragende in Verbindung bringen, werden – frei nach dem Wort von Picasso – zu einer Inspiration, die Arbeit macht, und sich auch erst einstellt, wenn sie dich bei der Arbeit findet. Es bestätigt sich auf ganz neue Weise, was in den Gesprächen der Tagung immer mitläuft: missionarische Spiritualität hat es mit dem Leben und dem Glaubensweg jedes einzelnen zu tun; sie spricht manchmal in Worten, aber öfter in Taten und Lebenshaltungen, in Sehnsucht und Staunen, Ehrfurcht und Dankbarkeit und immer davon, was dich begeistert. „Die Inspiration existiert, aber sie muss dich bei der Arbeit finden.“

Zwischen „Virtualität" und „Realität"

Missionarische Spiritualität im Internet

Maurus Runge OSB / Ralf Simon

Die drei Grundfunktionen der Kirche – Martyria, Diakonia und Liturgia – sehen wir als gute Ansatzpunkte, um das, was wir an „Missionarischer Spiritualität im Internet" erfahren und wahrnehmen, vorzustellen. Bei all der Vielfältigkeit, die uns tagtäglich im Internet begegnet, legen wir hier den Schwerpunkt auf unsere Erfahrungen im sozialen Kurznachrichtennetzwerk Twitter.

Martyria – Zeugnis geben

Mit unseren vielfältigen Online-Aktivitäten zeigen wir Gesicht – persönlich und auch als Mitarbeiter unserer Einrichtungen. Wir gehen dorthin, wo die Menschen sind: ins Internet. Wir legen mit unserem Namen Zeugnis über das ab, was wir tun, denken und sind. Wir sind mit unserer Haltung als Christen erkennbar und das – z. B. auf Twitter – öffentlich oder auch teilöffentlich (in anderen Netzwerken). Dadurch verbreiten wir die Frohe Botschaft, wie es Jesus uns aufgetragen hat (Mk 16,15) und sind „stets bereit, jedem Rede und Antwort zu stehen, der nach der Hoffnung fragt, die uns erfüllt" (1 Petr 3, 15).

Diakonia – Nächstenliebe

Auf unterschiedliche Art und Weise zu verschiedenen Anlässen nehmen wir Anteil am Schicksal der Menschen, denen wir virtuell begegnen. Denn: Auch im Internet handeln Menschen, hinter den Accounts sitzen Menschen aus Fleisch und Blut, was von manchen „Internetkritikern" manchmal vergessen wird:

- Im Sommer 2015 organisierten z. B. viele hilfsbereite Menschen über den Twitter-Hashtag *#refugeeswelcome* die spontane Flüchtlingshilfe über das Netz – von Flensburg bis Füssen, von Aachen bis Frankfurt/Oder.
- Die Benediktinerabtei Königsmünster in Meschede erhält regelmäßig Anfragen von Menschen, für ihre Anliegen zu beten oder eine Kerze zu entzünden. Diese Anfragen werden nicht nur per Telefon oder E-Mail an

die Mönche gerichtet, sonder auch über die Kloster-Website, wo virtuell Kerzen angezündet werden können. In einer Kapelle der Klosterkirche ist neben dem Kerzenständer ein Bildschirm angebracht, der mit dem Internet verbunden ist – so stehen "reale" und "virtuelle" Kerzen nebeneinander.

Liturgia – Glauben feiern

Im Internet sind in den vergangenen Jahren verschiedene Angebote entstanden, um Gemeinschaft im Glauben zu erfahren. Die Amtskirche tat sich lange Zeit zuerst mit den ganz normalen Websites schwer – auch der „Aufstieg" der Sozialen Medien hat unsere amtskirchlichen Strukturen noch nicht vollständig erreicht. Daher verwundert es kaum, dass einzelne Protagonisten solche Angebote geschaffen haben: Abendlich wird auf Twitter z. B. die *#twomplet* (Kunstwort aus Twitter und Komplet) gebetet. Auch die *#twaudes* (Twitter + Laudes) und das *#twittagsgebet* (Twitter + Mittagsgebet) stoßen auf regen Zuspruch. Auf Facebook gibt es insbesondere zur Fasten- und Adventszeit zahlreiche institutionelle und auch private Impuls-Initiativen.

Oft entstehen solche Initiativen von unten, aus dem Volk Gottes heraus, und werden erst später von der offiziellen Kirche wahrgenommen. So verwirklicht sich im Netz das, was das Zweite Vatikanische Konzil den „sensus fidelium", den „Glaubenssinn der Gläubigen" nennt. Es eröffnet sich ebenso die Möglichkeit des Rückkanals, sodass der Empfänger der Frohen Botschaft auch zum Sender wird. Dadurch entsteht im Internet eine neue Spiritualität des Suchens. Menschen sind miteinander auf dem Weg, bilden eine sich gegenseitig bereichernde Gemeinschaft, aus der Freundschaften erwachsen und die „Virtualität" in die „Realität" übertragen wird. Neue Formen des Kircheseins, der Communio, entstehen – auch über die Grenzen der offiziell verfassten Kirche hinaus. Für uns beide ist übrigens das Internet ein Teil unserer realen Lebenswelt, sodass wir, die wir uns über diesen Weg kennengelernt haben, den Unterschied zwischen „virtuell" und „real" nicht mehr wahrnehmen.

Die komplette, bebilderte Präsentation mit weiterführenden, anklickbaren Links finden Sie auf: **www.bit.ly/missSpiri**

Autorenverzeichnis

Bernd Hagenkord SJ, Leiter der deutschsprachigen Sektion von Radio Vatikan in Rom. Zuvor Lehrer in Berlin, Jugendseelsorger in Hamburg und Geistlicher Leiter der KSJ (Katholische Studierende Jugend).

Thomas Hoogen, Aachen, Pastoralreferent der Diözese Aachen und Referent für weltkirchliche Aufgaben.

Marliese Klees, Saarbrücken, Pastoralreferentin der Diözese Trier.

Josef Kleine Bornhorst OP, Prior des Konventes der Dominikaner in Leipzig und Seelsorger der Pfarrei St. Albert. Geistlicher Beirat des Benno-Verlags.

Elisabeth Neuhaus, Leiterin der Pastoralabteilung des Bischöflichen Ordinariats in Dresden. Zuvor Leiterin der Abteilung Erwachsenenseelsorge im Erzbischöflichen Generalvikariat Köln, Krankenhausseelsorge und Mitarbeit beim Sozialdienst katholischer Frauen (SkF).

Michael Quisinsky, Dr. theol. habil., Professor für Systematische Theologie an der Katholischen Hochschule Freiburg i.Br. Forschung u.a. zum Zweiten Vatikanischen Konzil und zur Pastoraltheologie im französischsprachigen Raum.

Maurus Runge OSB, Missionsprokurator und Social-Media-Manager in der Abtei Königsmünster, Meschede.

Susanne Sandherr, Dr. theol. habil., Professorin an der Katholischen Stiftungsfachhochschule München.

Hermann Schalück OFM, Dr. theol., lebt in Bonn. Langjähriger Präsident des Internationalen Missionswerkes missio in Aachen, zuvor Generalminister der Franziskaner. Autor zahlreicher Publikationen zu Mission und Spiritualität.

Annette Schleinzer, Dr. theol., Ordinariatsrätin und Theologische Referentin des Bischofs von Magdeburg. Publikationen u.a. zum Leben und Wirken von Madeleine Delbrêl.

Hubertus Schönemann, Dr. theol., Leiter der Katholischen Arbeitsstelle für missionarische Pastoral (KAMP) der Deutschen Bischofskonferenz in Erfurt. Zuvor pastorale Tätigkeit in Gemeindeseelsorge, Erwachsenenbildung und Hochschulseelsorge.

Ralf Simon, Web Content und Social Media Manager des Internationalen Katholischen Missionswerkes missio e.V., Aachen.

Bernd Werle SVD, Dr. theol. habil., Rektor der Philosophisch-Theologischen Hochschule St. Augustin. Zuvor Provinzial der deutschen Provinz der Steyler Missionare und mehrjähriger Missionseinsatz in Togo.

Peter Zimmerling, Dr. theol. habil., Professor für Praktische Theologie an der Theologischen Fakultät der Universität Leipzig. Erster Universitätsprediger und Domherr zu Meißen. Veröffentlichungen zur evangelischen Spiritualität und zur christlichen Mystik.